# 董明珠

## 倔强营销的背后

郭宏文◎著

中国言实出版社

**图书在版编目(CIP)数据**

董明珠：倔强营销的背后/ 郭宏文著. —北京：中国言实出版社，2014. 9

ISBN 978-7-5171-0742-2

Ⅰ. ①董… Ⅱ. ①郭… Ⅲ. ①董明珠-生平事迹 Ⅳ. ①K825. 38

中国版本图书馆 CIP 数据核字(2014)第 190739 号

**责任编辑**：郭江妮

**出版发行** 中国言实出版社

地 址：北京市朝阳区北苑路 180 号加利大厦 5 号楼 105 室

邮 编：100101

编辑部：北京市西城区百万庄大街甲 16 号五层

邮 编：100037

电 话：64924853(总编室) 64924716(发行部)

网 址：www. zgyscbs. cn

E-mail：zgyscbs@263. net

**经 销** 新华书店

**印 刷** 北京毅峰迅捷印刷有限公司

**版 次** 2015 年 1 月第 1 版 2024 年 1 月第 4 次印刷

**规 格** 710 毫米×1000 毫米 1/16 18 印张

**字 数** 185 千字

**定 价** 58. 00 元 ISBN 978-7-5171-0742-2

# 前 言

董明珠是格力神话的创造者，也是民族工业振兴发展的引领者。她的身上，有太多太多的东西值得学习。在大多数女人都满足于专注家庭、相夫教子的年龄段，董明珠从零做起，一步一个脚印，一年一个跨越，最终从一个最基层的销售员，做到了格力电器总裁的位置。她睿智、果敢、坚韧、顽强，站得高，看得远。她的精神世界，远远高于一般人。她的成长之路，必然成为激励年轻人成长和创业的教科书。

每一次看到格力电器发布年度业绩快报，都会让人感到兴奋不已。

2012 年，格力电器实现营业总收入 1000.84 亿元，同比增长 19.84%，首次突破千亿元大关，实现了格力电器早前预定的千亿奋斗目标，成为国内首家依靠单一品类电器产品实现千亿元年营业收入的家电企业。当年，归属于上市公司股东的净利润 73.78 亿元，同比增长 40.88%。

2013年，格力电器实现营业总收入1200亿元，同比增长19.90%。当年，归属于上市公司股东的净利润108亿元，同比增长46.53%。公司股票基本每股收益3.60元，同比增长45.75%。

而谁又能想象得到，格力电器的前身竟是年营业总收入不足3000万元的海利空调厂，从年营业总收入不足3000万元，到2013年实现营业总收入1200亿元，创造了年营业收入相当于4000个原厂收入的辉煌业绩。

年营业总收入不足3000万元时，董明珠还是海利空调厂的一名普通销售员，而年营业总收入达到1200亿元时，董明珠已经成为格力电器的董事长兼总裁。

董明珠就是伴随着格力电器从小到大、一路前行的。

2012年5月，格力电器改选董事会，这是格力电器高管层一次“新老交替”式的重要选举。格力电器创始人、董事长朱江洪退休，董明珠从格力电器副董事长、总裁的位置，被推选接任格力电器董事长兼总裁。

业内人士普遍认为，朱江洪的离开对格力的影响肯定不小。能否将这个影响减小到最低程度，直接取决于上位之后的董明珠。

朱江洪曾与董明珠密切合作，共同创造了引领格力空调健康发展的“朱董配”。“没有董明珠就没有格力，没有朱江洪就没有董明珠”这句话在格力内部广为流传，也在空调业内广为流传。这句话基本诠释了朱江洪、董明珠与格力空调的关系。为此，科龙电器前总裁王国端曾说：“朱江洪遇到董明珠是朱的福气，董明珠遇到朱江洪是董的运气。”可以说，“朱董配”是格力破浪前行的强大引擎。

朱江洪引退，董明珠上位，“朱董配”散了以后格力电器将会是怎样一个局面？2012年和2013年，董明珠上任接连交上了两份让格力人群情振奋的“答卷”。

有了格力近两年的飞跃发展，董明珠对外雄心勃勃地坚称，未来5年，格力电器的年营业总收入将每年递增200亿元。

中央电视台“2013中国经济年度人物”评选获奖名单揭晓后，胸怀大志的小米公司董事长兼首席执行官雷军，与格力电器董事长兼总裁董明珠共同抛出了一个10亿元的赌局，就是赌小米5年内能否赢格力。这一赌局，在国内引起了广泛关注。

当日，中央电视台节目主持人陈伟鸿说：“我突然发现你们两人之间将会有一个世纪之争，就是你们两人所代表的生产模式，对中国的企业，对我们的转型升级来说，到底谁的后劲更足？你们能不能打个赌。”

雷军说：“小米模式能不能战胜格力模式，就看未来5年。请全国人民作证，5年之内，如果小米的营业额击败格力的话，格力的董总输我一块钱就行了。”

董明珠当仁不让：“一块钱不要在这儿说。第一，我告诉你不可能。第二，要赌不是一个亿，我跟你赌10个亿。为什么？因为我们有23年的基础，我们有科技创新研发的能力，而且我们保持了过去传统的模式，把阿里巴巴集团的马总请进来，世界就属于格力的，而你，却只有一半，我看你是不行的。”

雷军毫不示弱地说：“刚才董总跟我挑战10亿元人民币，你们觉得打不打赌。好，你们都支持打赌，那我们就请马云担保，请支付宝担保。”

小米在互联网模式下，利用期货，也就是利用限量限时产品进行营销，通过低价位、高品质的产品，吸引大众眼球，制造一哄而抢的营销现象，最终提高产品知名度，为公司赚取大量利润。

而格力是采用常变常新营销模式。1994 年首创“淡季贴息返利”模式；1996 年首创“年终返利”模式；1997 年独创了以资产为纽带、以品牌为旗帜的区域性销售公司模式；21 世纪稳健发展渠道建设，在全球开设了 2000 多家格力专卖店。创新的营销模式奠定了格力电器在行业内的领导地位。

这是中国经济界顶尖人才的超级博弈，无论谁输谁赢，都会让国人为之赞叹。

按照董明珠的 5 年规划，格力电器要实现每年增加 200 亿元营业收入的目标，这样，到 2017 年，格力电器的年营业总收入就将突破 2000 亿元大关，等于在 2012 年的基础上，又再造了一个格力电器。

董明珠用不争的事实向世人证明：女人丝毫不比男人差。如今，不管是政界、竞技体育界，还是工商界，已经有越来越多的女性开始和男性同场竞技，开始和男性并驾齐驱，有的甚至比男人更出色，更优秀。无数聪慧的、果敢的、勤奋的、顽强的女性脱颖而出，施展过人的才智，展现责任的担当，开创事业的辉煌。董明珠就是其中非常优秀的一位。

董明珠是一个女人，是一个创造了中国营销神话的智慧女人，是一个从普通营销员一直做到董事长兼总裁的超级女人。她凭着自己独特的魅力，在原本由男人把持的工商业界干得游刃有余，取得了巨大的成功。

董明珠是一个超乎寻常的优秀女人。用业内人士评价她的话说，她特立独行，而循规蹈矩；她行事铁腕，而又不乏柔情。她无情地颠覆了男人们所制定的一些特有的规矩，在自己一无所知的领域里，逐渐开创了一片新的天地，从而缔造了一个令世人震惊的格力销售神话。

董明珠从踏进格力大门的那一天起，就走上了一条全新的道路。她深知商场如战场，在营销这个没有硝烟的战场上，谁也不会同情弱者。她从最基层的销售员做起，一步一个脚印地为格力开创基业。她在格力空调面临骨干销售人才集中流失的紧要关头不随波逐流，毅然决然地选择留下；她在格力空调内部变乱之时毫不含糊，机智果敢地力挽狂澜；她在格力空调出现销售困境之时挺身而出，一次次扭转乾坤。

不同寻常的成长轨迹，也使“董明珠”这个原本默默无闻的名字，在整个空调行业无人不知。最终，董明珠成为格力电器的董事长兼总裁，成为中国乃至世界最大家用空调品牌的掌门人。

董明珠所表现出来的，是中国新一代女性的高素质、高品质和高品位。她从不承认女性特质在她职业生涯中的特殊作用。在她看来，工作上女性与男性没什么不同的地方，女性不会因为自己是女性就可以少做工作。

董明珠的成就，不仅让女性同伴们羡慕与惊叹，也让无数男性为之折服。她可以为了一个单纯的信念，去投入近乎于疯狂的努力来实现它。她坚守原则，蔑视行业游戏潜规则，敢于向传统观念挑战，用新理念构建自己的销售渠道，进而走出一条属于自己的崭新道路。

董明珠驰骋商场，沉迷于市场的厮杀之中，时刻充满着必胜的信心。她性格倔强，只要她认为是对的，没人可以说服她，即使成为众矢之的，也绝不退让半步。她为了维护公司的利益，可以跟自己一奶同胞的哥哥反目成仇；为了推行一项新规则，不惜丢掉自己的职位与公司领导叫板。她很强硬，不允许经销商与她叫板，所有的经销商都必须按照她的规则办事。而这些个性，都在董明珠的身上成为一道别致的风景，让人惊诧、慨叹。

女人天性是爱美的，董明珠也不例外。她虽然有“铁腕女人”之称，但她从来不穿职业装。她说她不喜欢职业装那种严肃死板的味道，她喜欢时尚漂亮的衣服。她还说柔情似水才是她真实的一面。看到一个患病而且家庭困难的孩子，她毫不犹豫地慷慨解囊，捐钱捐物。她也和所有的母亲一样，提起不在自己身边的儿子时，就会禁不住地满眼泪花。

董明珠所缔造的格力营销神话，一直让人叹为观止，在无数光环照耀下的她，也一直是一个传奇式的人物。但是，她为了成功而走过的历程和付出的努力，又有多少人能知晓和了解呢？

董明珠的成功，在于她对信仰的坚持，在于她对梦想的追求。一个女人，在一个物欲横流、金钱至上、人心浮躁的社会里，坚定不移地朝着自己的目标奋进，足以说明她拥有高尚的信仰和美好的梦想。从她身上，随时随地都能让人感受到充沛的精力和高度的自信。这种精力和自信，恰恰是实现中华民族伟大复兴“中国梦”不可缺少的要素。

董明珠用自己的辉煌成就诠释着：女人会让世界拥有无尽的温柔与美丽，女人也会让世界拥有无尽的勃勃生机和绚丽多彩。

# 目　录

# 1
# 铿锵玫瑰美丽儒雅

## 天性自强，想做之事必做好

1954 年 8 月，董明珠出生在古城南京一个普普通通的市民家庭。董明珠是家里的第 7 个孩子。在这个不缺少孩子的家庭，董明珠自然成了父母眼中的“小多余”。

谁也没想到，就是这个“小多余”，日后竟成为创造中国营销神话的“女皇”，成为年营业总收入超千亿元公司的董事长兼总裁，成为中国乃至世界最大家用空调品牌的掌门人。

董明珠的父母给她起名字时，虽然选了一个“珠”字，但父母一定没想到，自己的女儿将来会与南方的珠海有什么关联。凑巧的是，董明珠长大后，用自己的智慧和胆略，擦亮了一个名叫

“格力”的品牌。这个品牌，不但照亮了珠海，也照亮了整个中国，甚至照亮了全世界。

传奇式的人物，往往是应运而生、应时而生的，然后在错综复杂的环境中千锤百炼，劳其筋骨，最终脱颖而出，成就大业。董明珠就是这样一个人。在充满艰辛和痛苦的经历中，她用一种忘我的精神，书写了一段神话般的营销传奇：先辞职南下，而后加入格力，从一个普通的销售员做起，辗转大江南北，追讨欠债，智斗“老赖”，讲诚信，创业绩，用3年时间接连登上3个销售台阶，与格力空调一起，在风生水起的家电市场，不可思议地闯出了一条属于格力、也属于她自己的成功之路。

董明珠出生时，正值建国5周年前夕，国家正处在百业待举、百事待兴的建设时期。虽然生活在江苏南京这个充满古都遗韵的城市里，又是家里7个孩子中的“老小”，董明珠却没有养成小家碧玉式的性格。在家里，她从来不拿“老小”作为资本去讨父母的偏心，去讨哥哥姐姐们的呵护。她不撒娇，更不耍赖，很小就大模大样地像个“小大人”。她喜欢南京这座古城，在玩耍之中，默默地汲取着古城所特有的恢弘厚重的文化底蕴。可她的心里，却老觉得这座古城缺点什么。她常常跑到古城墙下瞧瞧、看看，每次都有新的发现和新的感悟。

有一天，董明珠对母亲说：“这南京城显得太老旧了，应该给它打扮打扮，让它新鲜新鲜。”母亲对她说：“这事是大人们的事，用不着你小孩家家的操心，你个女孩家，将来懂得相夫教子就行了。”董明珠不服气地说：“这事为啥是男人们的事？女人就不能想，不能做吗？”母亲告诉她：“你还小，等你长大就明白了。”

母亲的话，董明珠一直记着。

董明珠从小就是一个聪明、自信、倔强的孩子，骨子里有一股不服输的韧劲儿。在她的心里，自己想做的事就大胆地去做，而且必须做好。董明珠说："我上学的时候，从来没挨过老师的批评，任何一位老师，都没因为我犯了错误而把我的家长找到学校。对所学的课程，我都能很好地理解和掌握。每个学期，我都会把一张优秀的成绩单交到我父母的手中。"

董明珠写作业，都是想好了才下笔，然后一气呵成，从来不搞勾勾抹抹式的返工。董明珠说："我写作业，没撕过纸，作业本上几乎没出现过错误。老师们总是把我的作业本当成范本让同学们学习。越是向我学习，我做起作业来越是认真，作业完成得越好。"

学生时代，董明珠就养成了不浪费时间的习惯。只要是她学会了的知识，就绝不会再浪费时间去温习。董明珠说："我从来都是在上学的时间里看书，放学以后，是绝对不看书的。学会了的知识，再去看，再去复习，就是浪费时间。放学后，我会自由自在地参加打球和爬山之类的运动。我觉得，只要学习成绩能让老师和父母满意，就没必要整天地盯着书本看。"

提起父母，董明珠总是心存感激。她说："尽管小时候我的家里不是很富裕，但我清晰地记得我从小长到大，从来没穿过带补丁的外套。带补丁的衣服都穿在外套的里边，外面穿的总是最好的。父母非常注意我们的言行，一直教导我们说话办事要诚实，绝对不能骗人，不能撒谎。"

读初中的时候，董明珠最想做的两件事就是学游泳和学骑自行车。而这两件事，董明珠的父母都极力反对她做。父母觉得，学游泳和学骑自行车都是有危险的事，一个女孩子家没必要冒着风险去学这些东西。可董明珠执意要学，父母也拿她没办法。

董明珠说："我学游泳的时候，学校老师让一位曾经横渡过长江的老手教我。他游泳游得特别好，一见到水就会兴奋。那天，他带我来到池塘边，先给了我一根竹竿，让我撑在水里的一个地方站着，他先在池塘里游一圈，回来后再教我怎样游泳。由于我是第一次下水，心里特别紧张，一不留神，就掉进池塘里去了。我当时吓坏了，就拼命地喊救命，越喊越往池塘里沉。结果，我被呛了许多水。掉进池塘里时，我就觉得这下可完了，我会被淹死的。"

董明珠得救以后，那位教她学游泳的老师断定已被吓得魂不附体的她会打消学习游泳的念头。可第二天，她又出现在学习游泳的池塘边。董明珠说："换一般人，都会产生'一朝被蛇咬，十年怕井绳'的心理，就再也不学习游泳了。可我没有。那天，我没把掉进水池里的事告诉我的父母，生怕他们再次阻拦我去学习游泳。第二天，站在池塘边的我默默地对自己说：'我不怕再掉进水池里，不怕再呛几口水。'我在内心发誓，'一定要好好地学习游泳，一定要尽快地学会游泳。'就这样，没过几天，我真的会游泳了。"

后来，董明珠说："参加游泳，让我学会了总结和思考。我首先告诉自己，以后不能和最会游泳的人在一起，与最会游泳的人在一起，会让我感到差距太大，不会产生成就感，也不会拥有胜利的喜悦。我还告诉自己，要把会游泳当成一种必备的本领。自己掌握的本领多，至少说明自己的智商高、悟性强，会增强自己做事的自信心。直到现在做董事长兼总裁，我时时用在学习游泳时所得出的结论来警醒自己。”

在提起学习骑自行车时，董明珠说：“当时，我爸爸说什么也不让我学骑自行车，说学骑自行车太危险，容易摔伤身体。我只好趁父母不在家的时候，把家里的那一台老式自行车推出去，偷偷地学。”那段时间里，董明珠不停地与那台老式自行车摔在一起。摔着摔着，她手中的自行车就渐渐地听从她的摆布了。

董明珠清楚地记得她第一次骑自行车上路时的情景。那一次，迎面突然开来一辆黄色的公交车，骑车技术还不太熟练的董明珠一下子就慌了，不知道应该怎么去躲那辆公交车，脚不由自主地拼命往前踩，而且忘记了用刹车。忙乱之中，她与自行车一起摔倒了。好在公共汽车已经早早地停车了，车上的司机和乘客都用惊奇的眼光看着她。

公共汽车开走后，董明珠不断地问自己：“我为什么会心慌？我为什么要往后仰？我为什么会掉下来？我一定要学会熟练地骑自行车。”几天后，董明珠果然能轻松地骑着自行车在家人面前来去自由地行驶了。父母拿她没办法，只能用一句“疯丫头”来责怪她。

那时候的她还是一个十一二岁的小姑娘。董明珠后来说：“也许我就是这么一个人，不像别人那样失败了就失败了。对于失败了的事，我是一定要去改变的，一定要把失败变为成功。我的骨子里就有那种倔强和自强的韧劲，做一件事不做成功我是决不罢休的。”

就是这种不服输的个性，一直伴随着董明珠。

1975 年 7 月，董明珠以优异的成绩从安徽省芜湖干部教育学院统计学专业学成归来，以干部的身份，被安排在南京的一家化工研究所，做管理工作。在这家研究所，她一直要求自己把工作做到最好。董明珠说："我天生就是爱较真儿的人，一直勉励自己要勤奋工作。领导安排我做事，交代我三天完成的任务，我往往用一天时间就完成了，然后用剩下的两天进行精确的调整。我总是告诫自己，凡是自己亲手做的，就必须是最好的。"

1982 年，董明珠的儿子东东出生了，这也让她感到了做母亲的幸福。可就在两年后，她的家庭生活出现了意外，丈夫因病去世，永远离开了刚刚步入而立之年的她和仅仅两岁的儿子。天性要强的董明珠坚强面对突如其来的打击，咬紧牙关，独自领着儿子，默默地承受着生活的重压。她的心里，依然对生活充满无限的憧憬和希望。

经过反复的思想斗争，1990 年，董明珠毅然辞掉南京的工作，忍痛把 8 岁大的儿子留给母亲照料，独自南下，到广东深圳一家生产化工产品的企业打工，做企业管理工作。这也为董明珠日后加入格力、拉开商海博弈的大幕、开创中国空调行业的格力时代，创造了条件。

进入格力以后，董明珠从一名基层业务员做起，历经片区经理、经营部部长、销售公司经理、副总经理、总裁、副董事长兼任总裁等岗位的磨砺，最终做到了格力集团董事长、格力电器董事长兼任总裁的位置。到 2013 年，格力已在全球建立了 9 大生产基地、拥有员工 8 万多人。她说，20 多年来，她一心一意想做的事就是把格力的品牌做好，她也真的做到了。如今，"好空调，格力造"已经传遍整个世界。

董明珠已多次入选美国《财富》杂志"全球 50 名最具影响力商界女强人"。作为商业圈内少有的女性，不服输的董明珠一直秉承着自己的做事原则，她说："生活就是这样，有乌云遮眼的时候，也有云开雾散的时候，阳光普照的时间总要多得多。只要你坚持按自己的理想走下去，就一定会有成功的一天。"

## 高贵典雅，自信自己最美丽

在中国的空调行业，提起董明珠，不管是媒体人士还是业内人士，用得最多的词语就是"倔强""强硬""霸道"这几个。仔细琢磨这些词语，我们会觉得没有一个会给人以温馨的感觉。可奇怪的是，这些词语一旦用到董明珠的身上，就会彰显出一种生命的活力与张扬，让人心生由衷的敬意。

工作中，董明珠总是认为自己不是一个女性意识特别强的人。对于她来说，做工作没有柔情可言。身为女性领导，她完全不依靠女性的温柔来解决问题。她认为，制度是铁的纪律，必须不折不扣地加以执行，就像部队打仗一样，只有铁的纪律才能取得胜利，而用柔情是不能取得胜利的。在一个企业，也只有严格的纪律才能产生高效的工作作风。

与坚守原则的个性形成鲜明反差的是，董明珠在衣服的穿着上完全没有倔强固执的风格。她几乎不穿成功女性常穿的职业装。董明珠喜欢纯洁的色彩，喜欢漂亮的服饰，喜欢比较时尚的衣服。她说："我是个女人，我为什么非得穿白领套装不可？我喜欢自由自在地穿一些美丽漂亮的衣服，穿这样的衣服，我的心里就感到轻松、快乐。"

董明珠打心眼儿里不愿接受别人说她"像男人一样而缺少女人味儿"。她常常对自己的身边人说："我目前这个状况，都是环境逼迫的。我知道怎样做才算得上是一个真正的女人。等我退休了，我一定像许多合格的女人一样，把生活安排得井井有条，充满温馨，充满情趣，充满快乐。”

也许，在许多人的想象中，董明珠的形象已经定格了。人们通过媒体所了解到的董明珠，像是一个非常强硬的男性化女人。可是，一旦见到了董明珠本人之后，你就会觉得她并不完全像以往心目中的那个董明珠。好多人在第一次见到董明珠时，都会不由自主地问道：“你就是董明珠吗？”那是因为发问者突然觉得董明珠很有女人味儿，尤其是董明珠不谈工作的时候更是如此。董明珠本来就是一个女人，一个有血有肉的普通女人。与其他的女人一样，她爱美丽，爱漂亮。

董明珠喜欢打扮自己，喜欢穿漂亮的衣服。她最喜欢穿米色的服饰，觉得米色的服饰能让她显得高贵、典雅。她还喜欢绣花，而且绣得非常好。她住在南京的时候，家里挂着的窗帘和桌子上铺着的布帘，都是她自己亲自设计、亲自刺绣的。每每提起绣花的事情，她的脸上都会浮现出甜甜的笑容。

董明珠办公室的一角，摆放着一张她自己的照片。照片上，她身着一件露肩的深蓝色条格裙装，脚上穿着一双白色的旅游鞋，款款地蹲在溪中的石头上，一双手撩起水花，喜笑颜开的神色如花一样绽放。对于爱漂亮而且喜欢穿漂亮衣服的董明珠来说，这样美妙的时光实在太珍贵了，太值得留念了。她的办公桌上还放着另外几个相框，相框里装着的都是她的美人照。她平时喜欢拍照，一旦有了满意的新照片，她就会及时把它放进相框里。

董明珠还喜欢看电影、电视剧。不管什么电视剧，只要她有空，就会认真地看一看。她曾津津乐道地对她身边的人讲她看韩剧《蓝色生死恋》的感受，讲她收看时的喜怒哀乐。她虽然很少跟别人谈起自己的家庭，但却经常跟别人聊起自己的儿子。她手机的壁纸图案，一直都保留着她和儿子的合影照片。

董明珠喜欢美丽漂亮，也喜欢别人夸她美丽漂亮。有人曾故意在一个特殊的场合说她"是一个普通的女人，长得很一般并不漂亮"，并让她听到。这时，董明珠认真地说："在我们家里，我是兄弟姐妹中长得最一般的一个，可在外面，我却是最漂亮的。我总是觉得跟我交谈的人，总能获得快乐，一个能给别人带来快乐的人，就是最漂亮的人。"说完，她笑了，在场的人都笑了。

许多媒体的记者在采访董明珠的时候，都会被她高贵而典雅的形象所震撼。在记者们的心里，董明珠绝对是一个超乎寻常的女人。熟悉董明珠的人都知道，她天天都刻意地保持得美丽漂亮。有好多生意场上的人，不相信她的超乎寻常，就专程坐飞机来拜访和验证董明珠。结果，这些人见到董明珠后，都会忍不住在她面前感叹地说："你真漂亮！你太漂亮了！"

俗话说，自信的女人最美丽。董明珠善于在心中树立一个强大的自我，不断提醒和告诉自己是伟大而完美的，是聪明而又果敢的。她始终保持着对自己的自信。小的时候，她往往表现得比较羞涩，但随着年龄的增长，尤其是辞职南下、加入格力、参与商海搏击之后，她对自己的智商和能力、对自己的形象和气质，有着越来越强烈的自信。

虽然身为格力电器的董事长兼总裁，董明珠依然不改变自己喜欢穿衣打扮的风格。在镜头面前，在会场之上，每一次，她的衣着都不重样。在男性主导的家电行业，无论董明珠走到哪个场合，她的落落大方都会和身边清一色西装革履的男士们自然地区别开来。

在极少的空闲时间内，董明珠总是兴致勃勃地去逛街，去逛折扣店。她喜欢在琳琅满目的货物中寻找目标，看到中意的东西必不放过。她购物的原则是，只买自己喜欢的，不买价格昂贵的。每一次淘到物美价廉的物品，她都会兴奋不已。其实，谁都知道，董明珠是一个不差钱的人，她的收入是很可观的。

岁月的流逝是冷酷的。随着年龄的自然增长，董明珠的脸上慢慢地生出了细细的皱纹。她非常清楚穿衣和打扮在自己生活中的真实地位。对于董明珠来说，如果把生活当成一棵树，那服装和化妆品就是树上的枝桠和叶子，而不是大树的主要部分。在自己的生命旅途中，她最看重的还是格力电器，离开了格力电器，她觉得就失去了生命的价值。她当初来到珠海，主要看重的是珠海这个城市的海滨美景，而最终却让她收获了无止无休的奔波与劳碌，也让她收获了巨大的成功与无尽的骄傲，让她体验到了自己生命的价值所在。

曾几何时，董明珠被商界的同行们称为“拼命三郎”“中国的阿信”“走过的路不长草的人”，用她自己的话说：“我满脑子想的都是卖空调的事，出门卖空调，不出门也卖空调；现在卖空调，将来还是卖空调，空调卖得越多我就越高兴。”为此，有人曾经说过，董明珠是一位漂亮的女性，她会很好地利用女性特有的亲和力去感动别人，从而获得成功。董明珠反驳说：“他们说错了。一个企业家，如果单单用女性所特有的亲和力就可以改变一切的话，那所有的事业都让女人来做就可以了。我认为，一个女人，除了美丽漂亮，她在做管理工作时也必须拿出真本事来，与男人没什么差异。”

正当董明珠春风得意地坐到格力电器董事长兼总裁位置时，有人亦真亦假地奉劝她领悟一点“夹着尾巴做人”的道理。听了这样的劝告，董明珠说：“我本来就没有尾巴，为什么偏要夹着尾巴做人？我只有一个信条，就是光明磊落地做人。”春风不解风情，董明珠在岁月的河流中依然自信而美丽着，自信地迎接着下一场、再下一场大戏的拉开。

经过二十多年的拼搏，董明珠的性格里依然坚守着那种不服输的个性气势，多年销售战场上那暴风骤雨般的场景，就像夜来风雨送梨花一般过去了。在现实社会中，她是一个运筹帷幄的董事长兼总裁，是一个在强手如虎的竞争中成为销售“女皇”的杰出女性。董明珠能取得令人惊奇的辉煌成就，就是源于她内心深处一直坚守着的那份自信。

曾几何时，商业零售大鳄黄光裕在中国家电业呼风唤雨、大显身手，可他却在整整 3 年的时间里没能摆平董明珠。黄光裕最后钦佩地说：“这个女人太狠了，连走过的路都不长草。”董明珠就是这样令人望而生畏地戴着“铁娘子”的帽子，在中国的空调行业干了 23 年，狠了 23 年。23 年，她带领的格力空调连续在中国的空调业当了 18 年的老大。这样的结果，让董明珠的“铁腕”符号更加凸显。其实，每个坚强的人，内心都有柔软的一面，董明珠身为女人，更不例外。许多人，不管是业内的还是业外的，也许都误读过董明珠。

在董明珠的强硬与霸道背后，不仅有爱美的天性，还有柔情的特性。她喜欢别人说自己美丽，觉得柔情似水才是自己真实的一面。她也像所有的母亲一样，每次提起不在身边的儿子就会泪满双眼。

在格力空调内部，董明珠虽然以霸道著称，但大家都亲切地叫她“董姐”。一位经销商说：“董明珠这个人，嘴上虽然是不依不饶，可内心却是真心实意地帮你的忙。”格力人都知道，董明珠做人做事，完全是为了工作。她为了自己坚定的信仰而悄悄地把女性柔情的一面隐藏到心灵深处的某一个角落里，不轻易让它显现出来。因此，董明珠不经意间流露出的一丝柔情，就会让大家感到兴奋和激动。

董明珠得到了很多普通人得不到的东西，也失去了很多普通人能够得到的东西。作为董明珠的上司和多年的合作伙伴，原格力空调董事长兼总裁朱江洪对她的评价颇具权威性：“她是个好人，就是嘴巴不饶人。”她的同事们评价她说：“董姐是刀子嘴豆腐心。”也许，格力人都体会到了在董明珠铁腕的背后，也有她似水般的柔情。

## 牵挂儿子，成才自立有所为

董明珠在中国的空调市场，连续当了18年销售的“大姐大”。董明珠凭着自己的执着和拼搏，在狼烟四起的职场中，可谓是披荆斩棘、一路高歌，以自身特有的智慧和韬略，创造了格力发展的一个又一个的辉煌。如今，董明珠的一举一动，都会牵动无数人的目光，让业内无数的竞争对手密切地关注。

但是，在空调销售激烈竞争的刀光剑影之外，让董明珠最为牵挂的，就是她的儿子。她说，她是一个母亲，是一个真心牵挂儿子的母亲。

从传统文化的视角来看，女性的最大成就，应该是丈夫和孩子的出人头地。由此来说，相夫教子是女人无法推脱的责任和义务。完美的女人，应该是杰出的职业女性、称职的母亲和勤劳的家庭主妇，应该是三者的完美结合。可在现实生活中，要实现三者的完美结合，实在是难上加难，就是做好其中的两个方面，也实属不易。

作为一名成功女性，董明珠在各种场合都可谓是从容自若、威风八面，尽显她的刚毅果敢，霸气十足。可是，每当谈起她的儿子时，董明珠总会潸然泪下。她感觉，自己一直走南闯北地奔波着，就是无暇顾及自己的儿子，亏负儿子的真是太多太多，完全是一个不合格的母亲。

董明珠离开南京到深圳创业时，她的儿子东东才读小学二年级。为了实现自己内心的创业梦想，董明珠不得不狠下心来，把刚刚 8 岁的东东交给母亲来照看。加入格力后，董明珠只有在自己出差的时候，才会有机会赶回家里看看孩子。她每次回到家里，儿子总是不愿说话，总是像小猫似的紧紧地依偎在董明珠的身边。在孩子的眼里，就好像稍一松手，妈妈就要跑了一样。晚上的时候，东东的外婆让东东早点去睡觉，可东东总说自己不困，说什么也不去睡觉。其实，那是东东想和母亲多玩一会儿，不想去睡觉。最后，只好由董明珠亲自出面，才把儿子东东哄到床上。

有一次，正赶上一个星期日，董明珠刚刚走出家门口，就发现把一件很重要的材料落在家里了。董明珠毫不迟疑，赶紧跑回去拿。她在经过儿子的房间时，好奇地跑到儿子的房间，悄悄地揭开儿子的被子看了一眼。结果，被子揭开了，她发现儿子在被子里已经哭得满脸鼻涕直流，胸脯还在一下下地抽搐着。董明珠一下子慌了。那一刻，她意识到自己作为一个母亲给予儿子的，实在太少太少了，根本没有尽到一个母亲应尽的责任。东东看到母亲又回来了，赶紧把眼泪擦干，还乖乖地劝说母亲："妈妈，你上班去吧，我没事的，真的没事的。"

董明珠知道，儿子的表现是舍不得让她走，可又难以表达出来。看到儿子这么小就这么懂事，董明珠紧紧地搂着儿子，眼泪再也忍不住地流了下来。当时，她真想放弃所有的一切，静下心来，专门陪着儿子，看着儿子一天天地健康成长。她甚至想象，自己只是一个普普通通的家庭妇女该多好，那样儿子也许会更开心、更快乐。

此时，这个被对手形容为"霸道"的女子，不再是那个叱咤江湖的铁娘子，而是一位母亲，一位充满深厚母爱的母亲。

这一幕，深深地刻在了董明珠的心里；这一幕，是她一生中永远都挥之不去的痛。

后来，儿子慢慢地长大了，就不在妈妈面前掉眼泪了。有时，儿子还会开玩笑地说："报纸上老是表扬妈妈，怎么不表扬表扬我呢？我多听妈妈的话啊！"儿子坚强而自立，一直努力学习，生病的时候也不声张。董明珠偶尔回家的时候，儿子会静静地坐在母亲的身边，没有更多的语言和动作，分明是在守着母亲不让她离开。

是啊，董明珠能够走到今天，又怎么能够离得开儿子的支持呢？虽说她和儿子见面的次数少得可怜，可只要一想到儿子，她的心中就会有一丝丝极其欣慰的感觉。

如今，董明珠的儿子已经长大成人，走上了社会，过着自己想过的生活。这么多年，儿子不但从没向她抱怨过什么，还特别理解她，支持她，她的心里怎能不感到欣慰呢？

试问，董明珠是不是亏欠儿子太多了？当儿子特别需要她的关爱时，她却漂泊在外；当儿子孤身旅行需要她的保护时，她却迫于原则，强硬地让自己的儿子独立地面对风雨。

为了工作，儿子 11 岁时，董明珠就把他送进了寄读学校。他希望通过寄读生活，让儿子长大后成为独立自主、有奋斗目标的人才。

儿了 12 岁那年，第一次乘飞机从广州回南京，而且从珠海到广州还要乘公共汽车。所有的行程，都是儿子一个人。临行的前两天，儿子问妈妈："乘飞机那天你能不能送送我?"当时的董明珠已经成为"走过的路不长草"的那个"女强人"。她有足够的经济实力和条件来满足儿子的要求，可她面对儿子殷切的眼神，毅然拒绝了儿子的要求，理由就是简单的"妈妈没有时间"。当儿子恳求让她的同事送一送他时，作为母亲的董明珠也拒绝了。

多年之后，董明珠想起此事时，总有些后怕，并唏嘘不已。她连自己儿子最起码的请求都无情地拒绝了，知道自己做得有些残酷了。当时，广州机场的治安还不理想，而儿子只有 12 岁，让孩子一个人从珠海乘公交车到广州机场去乘飞机，真是过于苛刻了。

董明珠说："到了目的地儿子下飞机时，我们派出的营业员来接他。营业员在电话里告诉我，说我的儿子简直就是从机场里冲出来的。"说到这里，董明珠已经有些哽咽了："我一下子就明白了儿子当时的心理，儿子当时已经紧张得没有丝毫安全感了。于是，我的心里也一下子难受得不得了。"

没人知道，那个12岁的孩子先是一个人坐在公交车上，而后又一个人坐在飞机上，他心里都在想些什么。或许有一种对陌生环境的恐惧，也或许有一种对母亲的疑惑。他让母亲去送他，一定是想和母亲多待一会儿。虽然他从小就习惯了掩盖自己的感情，可他毕竟是个孩子，一个期盼母亲疼爱的孩子。在别的孩子那里，也许已经对父母过多的爱护感到厌倦，而在他这里，母爱却显得过于单薄。

因为本职工作的特殊性，董明珠与儿子面对面交流的时间非常少，她只好把母爱更多地体现在行为影响的潜移默化中，希望儿子能成为对社会有用的人。董明珠觉得，母子之间沟通的语言无须太多，也不在于母亲非要跟儿子说什么、要跟儿子做什么，而在于母亲的言行举止。她觉得，在儿子的成长过程中应该多多经受磨砺。如果长期生活在蜜罐子里，对孩子的成长不利。当很多家长每天都在接送孩子上学和回家时，她希望自己能够站在学校的大门口，看着儿子独自走回家。

董明珠在谈到如何教育孩子及自己的教育观时说，一般家庭对孩子的“溺爱”并不是一个好的教育方法。让孩子“衣来伸手，饭来张口”，用各种各样的礼物哄他，开车送他上学，考试时甚至把饭菜都拎着送到学校大门口。这种爱并不是培养孩子的好办法。在她看来，最好的母爱就是给孩子一个发展的空间，让孩子自己判断事物的好坏。

在南京做格力空调销售的日子里，董明珠几乎天天都在市场奔波，很少回家看看母亲和儿子。偶尔深夜路过家门回去一下，母亲和儿子也早都睡着了。而第二天一大早，董明珠就离开了家。有一回，董明珠在销售中打了一个大胜仗，就决定回家陪母亲和儿子好好待几天。董明珠依然记得那一天的情形。那天，儿子回家看她躺在沙发上休息，显得特别高兴。可就在这个时候，董明珠的电话响了，电话的那头说："格力一批销售员'集体辞职'，请速回总部处理经营工作。"

董明珠来不及和儿子说几句话，就收拾行装，向火车站奔去。在上火车的一刹那，她清楚地看到儿子脸上的泪。望着儿子，她的眼泪也禁不住地刷刷流下。

有人问董明珠："你最伟大的成就是什么?"董明珠非常自信地说："我的成就一个是儿子，一个是格力。说儿子是成就，是因为我没有溺爱儿子；说格力是成就，是因为格力成了中国的品牌、世界的品牌。"

董明珠是不轻易掉眼泪的，但却时常被儿子感动得掉眼泪。高考的时候，儿子也是一个人做准备，自己还带上常用药以防意外，这对董明珠来说，是一个很大的安慰。因为儿子自立了，儿子知道照顾自己了。2007 年 1 月，董明珠被评为中央电视台"2006CCTV 中国经济年度人物"，她站在领奖台上的时候，意外地收到了儿子发来的"亲爱的妈妈，恭喜你!"的祝贺短信，她顿时就流泪了。有时，她真的觉得自己在远离格力的时候，才是一个真正的女人，才是一个真正的母亲。

如今，董明珠的儿子已经部分继承了母亲的自立与自强。她的儿子说，不希望在母亲的羽翼护佑下过安逸的生活，也不希望因为生活在母亲的阴影下限制了自身的发展。董明珠在儿子的成长过程中虽然没有实行贴身的爱抚和严格的管教，却一直保持着一种话时的沟通与指导。从儿子几岁时，她就经常鼓励儿子要坚强勇敢，自力更生。她对儿子说，只有这样，才能在长大之后真正成为一个有能力对社会做出贡献的人。

在很多采访董明珠的电视节目里，董明珠的儿子东东都没有出现过。东东说，他不想因为母亲而让自己在社会上享受与平常人不一样的待遇，就连选择工作，也不希望到认识母亲的人多的地方去。虽然母子之间很少见面，但总会常常通电话联系。

每次和儿子沟通的时候，董明珠这边总是电话不断。而她却无法逃脱那些打进来的电话，生怕耽误了公司的大事，只好接了一个又一个电话。有一次，儿子终于忍无可忍，就挂断了母亲的电话。过后儿子对她说："你总是在我跟你沟通找到了一些感觉的时候就去接别人的电话，我的情绪也因此一下子就没了。"

这样的事情虽然已经过去很久了，可在董明珠的心里，却一直像发生在昨天一样。儿子的话对她的刺激太大了。她知道儿子有很多话要跟她说，她又何曾不是有很多话要对儿子说呢？只是，她的时间都用到工作上去了，不得不一次次地藏起对儿子的愧疚。

董明珠最喜欢陈琳唱的那首歌："藏起想哭的心，对你撒个真诚的谎……"董明珠觉得，这首歌总能表达她对儿子的心情。

看着越来越棒的儿子，董明珠内心感到极大的欣慰。如今，她已大可放心了，因为儿子已经找到了合适的工作，就不必像当年那样，对年幼的儿子撒谎，说自己很快要回来。她可以光明磊落地告诉儿子，她要为格力的前途努力再努力！

## 非常际遇，雷厉风行写辉煌

董明珠小的时候，是一个天真浪漫、乐于幻想的孩子。当初，她最大的理想就是当一名教师，教育一帮孩子。后来，她又想当一名军人，用健壮的体魄来保护别人。她总想通过自己的不懈努力，做一个对社会有重大贡献的人。

董明珠的父母都是那种不计较个人得失且心地善良的人，他们为人正直、待人平等、不投机、不势利，敢于保护别人。受父母的影响，董明珠也养成了坦率、好强和乐于助人的性格。

其实，董明珠的生活轨迹原本和多数人一样，平淡无奇。1975 年 7 月，从安徽芜湖干部教育学院统计学专业毕业的董明珠，进入南京的一家化工厂做管理工作，而后结婚生子。于是，董明珠也顺理成章地走上了贤妻良母的生活轨道。

让人意想不到的是，董明珠刚刚步入而立之年，丈夫却因病离开了人世。此时，她的儿子才两岁，温馨的家庭行将倾覆。

生活的不幸遭遇并没有压垮董明珠，她自强不息的性格，也许早就决定了她的人生发展轨迹。她不愿意依赖别人，不愿意让别人来施舍。她总是期望着依靠自己的努力去开创生活的未来，去创造美好的明天。

1990 年，董明珠再也不想继续虚度年华、耗费青春，毅然辞掉了南京的工作，不惜抛家舍业，只身来到深圳闯荡。而后不久，她又转战珠海，加入了格力，开始了辉煌的人生旅途。董明珠很珍视这次机遇，没有丝毫的懈怠，进厂就踏踏实实地做起了营业员。可谁又能想到，就是这么一个小小的营业员，日后竟出落成一位神奇的“营销女皇”，也创造了一个享誉海内外的格力品牌。

2013 年，董明珠担任董事长兼总裁的格力电器，实现年营业总收入 1200 亿元。而 23 年前的格力是一个怎样的状况呢？

1985年，国有企业珠海经济特区工业发展总公司成立了冠雄塑胶有限公司。这家国营小厂只有100来人。刚开始时，是给电视机、录音机企业做配件，后来又给风扇企业搞配套。尽管设备先进，技术领先，但由于经营管理不善，成立后的头三年，生产经营一直不尽人意，累计亏损额200多万元。工人拿不到工资，企业只好组织员工去拱北海关的关口去倒卖香烟，以此来谋生。

1988年，一位魅力十足的中年汉子从广西百色矿山机械厂厂长的位子上回到了珠海，出任冠雄塑胶有限公司的总经理。这位中年汉子，就是后来成为格力缔造者之一的朱江洪。朱江洪带领公司员工迅速开发以注塑件为主要附件的一系列家用电器产品，很快扭亏为盈。1989年，冠雄塑胶有限公司净赚70多万元。1990年，冠雄塑胶有限公司净赚400多万元。在朱江洪的努力下，冠雄塑胶有限公司彻底实现了“咸鱼翻身”。后来，朱江洪成为了董明珠的上司和搭档，两人联手演唱了一出“朱董配”的精彩大戏。

由于冠雄塑胶有限公司自己注册的“海乐”商标被人抢注，朱江洪便重新注册了“格力”商标。很快，“格力”被上级珠海经济特区工业发展总公司看中，进而变成了整个集团的使用商标。这就是“格力”商标的由来。

1987年，珠海经济特区工业发展总公司旗下的另一家名叫海利空调器厂的企业成立，也是一家国有小厂。但实质上，海利空调器厂只是一家靠20万元银行贷款维持运作的小作坊。1990年，刚刚投产不久的海利，只有一条落后的窗机组装生产线，空调年产量不超过两万台，年销售收入仅有2000多万元。其中，有相当一部分销售收入有其名无其实，根本收不到实钱。海利不仅企业规模小，产品销路不畅，而且产品质量也存在严重问题。经常是包装一新的产品被喜气洋洋地拉出去，不多久就有一部分产品又被灰头土脸地拉回来。曾经有一批空调被农用车送到客户家里，安装后竟然无法启动。究其原因，原来产品在运输的过程中，农用车一抖动，空调里面的铜管就被震断了。除此之外，空调的噪音也特别大，夜深人静的时候，空调的声音就像飞机在头顶上来回盘旋。

鉴于朱江洪的杰出能力，1991 年，珠海经济特区工业发展总公司决定，任命朱江洪兼任海利空调器厂厂长。就是这一年，冠雄塑胶有限公司和海利空调器厂合并，成立了格力集团电器股份有限公司。格力电器横空出世。

格力电器横空出世的时候，董明珠刚刚加入格力，是一名普通的业务员。入行之初，董明珠虽然内心好强，却面显胆怯。她渴望自己早一点适应环境，早一点进入角色。

那个时期，大多数业务员推销产品都采取喝酒吃饭的手段，酒量的大小也无形中成了业务员本事大小的一个标志。可董明珠不喝酒，不会“逢场作戏”，而且做事讲原则。这些都应该是董明珠的“先天不足”。一些人背地里对董明珠说：“有的业务员陪客户喝酒，客户说一杯酒顶多少多少货，营业员喝多少酒他就买多少货。结果，业务员就拼命地灌自己，醉得在地上直打滚儿。有的女业务员认为自己是女的，有优越于男性做营销的条件，就去如何如何地陪客户。”董明珠听了，完全不屑一顾。她始终认为只有脚踏实地做事才是最重要的，她不想走投机取巧的非正常道路。

于是，董明珠不惜劳苦，跟着老营业员一起东奔西跑，与老营业员一起，出色地完成了300多万元的销售额，并熟悉了空调安装、配置、使用和维护等各个方面的知识，懂得了怎样与不同的经销商打交道。这些实践，让她对自己有了一定的自信。她懂得了，世上没有不会做的事，只有不会学的人。她还懂得了，靠搞销售获得的提成，她和孩子的生活就有了基本的保障。

在格力创业初期，董明珠曾经用了40天的时间，向一个赖账的人讨要欠款。那次追债的经历，让董明珠开始思考如何处理企业与经销商的关系，从而保证双方共赢。双方共赢的基础就是保证诚信和公平。有一次，一个经销商先给董明珠打20万元的款，但要求董明珠给他发40万元的货。当时是卖方市场。在这个苛刻的条件下，董明珠一口答应了给他发40万元的货。结果，董明珠收到20万元的货款后，就只给订货的经销商发了20万元的货。董明珠知道，一旦遂了经销商的愿，就有可能出现新的欠账。为了改变那个经销商的心态，董明珠主动帮他搞推销，仅几天时间，就把20万元的货全卖了。然后，董明珠又给那位经销商发了20万元的货，最终还是凑足了40万元的货。董明珠的行为，感动了那位经销商，也教育了那位经销商。

从那以后，很多经销商都养成了不赊账的习惯，董明珠负责销售的区域，也从来没出现过欠款。当年，董明珠就创下了1600万元的销售额，打了一场让同事们羡慕又嫉妒的漂亮仗，完全打开了格力在安徽省的销售局面。之后，董明珠又被派往竞争极为激烈的南京市场，她仅用一年时间，就使格力在南京市场的销售额达到3650万元。

营销前线频传的捷报，极大地吸引了时任格力电器总经理朱江洪的注意。1995年，董明珠被调回珠海格力电器总部，出任格力电器经营部部长。董明珠经过一系列改革，把一个曾经懒散落后的部门，整顿成格力电器的模范部门。

与格力一起成长起来的董明珠，亲眼看到了格力由最初的年产两万台的小型企业蜕变成年生产能力超过6000万台的大型企业的全过程。同时，格力也由一个不知名的小品牌，发展成了中国的名牌、世界的名牌。可以说，这是一个翻天覆地的变化。可董明珠还是不知足，她说："我希望格力能够成为全世界人的格力。"

在接受记者采访时，一直以营销著称的董明珠对营销的阐述让人颇感意外。她认为，营销重要，企业管理更重要。营销不是绝对的，企业内部管理却是绝对的。如果没有好的管理，就不可能有好的营销。一个企业的成功，靠的不仅仅是营销，还要靠技术领先和管理先进。

董明珠是中国家电行业的风云人物，一位站在风口浪尖上的商海女性。20多年间，她从最基层的业务员干到珠海格力电器股份有限公司董事长兼总裁的位置，演绎出许多家电营销业的传奇故事。在千亿企业俱乐部的CEO中，她素以作风强硬著称，被称为"空调女皇"。她主导建立了独特的"格力模式"，自建销售渠道，敢于同国美、苏宁叫板。她无视商界潜规则，敢于起诉某地财政部门在招标中的不当作为。

董明珠说："没有既不得罪人又能办好事情的方法，唯一的抉择，就是勇于担当。只有精神纯洁的领导者，才有可能营造出奋发进取的内部氛围，进而带出强大的营销队伍。"董明珠以雷厉风行的作风和敢于担当的精神，带领格力创造了一个又一个辉煌业绩。

有人说，没有董明珠，就没有格力。董明珠虽然不否认，但她总是做一些重要的补充。她除了强调格力发展的重要因素是产品质量和员工的共同努力外，还把自已早年的成功归功于朱江洪对她的信任："如果没有他的多谋善断、不耻下问，我这个普通业务员的呼声，不会被采纳。"

不可否认，没有董明珠，就没有格力，没有格力，也没有今天的董明珠，董明珠与格力的关系绝对是密不可分的。董明珠与格力的这场非常际遇，既造就了格力，也造就了董明珠。

## 风雨同舟，精诚合作出奇迹

"没有董明珠就没有格力，没有朱江洪就没有董明珠。"这句在格力内部广为流传的话，基本诠释了朱江洪、董明珠与格力的关系。对此，科龙电器前总裁王国端说："朱江洪遇到董明珠是朱江洪的福气，董明珠遇到朱江洪是董明珠的运气。"

在中国，一个成功的男企业家，往往需要一个女性事业伙伴来辅佐：比如海尔的杨绵绵之于张瑞敏；华为的孙亚芳之于任正非；娃哈哈的杜建英之于宗庆后；巨人的刘伟之于史玉柱；格力的董明珠之于朱江洪。中国企业领导层的"男女搭配"，是中国区别于西方的独特管理现象，也是中国30年来女性进步最明显的标志之一。

到过董明珠办公室的人，都看到过一面墙上挂着的那幅字，上面写的是：献身企业忘自我，棋行天下女豪杰。这幅字是2005年8月董明珠过生日时，时任格力电器董事长朱江洪送给她的。

1991年，46岁的朱江洪终于大器晚成，站在了历史为他安排的位置上，成为格力空调的掌门人。朱江洪生于1945年11月，是一个地道的珠海人。1970 年，朱江洪毕业于华南工学院机械系，随即被分配到广西百色矿山机械厂工作。在那里，他一干就是 18 年。

朱江洪虽然是个很有才能的人，但做起事来却十分低调。他刚开始接手的是一个叫做海利空调器厂的小企业。当时的海利空调厂完全是个烂摊子，不仅产品销路不畅，产品的质量也存在严重的问题。

搞技术出身又作风严谨的朱江洪接手海利空调后就狠下心来抓科研。不久，海利空调的产品质量就有了脱胎换骨的改变，使海利空调的产品在市场上有了一个崭新的起点。

1991 年，董明珠之所以能在安徽的市场上旗开得胜，销售额达到 240 万元，除了与董明珠的精明能干有直接的关系外，也与格力空调质量的脱胎换骨有关。1992 年，董明珠又在安徽市场为格力空调创造了 1600 万元的销售额。这一销售业绩，一下子震动了格力总部，震动了总经理朱江洪。当时，格力空调在百姓生活相对比较富裕的江苏，销售额仅为 300 万元。于是，能够洞察秋毫的朱江洪坐不住了。他随即决定，立即亲临华东地区考察空调的销售市场。

朱江洪来到安徽后，很快就发现董明珠是一个难得的销售和管理人才，为此，他从心里感到高兴，甚至连觉都不想睡。他觉得，董明珠的态度与大多数业务员不考虑公司利益、只打自己的小算盘的态度完全不同。董明珠不仅有强烈的责任心，而且还有难得的思想和超乎寻常的悟性。

在陪同朱江洪从合肥赶赴南京的列车上，董明珠详细介绍了自己从事营销工作一年多的一些感悟。她说："真正好的营销政策不仅是把货卖出去、把钱赚回来，还应努力在厂家和商家之间建立稳固、诚信和互惠互利的合作关系，共同为社会和消费者创造更多的价值。只有厂家与营销商实现多赢，才能确保生意做得长久。如果在合作中不懂得保障他人的利益，最后必然是自己的利益也会遭受更大的损失。”

董明珠的一席话，直接说到了朱江洪的心里。当时，朱江洪正雄心勃勃地想干一番事业。他觉得，随着产品质量的切实提高，公司营销短板问题显得越来越突出。为此，朱江洪格外看重肯于吃苦、精明善谋而又特别卖力的董明珠。也就是从那时起，朱江洪一次次地给董明珠大显身手的机会，而董明珠也会一次次地用超过朱江洪期望的业绩，回报给这位厚道的上司。这样的礼尚往来，的确让人感动。

应该说，朱江洪是一个具有超前意识的电器专家，而更令人敬佩的是，他的身上拥有着大多数中国企业家所少有的襟怀。为了培养企业的核心竞争力，他甘愿把人权和财权统统交给公司的副总，而自己去集中精力抓新产品的开发和新技术的研究，使格力逐渐拥有了电器模具开发和产品更新换代的核心能力。朱江洪全面接手格力电器后，就扎扎实实地带领格力的科技人员，研发了一代又一代新产品，使企业走向了依靠科学技术实现飞跃发展的健康之路。

朱江洪始终坚持不拘一格、任人唯贤的选人用人思想，以培养“忠诚、友善、勤奋、进取”的企业精神为目标，一直秉承“谁有能力就提拔谁，谁是人才就重用谁”的选人用人原则，在公司上下营造了“尊重人才、爱惜人才、重用人才”的浓厚氛围。

朱江洪在华东地区调查时发现，南京虽然是一个富饶之地，市民的消费水平比较高，但格力空调在南京市场上的遭遇却非常难堪。“格力”新品牌已经启动了整整一个夏天，可江苏市场上却丝毫不见“格力”的起色。“格力”牌空调在强势品牌“春兰”“华宝”的市场攻势下，显得毫无竞争之力。就是这些，让踌躇满志的朱江洪大为困惑。

于是，朱江洪果断决定，把南京市场也交到了董明珠的手里，期盼她能在南京这个最为火爆的空调市场上，尽快为格力打开局面。让朱江洪感到欣慰的是，董明珠果然身手不凡。1993 年当年，董明珠一下子将格力空调在江苏的销售额提升到 3650 万元，比 1992 年增长 11 倍多，相当于为格力又开辟了 11 个原江苏的市场。到此，如果再加上格力在安徽市场的销售额，董明珠在 1993 年一个人的销售额就达到了 5000 多万元，占格力全公司销售额的 17%，创造了六分天下有其一的辉煌业绩。

接下来的 1994 年，格力在江苏的销售额又出人意料地增长到了 1.6 亿元，与春兰空调和华宝空调在江苏并称为空调市场的“三强”。这一年，董明珠一个人的销售额就占了格力整个公司销售额的 20%。

而就在格力电器呈现迅猛发展态势、渐渐跻身于国内一线品牌的节骨眼儿上，格力电器主管销售的副总，在一家刚刚成立的空调企业的高薪诱惑下，竟然带领格力的 8 名销售人员和两名财务人员，以集体辞职的方式离开格力，加入那家空调企业。

这起突发事件，让朱江洪惊讶得一时说不出话来。他万万没有想到，他所重用的团队竟然在一瞬间就轰然倒下。此时，朱江洪没有以央求的姿态去挽留那些人。他知道，那些人即使留下了，他们的心也是飘忽不定的。以一种飘忽不定的心态留在格力，就根本无法与格力人成为真正同舟共济的合作伙伴。

当时，恰恰也有人以更优厚的待遇去拉拢董明珠，可董明珠就是不为所动。这个节骨眼儿上，她毅然选择了与格力同甘苦、共患难、谋发展。

朱江洪再次果断决定，把董明珠召回了格力总部。1994 年 10 月，董明珠结束了 3 年的业务员生涯，开始担任格力电器经营部副部长一职。说是副部长，其实履行的就是部长的责任。这个时候，公司部长的职位一直空缺着。显然，这样的空缺是有目的的，是为董明珠尽快转正而空缺。从此，朱江洪的身边来了一个可以同甘苦、共患难的合作伙伴。

格力员工都知道，朱江洪是一个“一不抓钱，二不抓人”的老总，抓人抓钱的事都交给副总去管，而他自己则一心一意研发新产品。当公司管理层出现重大变故的时候，朱江洪就把扭转公司管理积弊的重担，交给了他早已信任的董明珠。

董明珠是一个干起事来可以玩命的人。为了做好工作，她每天甚至只睡 5 个小时左右的觉，就是说梦话的时候，她也是念叨着格力。平时，一旦有了什么新的想法，她就会半夜爬起来，把内容记在本子上。有时甚至给同事打电话，及时征求相关意见。格力许多被广为称道的营销绝招都是这么诞生的。

为了不辜负朱江洪对她的信任，董明珠不但严格要求自己，还要严格要求别人。董明珠刚刚上任时，经营部迟到早退、喝茶看报、吃零食聊天的现象非常严重。董明珠知道，这是格力多年遗留的顽疾。董明珠痛下决心从抓内勤入手，经常把员工训得直掉眼泪。

朱江洪虽然不善于处理人情世故，但他却对同事和部下的关心细致入微。对此，董明珠一直备受感动。1994 年底，董明珠不小心摔成了肋骨骨折。当时正值年终阶段，公司的工作很紧张。为此，董明珠根本不想住院。朱江洪知道后，亲自跑到经营部，急切地对经营部的员工们说："你们就是抬也要把董明珠抬到医院去。"当时，每天下班以后，朱江洪都要亲自去医院看望董明珠，而且一坐就是一两个小时，给董明珠以精神上的巨大慰藉。

董明珠上任经营部副部长之初，格力公司的账册上留着 5000 多万元的应收款，而且，有相当一部分根本无法收回。济南的一家商业企业明明欠款 100 多万元，可格力电器竟然拿不出任何有效的欠款凭证来，甚至蹊跷到无法查出格力内部是谁的责任。再有，一张产品宣传单的市场价是 0.2 元，可格力电器付款的价格是 0.88 元。公司花了 450 万元在机场租了一个广告牌，方向却背朝着人流。

董明珠了解到这些情况后，心里非常气愤，她下决心彻底根治这样的毒瘤。她随即跑到朱江洪那里，张嘴就要求把公司对外财务的管理权全部交给她。下级向上级伸手要权本是大忌，可朱江洪却恰恰以很认真的态度考虑了董明珠的要求。

朱江洪面对许多指责董明珠的人，耐心地做工作："现在，公司的经营和收款分为两处，货款进出的财务管理确实存在不少问题。有些经销商没钱却给货，而有些经销商有钱却拿不到货。这样的局面再延续下去，公司就要出大问题。我的意见，先把收款这部分划出来归董明珠管。"很显然，这是一个妥协的方案，但毕竟让董明珠接管了一部分财务权。这一决策，对后来推进公司的整个经营工作，起到了极大的推动作用。

在这种情况下，那些感觉董明珠多管闲事、断了自己财路的人，就联合起来要把董明珠轰下台。这个时候，还是朱江洪挺身而出，给董明珠以最坚定的支持。

不久，董明珠就顺理成章地接任了格力电器经营部的部长。接任部长后，她就大刀阔斧地清理欠账，并全面推行了先款后货的销售政策，格力电器从此再也没有出现过一分钱的欠款。

2003 年到 2005 年间，因为格力电器的改制，引发了一系列风波。就是这个时候，朱江洪受到了严重的诽谤，董明珠也受到了来自各方面的压力。格力内部一时严重动荡不安、流言蜚语满天飞。而最终，内心坦然的朱江洪和董明珠，携手渡过了这场格力有史以来最大的难关。

在格力，很难说朱江洪与董明珠是谁成就了谁。如果没有朱江洪的扶持，董明珠就不可能取得如此辉煌的业绩。朱江洪的博大胸怀，让董明珠有了大显身手的机会。无论是早期的“年终返利”和“先付款后发货”，还是后来建立的区域营销网络，如果没有朱江洪的支持，无论董明珠做出怎样的努力，也是不可能实现的。

在谈到与朱江洪的默契程度时，董明珠曾经说：“我希望有一天能超过朱总，我相信他也一定希望我能够超过他。但我还相信，朱总更希望他自己永远站得比我高。格力要发展，离不开我们两个人的精诚合作。说一句稍微出格的话，如果不是我 1994 年回来帮他整顿经营部，格力不会有今天。从这个意义上讲，朱总是幸运的，如果他不认识我，将会是他人生的一大遗憾。”

董明珠与朱江洪在格力的发展史上共同写下了“朱董配”的精彩篇章。

2

# 只身南下创立基业

## 南下打拼，加入格力搞营销

1990 年，在南下打工热潮的强烈感召下，天性不服输的董明珠毅然辞掉了南京的工作，千里迢迢只身来到深圳闯荡，成为千百万打工仔中的一员。这个时候，正值中国经济体制处于由计划经济向市场经济转型的初期，而深圳正是中国实现经济转型的前沿窗口。为此，深圳有许多理由让人充满期待，进而吸引了一批又一批全国各地的有识之士来深圳打拼。这其中，不乏有崇高理想和巨大抱负的人，董明珠就是其中的一位。

南下深圳的决定是董明珠在反复考虑后做出的。这一年，董明珠 36 岁。36 岁，正好是董明珠人生旅途的第三个本命年。对于很多这个年龄的女人来说，正处在相夫教子、安享幸福生活的美好时期。这个时期，能有一份相对稳定的工作，每天能和同事们说说话、唠唠家长里短，就是轻松而惬意的事情。然而，命运多舛，刚刚而立的董明珠，却意外地遭受了丈夫病逝的沉重打击。那一年，她的儿子东东仅仅两岁。

面对突如其来的变故，董明珠咬紧牙关，带着儿子默默地承受着生活的重压。那段生活的磨砺，无形之中让董明珠变得更加坚强。同时，董明珠的心里，一种不满于现状、不屈服于命运的心态逐渐形成。6 年后，董明珠终于做出了南下深圳的抉择。她把 8 岁的儿子留给了年迈的母亲照看，毅然来到深圳一家生产化工产品的企业做管理工作。

与一些年轻人抱着试试看、蜻蜓点水般的求职态度不同，董明珠是下定决心要干好、要坚持下去的。她知道，36 岁的年龄已经经不起过多的挫折，已经经不起过多的失败。正是这种义无反顾的气势和坚韧不拔的毅力，为她赢得了一个又一个展现自我的机会，也造就了中国营销行业的“神话”。

董明珠当初做出南下的决定，受到了家人的一致反对。她的亲人们都来劝说她：“闯荡讨生活是男人们应该做的事，你一个女人家，孩子又小，没必要抛家舍业地去过居无定所的日子。”可是，董明珠决定了的事情，有谁能改变得了呢？她南下的同时，也相信自己通过努力必将获得成功。

在家乡南京的那家化工研究所，董明珠从事的是管理工作，按照她的话说，就是做人事工作，干一些劳保福利和工资改革的事。而到了深圳，董明珠干的还是老本行，做企业的管理工作。对于未来，她还没有一个明确的想法和目标，更没想到自己会与营销结缘，在家电行业大显身手。

董明珠是一个极其负责的人。尽管她做的只是一份很平常、薪水又微薄的工作，但她在自己的岗位上总是尽职尽责，认真地做好每一件事，从来没有任何抱怨。她的心里虽然充满了激情和力量，但表面上却总给人一种默默无闻的感觉。她说："在单位比较随和，不太和别人争什么东西。我骨子里那种坚韧好强的东西，不能尽情地释放出来，因为我只是一个普通员工。"

一个偶然的机会，让董明珠与珠海邂逅。她来到了珠海，一下子被珠海美丽的环境所吸引，以至于让她心花怒放。人生三十六载，她还从来没有这样兴奋过。在她的心里，繁华的深圳远没有珠海值得迷恋。她觉得，珠海有着得天独厚的地缘优势，位于珠江入海口的西侧，与澳门相连，和深圳、汕头、厦门同为中国首批经济特区。这里海天相连，环境优美，气候宜人，可以称为品质生活之城。与深圳的喧闹相比，珠海在董明珠的心里，平添了几分魅力，也平添了几分恬静。

董明珠马上对自己的选择做出了调整，断然决定由深圳转投珠海发展。她最终把自己的目标定位在营销行业上。对于营销行业，董明珠当时考虑得比较简单，就是为了挑战自我，去尝试一下全新的工作。她觉得，业务员可以走南闯北，能代表一个公司的形象，能充分展示个人能力。董明珠对自己的定位，也注定了她日后的人生辉煌。

经过一番努力之后，董明珠应聘进入了海利空调厂。海利空调厂的人事部门考虑她的经历，就安排她做管理工作，从事老本行，以便发挥她的特长。结果，董明珠坚决推辞了这一安排，强烈要求当一名基层业务员，从事营销工作。万万没有想到，她与格力的结缘，竟让她的潜能发挥到了极致，竟让格力成为中国乃至世界空调行业的“航空母舰”。

当时的格力（后海利和冠雄塑胶合并为格力），还是个弱不禁风的婴儿。这家国有性质的空调生产企业，不仅规模小，而且知名度差，年生产能力只有两万台左右，年销售额在2000万元到3000万元之间。专门设立的营销部刚刚成立，总共才安排了20名业务员。按照公司制定的年销售额计划来分配任务，每名业务员每年需要完成100万元的销售任务。完成了这个任务，可提成销售额的2%，也就是可以获得两万元左右的奖金。这在当时是一个不小的数目。

为了争取到万元的提成，所有的业务员都会使出浑身解数，把空调尽可能多地卖出去。当时中国的空调行业还处于初期，做空调销售还是一件非常艰难的事情。空调销售不仅受到市场消费能力的限制，还受到消费者消费意识的限制。当时，空调属于高档消费，对于普通老百姓来说，大多都是可望而不可即的事。

初来乍到的董明珠看上去依旧老实本分，清秀斯文，明显缺少那种久经沙场、久闯江湖的老销售员派头。对于空调销售，董明珠还真不知道这个行业有多大前途，她只是听人说，从80年代中期开始，地球变暖不可抗拒，每年的平均气温都会比上一年增加0.1℃到0.2℃，夏天会越来越热，空调迟早要大量进入寻常百姓家。董明珠就是凭着这种说法，预感到空调行业会有大好的发展前景。

就这样，董明珠变成了格力的一名业务员，而且是一名女业务员。营销在当时的中国还是一个全新的职业，在市场的冲击下，企业纷纷离开了计划经济的襁褓，产品的销售完全依靠自己的营销人员来做。所有的企业对销售人员的选拔都要遵循一定的标准。男销售员要能吃、能喝、能侃，能够八面玲珑地拉关系。女销售员要美丽漂亮，善于结交，善于公关。而董明珠看上去完全不具备当业务员条件。她滴酒不沾，在饭桌上只喝水，做事认死理，爱钻牛角尖，一副原则性很强的模样。对此，不仅一些客户不看好她，就连厂里的一些老业务员也不看好她。

厂里考虑到董明珠对营销业务不熟悉，就安排她先跟几位老业务员搭档，跑北京兼跑东北一段时间，让她尽快熟悉业务。董明珠心领神会，像一个“跟屁虫”一样，与老业务员如影随形，一起东奔西跑。拜访商家，查看库房，董明珠无所不能为。

做营销工作，董明珠虽然没有经验，但信心是充足的。对她来说，营销行业完全是一个陌生的行业，既没有可供她学习的理论，也没有可供她借鉴的经验，这就注定了她要边摸索边总结边前进。董明珠是一个喜欢与自己较劲的人，做任何事情，她都要求自己一定要做好。她一直信奉事在人为。她告诫自己，营销这项工作，要么不做，要么一做到底，而且要做出成绩来，绝不能半途而废。

董明珠清楚地记得第一次出差时所经历的忐忑不安和遭受的病痛折磨。

第一次出差时，她是到天津去跑业务。她刚一下火车，还没住进旅馆就突然晕倒了。因为没有出差经验，董明珠坐火车从珠海赶往天津的路上几乎是水米未进。当时正是 7 月，是最为炎热的酷暑时期，车厢内闷热潮湿，难以忍受。好不容易熬到天津，董明珠却挺不住了，一下车就觉得昏昏沉沉，头重脚轻，虚汗淋漓，眼冒金星。

见到她四肢瘫软的样子，到火车站接她的老业务员当场断定董明珠中暑了。老业务员意识到，必须马上找一家有空调的旅馆把董明珠安顿下来。到了旅馆后，还没等老业务员开完房间，体力透支的董明珠就感觉眼前一黑，一头摔倒在旅馆的前台附近。

当人们把她抬到房间时，她已经完全昏过去了。更加糟糕的是，董明珠昏倒时摔得很重。到了第二天的早晨，董明珠还依然感到被摔的地方在隐隐作痛，用手摸一摸，那地方更是火燎燎、刺辣辣地钻心疼。老业务员看到她的样子，决定让她休息两天，等养好伤后，再和他们会合去跑业务。

董明珠就是个性十足的一个人。她说什么也不休息，拖着生病的身体坚持与老业务员们一起跑业务。她知道，万事开头难，出门在外跑业务，磕磕碰碰的小事在所难免。如果因为这点小事就叫苦不迭，不用说去跑业务，就是照顾好自己也会成问题。最终，董明珠还是说服了老业务员，一瘸一拐地跟他们去了北京。

当时，北京有个很大的制冷展示厅，是一个专门展卖空调的地方，他们在那待了两天。董明珠是个有心人，她一边听老业务员和展厅经理大侃生意，一边细心观察。这里的空调品牌真是不少，国内的有，国外的也有。老业务员跟着展厅经理转，目的就是让经理能多签一点格力的订单。展厅经理显得很神气，拿腔拿调地对与董明珠同行的老业务员说："你们的产品很一般，但是有我就没问题。你放心，你们的产品搁在我们的展厅里代销，准能给你们卖出去。"在卖方市场的时代，这个经理如此夸张地承诺并不过分。

在接下来的几天时间里，董明珠都是咬牙坚持着。她不想错过跟老业务员学习的每一个环节，也不想错过难得的营销实战机会。然而，让她始料不及的是，几天以后，当她与老业务员们一起前往沈阳跑业务时，一瘸一拐的她再也坚持不住了。无奈之下，她被送进了医院。

拍片检查的结果显示，董明珠的伤是骨裂，这把所有的人都吓了一跳。医生说，骨裂是非常疼的，一般人是难以忍受的。可董明珠受伤以来，一直在东奔西走，如果不是特别留意，根本看不出她在强忍着疼痛。董明珠的坚强，感染了在场的每一个人。

糟糕的是，董明珠骨裂的患处根本没有办法打绷带，只能卧床休息。但是，在这个空调销售的旺季，董明珠怎么能躺得住呢？她没有躺下，而是依靠自己的自制力慢慢地调整。白天挤时间多睡一会，出行坐火车就坐卧铺。这个时候，她宁可自己多花一点钱买卧铺。

初次出差，董明珠就实实在在地品尝到了营销工作的艰苦。要不是她骨子里有一股不服输的坚强，也许早就支持不住了。正是这种好强而又不服输的精神支撑着她，她才在短短的半年时间里，从一个对营销行业一窍不通的门外汉，成为一个熟练掌握空调市场行情和空调销售技巧的出色业务员。

在跟着老业务员奔波的半年时间里，董明珠不但做成了300万元的生意，还熟悉了空调安装、配置、使用和维护方面的相关知识。更为重要的是，她懂得了怎样更好地与不同地区、不同性格的经销商打交道。半年的实践，让她逐步建立起了自信心，她更加体悟到了“世上无难事，只怕有心人”这句话的内涵所在。

渐渐地，董明珠在营销领域不再是蹒跚而行。她说：“一个人蹒跚学步的时候，其步伐是笨拙的，也是容易被人遗忘的；而一个初涉商海者的脚步，却是令人难忘的。对于后者的我来说，这种付出是艰辛的，也是值得的，它决定了我今后用什么方式走自己的路。”

董明珠，已经随着格力扬帆起航。

## 合肥讨债，果敢机智赢大考

1991 年，董明珠经过半年脱胎换骨般的历练之后，被总部派到安徽，全权处理格力在安徽市场的营销业务。这一安排，也意味着董明珠有了独立发展的空间。就要一个人到安徽去战斗了，董明珠既高兴又紧张。高兴的是，大显身手的时机到了；紧张的是，真正的考验来了。她知道，安徽之行，成功也好，失败也好，都是自己的事，都怨不得别人。她开始琢磨，安徽作为全国较为贫穷的省份，在空调还被视为奢侈品的年代，自己能顺利打开这个市场吗？

接到任务后，董明珠利用各种激励的办法，给自己打足了气，她下定决心，一定要尽快拿下安徽这个市场，全面打开格力空调在安徽的销售局面。她做好了应对各种困难、面对各种复杂局势的思想准备。她告诫自己：我不是抱着试试看的想法而来的，而是有备而来的。

到了安徽，董明珠面临的第一个考验不是销售方面的，而是追讨一笔 42 万元的欠款。由于市场经济发育之初的不成熟和法制的不健全，给许多经销商提供了钻空子的机会，进而损害了生产企业的切身利益，像普遍存在的经销商拖欠生产企业货款问题就是一个最大的“怪胎”。因此，一个好的业务员，也必须是一个好的讨债能手。也就是说，一个业务员，既要做好销售的事，还要做好要账的事。无疑，董明珠也面临着这样的考验。

董明珠通过公司内部的业务员了解到，由于空调行业是卖方市场，很多企业与经销商采取的都是先发货后付款的合作方式，这样做就是为了更大限度地让利于经销商，从而取得最佳的销售效果。但是，这种合作方式无法保证企业对货款的及时收回和入账。业务员奔波一年，要把一多半的时间花费在追讨货款上，致使业务员不无感慨地说："这年头，欠债的是大爷，讨债的是孙子。"

董明珠还了解到，欠格力42万元货款的这家合肥经销商，公司派人不知向他催要多少次了，可他总是以各种理由不还。其实，这本是董明珠的前任业务员留下的烂账，董明珠完全可以弃之不管。按照公司的规定，这笔账就算追回来了，董明珠也得不到一分钱的报酬。对于董明珠来说，这完全是一件费力不讨好的事。

能不能把这笔钱要回来，董明珠的心里根本没有底。面对讨债问题，她倔强的脾气又一次占了上风。她说："杀人偿命、欠债还钱是天经地义的事，谁跟我耍无赖也没有用，我无论如何也要把欠款要回来。"

拖欠货款的那家公司规模不算小，光临街的商铺就有2000多平方米，装修得也很气派，几十名员工来来回回地忙碌着，呈现出购销两旺的繁忙景象，根本看不出这是一个长期拖欠货款的公司。

董明珠走进了那家公司总经理的办公室。总经理姓牛，是一位微微发福的中年人。董明珠恭敬地叫了一声"牛总"，然后把自己的名片递了过去，客客气气地对他说："我初来乍到，还请牛总多多关照！我不熟悉前任业务员的业务情况，为了我们的合作能有一个新的开始，我们先把双方在前一段时间里和合作情况对一下账，您看怎么样?”

没想到，还没等董明珠把话说完，对方就给她来了一个下马威:“我们跟格力是有业务往来，但我认识的是你前任的那位业务员，我不认识你啊!”

董明珠连忙解释说她是刚过来的业务员，原来的业务员已经调走了，她过来就是想办理一下交接，对一下账，同时也拜访一下牛总。

“什么?对账?对什么账?”对方摆出一副无比惊奇的样子，“我代销人家的产品几百万，甚是上千万，都压在库里，哪个厂家也没说过要对账。”董明珠耐着性子说:“如果不对账的话，我怎么知道我们的产品卖出去多少、库存多少呢?并不是我们对你们不信任。我们还要根据销售情况，在全国范围内调整市场的销售配额……”

那位牛总打断董明珠的话说:“实话跟你说吧，你们的格力空调根本就卖不动!”

董明珠据理力争地说:“不管怎么样，我刚接手这边的业务，一定要先把账目弄清楚，我不能就这么稀里糊涂地做下去呀!”

牛总这时摆了摆手说:“我还有一个联席会议，今天我们是不是先谈到这儿?”

接下来的几天里，董明珠几乎天天去找他，坐在牛总的对面跟他讲道理。牛总经常摆出一副似听非听的样子，还不时地“嗯”一声。每一次，都是眼看着别人要下班了，董明珠才站起身，一个人沮丧地回到旅馆。

一次，牛总装作抱歉的样子，冲她张开两手下逐客令道:

“我还有一批生意要谈，就不留你吃饭了。”

按常规，他说完这一番话后，董明珠就该走人了。但这一次，董明珠坐在牛总办公室的沙发上丝毫没动，盯着坐在老板台后牛总那张满是虚假笑容的脸，坚定而果敢地说：“42 万元对于我们来说可不是一个小数目，你可知道，我们厂里有多少工人在等着用这笔钱来养家糊口吗？”

牛总嘴角一撇，不屑地将手一挥说：“不就是 40 万元吗？某某厂已经给了我 300 万元的货，可我到现在还没付给他们一分钱呢，他们也没来找我啊！”

听了牛总的话，董明珠再也无法忍下去了，就冲口对他说：“他们是他们，我们是我们，根本不是一码事。我问你，格力的空调你卖了没有？卖了就给钱，没卖就给货，不能就这样拖着。你们拖得起，我们可拖不起。”

牛总的无赖气焰一下子被董明珠压了下去，就随即换上了一副苦脸说：“我们公司现在的资金周转很紧张，你看能不能缓两天再谈？”

董明珠抓住牛总这句话，穷追不舍地问：“你们不是说格力空调根本就卖不动吗？跟你们的资金周转有什么关系？到底是卖不动？还是卖了不给钱？”那位牛总被问得哑口无言。

第二天，当董明珠再去牛总的办公室时，牛总采取了回避战术。董明珠毫不退却，就坐在牛总的办公室里“守株待兔”。

就这样，董明珠等了一天，两天，三天……董明珠相信，牛总一定会有在办公室里露面的时候。

终于，牛总躲过初一，却躲不过十五，他还是出现在办公室里。董明珠堵住牛总说：“你真是比国务院总理还忙啊！连见你一面都难上加难。”

牛总嘿嘿地笑了几声，装作很大气的样子说：“行了，我算是服你了！你再给我发来50万元的货，我会连同以前的欠款一并打给你。”

董明珠接过话茬儿说：“可以按你说的办。不过，你得先让我看一下我们以前的货还剩多少。”

牛总不屑地摆摆手说：“那些货都有毛病，是人家不要的。”

董明珠坚持说：“没关系，有毛病的货我们拉走，绝不会算在你的账上，你总得先让我看一看吧？”

“行啊。你一定要看就看吧。不过，今天保管员不在，你明天再来吧。”

接着，董明珠又是天天地泡在牛总的办公室里等保管员。牛总被董明珠缠得无可奈何了，自己只好亲自陪她去库房。

走进库房，董明珠大吃一惊：品种不同的商品毫无规则地堆在那儿，大部分已经没有了包装箱。整个库房一眼望去，就像一个大宗的废品收购站。董明珠对牛总说：“我要把这些空调全部拉回去。”牛总说：“好好好，明天你就拉吧！”

第二天一大早，董明珠就租了一辆货车赶到了这家公司的门口。可蹊跷的是，公司门口的那扇铁门死死地关闭着。一打听，才知道公司正在放国庆节的长假。

国庆长假过后，董明珠又来到这家公司，牛总又采取了回避战术。董明珠也拿出老办法，每天在牛总的办公室里守着。不知过了多少天，牛总才露面。

董明珠一见到牛总，就严厉地指责他不守信用。可牛总仍是推托：“没有车，明天再说吧。”董明珠说：“车我出，我已经雇好车了。”牛总又说手下人不同意退货，他还要再做一做手下人的思想工作。

听了牛总的话，董明珠有些失控地大喊起来：“你当面讲的给我货，怎么又说话不算数了？从现在起，你走到哪里我就跟到哪里，一步也不会离开你，不信咱们就走着瞧！”

牛总冲着董明珠摆摆手说：“行了行了，算你凶。我明天就退货给你。”

董明珠一夜没合眼。次日一大早，她就急匆匆地洗把脸，然后雇了一台五吨的东风货车，直奔那家公司的仓库。在仓库里，董明珠一台一台地仔细查找“格力”的产品，并亲自动手与工人们共同搬运。

董明珠的原则是，能多搬一台是一台。一些货物虽然不是格力的，董明珠也让工人们往车上搬。董明珠的心里有个小九九：他们可以不负责任地把用过了的报废货说成是没卖掉的新货，我为什么不可以以货顶货？

这家公司的管理真是混乱，董明珠一直装到感觉车上的货物能抵上那42万元的货款了，才肯罢手。装车期间，那家公司竟然没有一个人现场跟随查看。

当东风货车满载着一车空调赶到珠海时，全厂上下都为之震惊。大家知道，这本来就是一笔死账，可董明珠却拉回了一车可以变钱的“活货”，让所有的人都兴奋不已，就连时任厂长朱江洪也不得不对这位来自南京的“打工嫂”刮目相看。

回到珠海后，董明珠对货物进行了认真清理。她在扣除能抵格力42万元欠款的货物后，把多出来的货物单独存放，然后给远在安徽的那位牛总打电话，让他派人拉回多出来的货物。

事后，董明珠解释说："把多余的货物还给那位牛总，是告诉他我们不想占他们的便宜。同时，让他派人到珠海来拉货，也是对他们的不诚信行为进行一次应有的惩罚。"

合肥追讨欠款这一仗，一下子打出了董明珠的威风，在引起格力管理层注意的同时，也让业界不少人士惊叹不已。董明珠从此踏上了一条今后越走越宽广的营销道路。

## 安徽闯荡，芝麻开花节节高

合肥讨债的磨砺，让董明珠一生都刻骨铭心。这是她接收安徽市场后独立做的第一件事。她清楚地知道，这是前任业务员留下的烂账，她本来可以不管。而且公司已经按照销售额 2% 的比例付给了前任业务员提成款，即使她讨回这笔欠款，也是白白地尽义务，一分钱也得不到。

可董明珠想，欠债还钱天经地义，42 万元不是一个小数目，不能就这样算了。厂里生产一台空调，要经过好多工序，每一台空调都凝聚着厂里工人们的辛勤汗水。每一台空调出厂，工人们都充满了美好的期待。这 42 万元欠款不讨要回来，厂里不知有多少工人的辛勤劳动付之东流。她觉得，一个业务员最大的责任就是把厂里生产的空调卖出去，然后把货款及时收回来。董明珠越想越觉得讨要欠款是自己义不容辞的责任，她必须管这个"闲事"。

哪曾想，这么一讨，竟是漫长的 40 天。40 天的讨债历程，都是董明珠一个人面对，没人陪着她，没人帮她出主意、想办法，没人帮她分担超乎寻常的压力。所有的节点，她都是自己做出预判，自己拿定相应的对策。董明珠与欠款的那家公司老总斗智斗勇，整个经过曲曲折折、跌宕起伏，但无论情况如何变化，董明珠始终都没有放弃。

让人敬佩的是，董明珠把这次讨债看作是对自己工作能力的一次大考。她觉得，只有首先做好这件事，才配做一名格力的业务员，才具备了开拓安徽市场的资格，今后才有希望在安徽立足、发展。“该出手时就出手，风风火火闯九州。”董明珠就是一个雷厉风行的行棋者。

当满载“退货”的东风货车即将驶离那家欠款公司的仓库时，40天的艰辛和委屈瞬间在董明珠的心中汇聚，她忍不住从车窗伸出头来，对那位牛经理大喊道：“从今往后，再也不和你这种人做生意!”说着，两行热泪就禁不住地夺眶而出。

董明珠合肥讨债这一漂亮仗极大地鼓舞了公司所有业务员的士气，也很好地维护了公司的尊严和利益。这让当时业界的许多人士为之惊叹，更让格力公司的管理层惊喜万分。也许，格力管理层已经意识到，出现了一个董明珠，格力在用人上就多了一个选择的机会。

40天艰难的时光，把董明珠的性格磨炼得更加坚韧，她觉得自己更加成熟了，更加敢于担当了，已经可以像雄鹰一样展翅高飞了。

董明珠将在一本书上看到的有关雄鹰如何获得重生的内容一直记在心里。鹰是世界上寿命最长的鸟，长达70岁。但是，要活70年，鹰必须在40岁的时候做出一次艰难而痛苦的抉择。40岁的鹰，喙已经变得又长又弯，几乎碰到了胸脯。爪子老化到了一定程度，已经不能有效地捕捉猎物。羽毛长得又浓又厚，翅膀变得十分沉重，飞翔起来很吃力。这个时候，鹰会选择飞到一个山顶，在悬崖上筑巢，并停留在那里，完成一次历时150天的艰难蜕变。鹰首先用喙击打窝巢边的岩石，直到喙完全脱落，然后静静等着新喙长出来。长出新喙后，鹰就用新喙把爪子上老化的趾甲拔下来，拔得鲜血淋漓。当新的趾甲长出来后，鹰就用爪子把身上的羽毛一根一根地拔掉。150天后，一只重生的鹰就开始了新的飞翔，开始了再活30年的梦想。

董明珠感到，现实的严峻与恶劣都不是自己被打倒的理由，相反，这些外部的困境更能磨砺一个人的坚强性格。有时，看似极其严峻困苦的局势，其背后往往隐藏着一个宽阔的天空，只有意志坚定的人，才会迎来一个风雨之后见彩虹的境界。

合肥讨债事件也让董明珠有了另外一番沉思。这种先发货后付款的合作方式虽然在某种程度上取得了很好的促销成效，但是，却极不利于销售回款。这种体制会被一些别有用心的经销商钻空子，以至于让这些经销商不把心思花在研究市场扩大效益上，而是想一些歪门邪道的东西，整天琢磨着怎么利用先货后款的结算方式，最大限量地从生产企业那里得到不应得的利益。

董明珠是一个善于学习、善于总结的人。事件过后，董明珠更加冷静、更加仔细地思索着自己所面临的困难和处境。先发货后付款虽然在当时是比较普遍的合作方式，但是董明珠深知，如果把这种合作方式再继续推下去，就会重蹈覆辙，就会出现新的讨债事件。花大把的时间和精力去讨债，销售成本实在太高了，根本得不偿失。她再也不想重复这样的经历，再也不想去做这种劳民伤财的事。

董明珠觉得，要摆脱这种困境，唯一的出路就是要改革先货后款的合作方式，大力推行先款后货、绝不赊账的新型营销模式。为此，董明珠下决心做第一个“吃螃蟹”的人。

先打款后发货的营销方式，的确是个科学合理的营销方式，但这种方式推行起来却有相当大的难度。董明珠要求自己按照先款后货的方式跑业务，无形之中给自己套上了一个紧箍咒。当时，整个空调市场基本都是卖方市场，采用的都是先货后款的代销制，而格力空调当时还属于没什么知名度的产品，董明珠坚持要实行先款后货，在一些人的眼里，这简直就是天方夜谭。

董明珠用了一个月的时间集中去跑市场，足迹遍及安徽境内的所有城市，试图在先款后货上尽快取得实质性突破。但是，当经销商听到先款后货这个条件后，往往都是二话不说，摆手就送客走人。在一次次碰钉子之后，董明珠却丝毫没有气馁，依然会满面微笑地敲开下一个商家的门。她总是信心满满地鼓舞自己：总有一天，会有讲诚信的经销商接受自己的条件。

功夫不负有心人，董明珠终于迎来了曙光初现的这一天。这个突破口，是在安徽淮南市的一家电器商店被打开的，这让董明珠喜出望外。

这家电器商店的经理是一个中年女子，体型有点胖，忠厚的相貌中透露着一个商人所特有的精明。这位女经理被董明珠的勤奋与诚恳所打动，答应先进 20 万元的格力空调试销一下，如果进来的货不好卖，就立即停止双方的合作。

就这样，董明珠艰难地做成了她接任安徽业务员以来的第一笔生意，也是先款后货的第一笔生意。收到 20 万元的订货款后，她心潮澎湃，思绪万千，难以控制。她当即表示：决心不辜负这位经理大姐的信任，一定让格力空调给她带来好运，带来效益。

董明珠特别珍惜这个机会。她没有像其他业务员那样，签了合同就大事完毕、撒手不管。她对那位经理大姐实行了贴身服务，再次拿出了合肥讨债的那股子劲头，一次次地亲自登门，真心实意地站在那位经理大姐的立场看市场、想问题，然后像好朋友似的出谋划策，以求把格力空调尽快地卖出去，尽快收回货款，得到应得的利润。

当时，格力空调还处于没有知名度的初级阶段，摆放在货架上很难得到顾客的青睐。董明珠知道，如果不尽早打开格力空调的销售局面，久而久之，商家就会失去信心。一旦出现这样的局面，对做好日后的营销工作更为不利。

董明珠总是有办法的。她先动员商家把格力空调推荐给他们的亲戚和朋友们试用，自己随后在这家电器商店当起了义务销售员，直接向顾客推销格力电器。卖出了第一台，就有第二台、第三台跟上。日复一日，董明珠亲自推销的招法果然取得奇效。

应该说，上天是公平的，艰辛的付出也必将会得到应有的回报。在1992年的夏天，这家电器商店所进的20万元格力空调，很快就销售一空，而且销量超过了所有的知名品牌。

董明珠的所作所为，让这家电器商店的经理大姐深受感动，她对董明珠近乎于明星级的服务非常敬佩，于是，这位经理大姐又再次打款，进了第二批格力空调。

先款后货的第一炮打响后，更加坚定了董明珠创造性地做好业务员工作的自信，也认定自己不走寻常路的创新做法是正确的。

董明珠一鼓作气，不断用这个事例去为先款后货进行“现身说法”，去影响其他商家，去吸引其他商家，去争取其他商家。

随后，一张张订单也就自然而然地接踵而来。

董明珠的成功案例，对所有的经销商都是一个引领。既然这种先款后货的方式行得通，就没有理由再让厂家先发货后收款。在董明珠的引领下，许多商家都慢慢地习惯了这种营销模式，也心悦诚服地接纳了这种营销模式。

从那以后，“先款后货，绝不赊账”就成了董明珠的行为规则和工作准则。在她的手里，再也没出现过一笔应收欠款。后来，这也成为格力电器在业内独树一帜的营销规矩。

就这样，董明珠当年就在淮南为格力空调拿到了240万元的销售额，安徽低迷的市场一下子被激活了。同时，销售商家纷纷称赞董明珠的跟踪服务，认为销售格力产品是一件既省心、又快乐的事。不难看出，董明珠的所作所为，已经取得了一箭双雕的成效。

同年，董明珠又在芜湖和铜陵打了两场大胜仗，在合肥、安庆等城市也找到了可靠的经销商。

1992年，董明珠在安徽的营销更是上了一个新台阶，她一个人就在安徽拿到了1600万元的销售额，这一销量业绩，占格力公司总销售业绩的12.5%，达到了八分天下有其一。“海阔凭鱼跃，天高任鸟飞。”足智多谋、务实肯干的董明珠，很快在安徽开辟了广阔的天地。

董明珠一路走来，洒下了无尽的泪水与汗水，也饱尝了常人难以忍受的艰辛、委屈和无奈。她所经历的事情，有的琐碎繁杂，有的壮怀激烈，一切苦辣辛酸都在不言中。有时，董明珠会深情地唱起那首她最喜欢的歌：“就这样站在人群中，紧闭双唇写满坚强，无论你什么时候回头望，你都会看到我笑得像太阳……”

董明珠笑了，笑得阳光，笑得灿烂。相信她会永远这样笑下去！

## 南京奔波，如鱼得水造神话

1992年秋天，格力电器的总经理朱江洪看到，格力空调在董明珠的运作下，在安徽取得了1600万元的销售业绩，而在经济比较发达、人民生活比较富裕的江苏，格力空调却仅有300万元的销售业绩，两地之间形成了巨大的反差。于是，朱江洪坐不住了，便亲自出马，到华东市场去看个究竟。

朱江洪首先到达了安徽。其实，朱江洪到安徽，本意绝不是考察安徽市场，而是考察董明珠。董明珠在安徽的所作所为都被朱江洪看在眼里，朱江洪一直都在密切关注着董明珠，只是两个人没面对面地进行过交流。朱江洪感觉，为了格力的发展，他应该与董明珠进行一次面对面的交流。

朱江洪在安徽见到董明珠后，一切都朝着朱江洪所希望的方向发展。朱江洪感到，董明珠绝对不是一个一般的女人，她的骨子里有一种超强的责任意识，敢于担当，善于担当，如果假以时日，她一定能在格力电器担当大任，成就大事业。朱江洪当即决定，带上董明珠，一起去考察南京市场。

两个人很快到了南京。南京是六朝古都，古朴而繁华，秀美而厚重，是一个宜居宜游的人间圣地。南京更是董明珠的家乡，是生她养她的地方。当两个人在调查格力空调在南京的销售情况时，所看到的是让他们感到非常尴尬的场景：新品牌“格力”已经启动一个夏季了，可江苏的市场上却依然摆着“海利”牌产品，在空调强势品牌“春兰”和“华宝”的市场攻势下，“格力”显得极其弱小，甚至处于毫无还手之力的境地。

这样的惨淡局面，简直让朱江洪哑口无言。他觉得，人与人之间的差距不光反映在素质和能力上，更反映在精神境界上。精神境界上的差距是致命的差距。有了格力空调在安徽市场和南京市场不同销售业绩这样一个比较，董明珠在朱江洪心里的位置就越发突出。

经过一番缜密的权衡，朱江洪决定，把整个江苏市场也交到董明珠手里，并希望她能在江苏这个最火爆的空调市场上为格力打开一个新局面，再创造一个让人心花怒放的“安徽神话”。董明珠理解朱江洪的良苦用心，欣然接受了公司老总交给她的任务。

之后，回到故乡的董明珠就立即全身心地投入到市场的开拓之中。从此，董明珠再一次把“能把梳子卖给和尚”的销售天赋发挥得酣畅淋漓。

南京是中国的“四大火炉”之一，加之整个江苏经济比较发达，人们的消费观念也比较超前，是个极为理想的空调开拓市场。事实上，除了格力，春兰和华宝等其他品牌的空调，都在这里卖得非常好。

当时，财大气粗的商家对用户和厂家都颐指气使，显得非常神气。市场规矩仍然是先发货后付款，在商家的眼里，厂家与他们只能是能做就做，不做拉倒，没有商量的余地。

面对新的环境和新的挑战，董明珠沉着应对，付出了更大的努力。她不厌其烦地到处走访，耐心地介绍格力空调物美价廉等突出特点。对于积压着格力空调的商家，她继续跟踪服务，帮助营业员清货销售。同时，还不失时机地做客户的参谋，细心收集客户提出的意见，并付诸行动加以修改。

董明珠虽然在自己的家乡做空调生意，但很少回家去看母亲和孩子，有时偶尔路过家门，就随便看一下，很少待上一天。她把一切精力都用在了做好格力空调的销售工作上。

由于格力的牌子不响亮，在南京市场根本无法与春兰和华宝抗衡，董明珠要实现开辟新市场的目标，如同“虎口夺食”，难上加难。

为了打开市场，董明珠不厌其烦地到处游说，利用各种场合，树立格力的品牌形象。不久，太平商场成为她在南京的第一个突破口，实现了格力空调在南京市场的第一笔先款后货方式的交易。

在1992年底的某个订货会上，董明珠认识了江苏五交化总公司的业务经理。在董明珠的积极争取下，这家公司认真考察了格力空调，然后提出了做格力空调江苏全省总代理的计划。这家公司在计划中提出，在保证年销售额不低于1000万元的基础上，超过的部分格力要按照0.5%的标准，给江苏五交化公司以奖励。

考虑到格力在江苏还没有形成品牌优势，而江苏五交化又在江苏的商业圈有相当的影响力和号召力，同时，江苏五交化在销售格力空调的过程中，确实会产生很多费用，即使格力拿出一部分利润奖励给江苏五交化，格力仍然能确保有钱可赚。于是，董明珠就力促老总朱江洪同意了江苏五交化提出的合作条件。

1992年12月，在典型的空调销售淡季，签约订货的江苏五交化第一笔就打过来200万现金。这是格力电器第一次收到这么大数额的订货款，因此，在格力内部引起了不小的轰动。从此，江苏五交化空调部也变成了董明珠在江苏的第二个上班地点。与此同时，董明珠还在厉兵秣马地等待着新年度的到来。

1993 年，南京市场爆发了一场空调营销大战，大战的激烈程度超出了所有人的预料。坐落在宁海路 60 号、入行不到 3 年的民营企业苏宁首先引燃了战火。它在商家普遍认定的空调旺季还没到来之前就抢先起跑。南京各大媒体上“要想夏天过得好，去到苏宁买空调”的广告铺天盖地。以当时华宝空调某个型号的产品为例，苏宁的广告价格为 5562 元一台，比一般市场的价格低了整整 700 元。广告一出，就收到了立竿见影的效果。4 个月内，苏宁的空调销售额就突破了 9000 万元，横扫南京空调市场的 70%。

对此，南京 8 家颇有名气的国有商场联手成立了“南京家电拓展协调委员会”联合降价，对抗苏宁，并且宣称：“8 大商场主导着南京家电市场 95% 的销售量。”这 8 大金刚的营业面积达 20 多万平方米，年营业额达数十亿元，他们推出的有些产品比苏宁报价还低 100 元，这也对苏宁形成了空前的压力。

苏宁再次应战，直接承诺他们的商品价格全城最低，消费者如果发现例外可支付差价。这一创举，让再次降价的苏宁在第一天就取得了日销售额突破 1000 万元的辉煌业绩。当年，苏宁成为中国最大的空调经销商。激烈的“价格战”弥漫了南京全城，彩电、冰箱、小汽车等都成了促销活动赠送的礼物。价格战把空调价格打到了微利，商家卖一台空调扣去税收才赚几十元，而此前这个数字可能是千元以上。

面对这场激烈的价格大战，董明珠却始终按兵不动。她采取了隔岸观火的态度，静观空调价格的变化，不参加广告战，更不参加价格战。

当年6月，南京空调大战突然戏剧性地结束了。随着酷暑的临近，空调竟然出现了脱销现象。接着，南京所有的商场包括苏宁的空调售价悄然回升。人算不如天算，董明珠以不变应万变，轻松地坐享其成，在空调出现脱销的时候，将格力空调全部以正常的价格销售一空。这一结果，让许多商家都目瞪口呆。

1993年，董明珠在南京的销售额达到了3650万元，相当于把格力上年在江苏的销售额提升了11倍之多，加上安徽市场的销售额，两地市场的总销售额超过5000万元，销售业绩稳居全公司业务员之首，独占格力3亿年销售总额的1/6还多。从这一年开始，格力电器在江苏市场的被动局面被彻底打开了，董明珠在江苏市场开辟了一个新的广阔天地。

1994年5月，中国空调史上第二次价格战开始，报纸广告所报出的空调价格低得甚至达到了让人心惊的程度。

这一年，空调市场的竞争更加激烈，更加火爆。当时，全国的空调年生产能力达到500万台，加上进口货，将有700万台空调进入1994年的空调销售市场，而1994年空调市场的实际需求预测仅有200万台左右。在格力电器总部，滞销的空调把仓库和车间全部堆满了。公司上下都在强烈呼吁：赶快降价。

这个节骨眼儿上，朱江洪专门打电话征求已接管整个江苏市场的董明珠的意见。接电话的时候，董明珠因为被自行车撞了住在南京的医院里。她接到电话，第一反应就是请求朱江洪不要做出降价的决定。为了稳妥，董明珠马上离开医院，到南京的各大商场去考察。在考察的三天时间里，她亲眼看到的情况是：科龙降价千元，但销路仍不见好转。董明珠明白了，空调滞销的问题不是出在价格上，而是出在天气上。

董明珠相信消费者不会因为几百元的价差就不买格力空调，因为格力的质量支撑了这个价格。从自然规律来看，天气肯定会热起来。于是，董明珠顶住压力，坚决反对降价，将“宝”押在天气上。同时，还建议朱江洪把积压的货先发到信得过的经销商那里，缓解珠海总部的库存压力。朱江洪认同董明珠的看法，也采纳了董明珠疏散库存的建议。

最终，市场的复苏证明董明珠的建议是完全正确的。6 月过后，天气很快热起来。南京首先升温，空调零售市场再现火爆场景。苏宁的营业员一天开了 28 本发票，店铺一直营业到晚上 10 点。不到一周，南京市场上的各类空调所剩无几，一些小店积压了几年的存货也在几天内被抢购一空。

这一年度，格力的销售额达 8 亿元，终于与春兰、华宝并列为空调行业的“三强”。这一年，董明珠完成的销售额是 1.6 亿元，占当年格力总销售额的 1/5。这个时候的董明珠，专门从事空调市场营销还不过三年。

董明珠在南京做格力空调销售两年多，几乎天天都在市场上奔波。空调大战硝烟散去之时，她决定回家好好待上几天，好好陪一陪母亲和孩子。结果，她回到家里，还未同孩子说上几句话，就突然接到公司的电话，让她速回总部处理经营部工作。在车站，儿子向董明珠摇着小手，脸上挂满了泪珠。汽笛长鸣之时，董明珠的眼泪再也无法抑制。

南京这个曾经生育、养育了董明珠的地方，再一次造化了董明珠，让她重新上路，成为格力行棋大局中的一枚不可缺少的棋子。

## 抵挡诱惑，危难之中显身手

季节交替的时候，总会有一些变故发生。1994 年的秋冬之交，格力电器就发生了影响巨大的“集体辞职”事件。这次事件对格力来说，简直就是釜底抽薪。“不经风雨，怎见彩虹！”在这个节骨眼上，董明珠危难之中显身手，被格力电器总经理朱江洪推到了公司经营部部长的位置上。

在这次集体跳槽事件中，董明珠作为格力炙手可热的“金牌业务员”，自然也在别人的挖角儿视线范围内。当时，空调营销人员的身价在企业互相挖人的拼杀中不断攀升，有人给董明珠开出的是年薪高达 200 万元的价码。这样的一个价码，对所有的人来说都是具有超强诱惑力的。

其实，公司内部人员的“策反”现象在其他公司也屡见不鲜，案例多多，不足为怪。最为典型的事件有：段永平 1995 年从小霸王公司出走，直接导致了公司数百名中层以上骨干追随而去，结果，被抽干的小霸王从此雄风不在；张树新 1998 年 11 月从瀛海威带领 15 名中高级管理人员集体辞职，结果中国互联网第一品牌瀛海威从此销声匿迹；原微软中国总经理吴士宏辞职后的一本《逆风飞扬》，抖出了企业老底，使公司一度陷入尴尬……

“失之东隅，收之桑榆。”发生在格力的集体策反事件虽然同样引起了媒体的大肆渲染，造成了巨大的负面效应，但却使格力电器更清晰、更深刻地认识到了销售人员在企业发展中所起的巨大作用，也深刻意识到了营销队伍建设中所隐藏的巨大风险。这一认识，对格力未来的发展是非常重要的。

面对突如其来的变故，格力电器总经理朱江洪也切实感到：成功的企业需要造就一支团结一心的员工队伍。企业必须做到用心关爱员工，以此来换取员工们的真诚回报。企业成长需要不断培养和发掘人才，只有挖不走的人才，才是企业真正需要的人才。能在危难之中留下来的人，才是企业发展的脊梁。

关于格力电器"集体辞职"事件的起因，还要从企业大幅度削减业务员的待遇说起。

格力电器的总经理朱江洪是一个很宽容的人，并不在意销售人员的高收入。格力开始创业的时候，一名销售人员的收入能达到老总收入的20倍甚至30倍。当时，整个公司唯独经营部有一部砖头一样的手机。身为总经理的朱江洪把手机和车都让给了经营部，自己却走路上下班。如果换成别的领导，那是肯定不会这么做的。

格力的销售人员在提成制的激励下，把产品源源不断地打入市场，进而获得了高额回报。这样的结果也让销售人员产生了一种误解：产品卖得好，不是产品本身好，而是销售人员本身有能力、懂销售。1994年，天气和环境造就了空调市场的一片繁荣，也给格力空调带来了数目可观的市场份额。但格力的一些营销人员却不这么认为，反而觉得这是他们的能力争取到的。

但是，朱江洪的看法是，企业所取得的成绩是各部门密切配合、整体努力的结果，包括为开发新产品而夜以继日、废寝忘食工作的科技人员。他认为，只要是精品，走到哪里都会有人要，不用请吃请喝地到处去推销。销售策略固然重要，但如果产品质量不过关，产品款式不新颖，产品技术跟不上，要取得销售成功是不可能的。一个坏产品，无论销售人员怎样卖力气，也永远占据不了市场。因此，不能把企业发展的功劳都记在销售人员的身上，这样有失公平。

可负责销售的格力副总却不买朱江洪的账。他认为，产品质量好是打开市场的必要条件，而不是充分条件。质量好的产品并不是注定要畅销，而销售人员的作用就在于将好的产品推向市场，让消费者接受。营销人员担负着企业兴衰的命运，营销人员的身价已在企业相互挖角儿中不断地攀升着，你不要，他要，而且还是高价地要，这是不争的事实。

朱江洪再次亮出了自己的观点：目前，空调市场是卖方市场，到了旺季产品就会供不应求。在这种情况下，企业主要是通过销售人员的个人能力打拼天下，用销售提成的办法来刺激销售人员的积极性。这种办法往往使企业陷入了一种误区，过高地估计了营销队伍的能力和作用，认为企业的兴衰完全依靠于销售人员，进而把他们的身价抬得过高。

显然，两个人关于企业的发展思路出现了明显分歧。志不同则道不合，道不合就自然会有分手的那一天。双方理论的结果是，那位主管营销的副总拂袖而去，进而导致了“集体辞职”事件的发生。

格力出现销售人员“集体辞职”事件并非偶然。当时，空调市场竞争激烈，市场缺乏规范。一些公司在市场上获得了偶然的成功，就以为企业成败不是集体努力的结果，而是将开拓市场简单地理解为挖一流的营销人才。于是，他们就不惜一切代价四处去“摘桃子”，搞投机。

受这种思想的误导，有的销售人员便产生了养尊处优甚至唯利是图的心理，个人私欲极度膨胀，总以为只要他们到了哪个企业，哪个企业的品牌就一定能够打响。他们从不去想怎样与企业同呼吸，共命运，也不知道正是有了企业各个部门的通力协作，才使自己拥有了施展开拓市场本事的舞台，而缺少这个舞台，自己必将一事无成。

这样的人多了，就会拼凑一个畸形的队伍，从而随时跟企业叫板，随时集体跳槽，随时将企业置于尴尬境地，甚至是将企业置于死地。

当时，坐落广东中山的一家企业向格力主管销售的副总承诺，只要他的销售额超过 3 亿元，企业就可以给业务员 3% 的业务费，外加 2% 的广告费。这一标准，几乎是格力电器提成标准的 10 倍。这一诱人的开价，让格力电器经营部的主力人员见利忘义，不思后果地集体跳槽而去。

而在此之前，朱江洪从有利于公司长远发展的角度考虑，决定缩减销售人员的提成，将提成比例由原来的 1% 降到 0.28% 到 0.38% 之间。这无疑引起了销售人员的极度不满。销售人员认为，1994 年格力形势一片大好，连仓库里的存货都销售一空，销售人员的功劳是主要的，完全不应在企业利润不断提高的情况下，来大幅度地降低销售人员的待遇。

于是，面对中山那家企业的丰厚诱惑，发生集体跳槽事件就顺理成章了。

这个时候，唯独董明珠没有动心，相反，她更加坚定地站在了格力电器和总经理朱江洪这一边。她对格力、对朱江洪，一直心存感激。

格力的“集体辞职”事件在业内产生了很大的影响，对格力的正常运营造成了冲击。1994 年 11 月，格力空调在珠海宾馆举行了1995年度订货会，来自全国的数百名经销商汇聚一堂。而就在第二天，广东中山市的那家企业也举行了订货会，以格力电器原副总为首，包括8名原格力电器业务员、2名原格力电器财会人员在内的11名人员集体亮相，并将前一天参加格力电器订货会的340名经销商中的绝大部分，都带到了竞争对手那里。一时间，格力电器内部人心惶惶，局面极为不妙，似乎到了难以控制的程度。

为此，朱江洪为在工作中忽略经营部的管理付出了高昂的代价。朱江洪为人宽厚，为了企业的发展，他把主要精力都放在了产品质量的提高和新产品的开发上。

事件发生后，朱江洪马上意识到抓好企业中层干部队伍建设、确保企业中层干部队伍稳定的重要性。既然问题首先出在了主管营销工作的经营部，眼下必须抓好的就是经营部干部队伍的重建。

朱江洪决定，采用选举的方式，从公司内部人员中选拔经营部部长。民意测验的内容定得很细，包括团结能力、工作能力、组织能力、管理能力、综合能力等。民意测验结果显示，董明珠的得票占据了绝大多数，公司对员工近几年工作的考评分，董明珠也遥遥领先。

格力的领导层和广大员工对董明珠的一致评价是：业绩突出，年年都是销售状元；对事业极端忠诚，在“集体辞职”事件中，坚定地站在格力电器一边；具备了驾驭复杂局面的能力，虽然在安徽、江苏等地遭受了各种艰难险阻，但都能化腐朽为神奇，最终赢得胜利。

对董明珠的这些评价一点都不为过。她作为一名年近不惑的女销售员，玩命般的工作精神，是许多男人都无法比拟的。董明珠从来没想过做领导，她的想法很专一，就是无论在哪里，都要把事情做好。也正是因为这一点，董明珠才得到了公司领导的认可。早在1992年，朱江洪就有意提拔董明珠到珠海总部来当部长。但是，因为当时安徽市场的开拓正处在攻坚时期，董明珠不愿半途而废。

在朱江洪发动的内部选举中，董明珠可谓是临危受命，升任格力电器经营部部长，开始带领遭受劫难的企业绝处逢生。

朱江洪为了照顾公司高层领导中出现的不同声音，还特意安排董明珠当了一个月的副部长，而后转正。

董明珠义无反顾地到经营部当部长，完全是心中所固有的敢于担当责任的品质使然。她觉得，如果在平常的情况下，当这个部长没有太大的意义，但在具有挑战的时期来当这个部长，可以为企业在创造品牌、建设队伍上做出应有的贡献。如果纯粹用收入多少来衡量自己的选择，当业务员每年的销售提成就高达几百万元，而当部长每年的收入仅有几万元，她就不会来当这个收入少又得罪人的部长。

这次事件虽然使格力经受了不小的打击，但也的确收到了“失之东隅，收之桑榆”的效果。格力电器不再过分地依靠业务人员的个人英雄主义去做市场，而是侧重依靠产品的价值、集体的力量、组织的作用、品牌的威力来求发展。此次事件，也把才智过人的董明珠推上了格力营销的领导岗位，从而拉开了朱江洪与董明珠密切合作的大幕。

同时，格力电器又开始实施了一个不成文的规定：只要是从同行企业出来的人，无论他有多能干，格力电器原则上一个也不收留。这么做的原因在于，在通常情况下，想跳槽过来的人不是因为升官发财不成的，就是因某种缺点被炒鱿鱼的。格力的发展绝不需要这样的人。

1994 年 10 月，董明珠结束了 3 年的业务员生涯，踌躇满志地回到总部来履行新职。在总部，她和总经理朱江洪的第一次谈话内容很简单：我回来当部长不是为了权力而来，而是为了做好一件事情而来，只要不是为了我个人谋利益，我所做出的任何一个决策，都希望得到总经理的支持。对她的要求，朱江洪愉快地答应了。

董明珠上任后，彻底改变了公司存在的应收货款的现象，使得格力的营销模式由初期的推销阶段向大户模式阶段前进。由此，格力的发展进入了一个崭新的时期。朱江洪也与董明珠一起，开启了格力电器“朱董配”的全新时代。

## 3 言行一致树立典范

### 信仰坚定，女子不逊男儿郎

董明珠觉得，一个女人能够成就一番事业，必须首先做好4点：自信、执着、坚强、奉献。这4点，就是她做人做事的准则和信仰。董明珠曾经对采访她的中央电视台记者说："女性要自信，要执着，要坚强，要有奉献精神。作为我来讲，我觉得女性首先不能用性别来作为依赖别人的借口。女人还要执着。一个成功的女人，不在于个人是否富有，而在于你能给中国社会带来多少价值。我一生所追求的目标，就是让格力成为世界级的名牌产品，成为让我们中国人骄傲的名牌产品。所以，我应该也必须具有一种奉献精神。有了这种奉献精神，才可以实现自己奋斗和追求的目标。”

董明珠非常欣赏男性身上那种光明磊落和具有阳刚之气的品格，也非常欣赏女性身上所拥有的高贵典雅的气质和心细如针的特质。在董明珠的眼里，作为职场女性，必须具有足够的自信心。她不喜欢别人拿她是女人来说事。她觉得，社会竞争没有性别上的差异，市场不会因为你是女性就同情你，就对你宽容，就对你仁慈。董明珠说：“自古以来，男性往往被认为是社会运转体系的核心，也是社会格局的核心，女性一直被视为是从属地位，是服从者。在这种思想观念的影响下，女性的成功，更加显得来之不易。这就意味着女人要想摆脱传统观念的束缚，就必须同男人一样，去拼搏、去奋斗。由此来看，女人所付出的，一定要比男人多得多。”

一直以来，董明珠都有这样一个感觉：许多女性在进入企业后，会用“我是女性”来给自己做宣传，言下之意就是“你们得照顾我”。可现实当中，是不是因为你是女性就能获得同情和怜悯呢？是不是因为你是女性就能获得更多成功和升职的机会呢？董明珠的回答是否定的。她说：“职场中的女性要比男性付出更多。因为女性所承受的压力更多，所要面对的复杂局面也经常出乎所料，所以女性工作起来也会更辛苦。我一直强调女性管理者一定要意识到两个方面的问题，一、不是因为你是女性才把所负责的工作管理得很细、很周到；二、不是因为你是女性才更有亲和力、才握有做好工作的主动权。如果单纯地认为女性的亲和力能够办好事情的话，那么干脆就把管理的事情都交由女性来做好了。”董明珠最后说：“在企业管理的工作中，女性和男性管理者是没有差异的。”

董明珠从来没承认过女性特质在她事业中的作用，也从来没强调过自己女性的身份。她反感有些女性把自己的性别当成一种生存和发展的资本。在她看来，男女并没有什么不同，也没听说过哪个单位因为一个人是女性就可以少做工作。格力电器的女员工在公司里根本占不到什么便宜，地位和男性完全平等。对于有些女性的那种没有勇气改变自己、不愿意自己去努力奋斗、而是满足于找个有钱老公养活自己的行为，董明珠一直非常蔑视。

在外人看来，创造格力销售神话的董明珠有些神秘莫测。其实不然，董明珠完全是一个简单而又纯粹的人。工作上，董明珠始终信奉一个观念，就是公平竞争、合作共赢；生活中，董明珠更是简单得不能再简单，除了牵挂儿子，就再也没有其他的纠葛。

所有和董明珠打过交道的经销商都知道，在董明珠面前，不能玩弄任何阴谋诡计，不能耍任何小聪明，只有抱着一个真诚合作的态度，才能得到董明珠的认可，才会拥有与她合作的机会。

谁都知道，中国是一个潜规则盛行的国度，各行各业都有让老外们难以理解的潜规则。对此，董明珠经常对一些经销商说："我们之所以在营销合作中出现各种问题，就是因为有潜规则在作怪。我们都知道'一个巴掌拍不响'的道理，但潜规则却一直盛行。潜规则之所以能够盛行，就是因为大家都不按套路出牌，都不按规矩做事，而是想通过潜规则来为自己谋到一些特殊的好处。"

最终，所有的潜规则在董明珠面前都是不堪一击的。原因很简单，董明珠做事拒绝一切潜规则。只有在对格力电器有利而且双方都能够赢利的前提下，董明珠才会答应与之合作。否则，即使你用再圆滑、再奸诈、再高级的手段诱惑，董明珠也不为所动。

曾经有一位经销商拿着600万元现金来找董明珠，请她在提货时给予关照，结果被董明珠当场拒绝了。董明珠对这位经销商说，今天你拿着600万元的现金来提货，如果我答应给你优惠，那么，明天再有人拿着1000万元的现金来提货，我就要给他更大的优惠，这样又显得对你不公平了，你说是不是？这番话不但让这位经销商心服口服，也让他认识到董明珠的光明磊落，与她合作，就是绝对的公平、绝对的放心。

在董明珠开始负责公司的广告业务之后，她同样坚决地抵制了潜规则。她负责广告业务前，公司每年的广告费用支出不但庞大，而且还出现账目混乱、广告效果不好的现象。究其原因就是，广告行业盛行着各种潜规则，进而导致了企业中的某些人为了个人的局部利益，不惜牺牲公司的大局利益。

对此，董明珠与广告商谈判的时候，果断拒绝了一切回扣条件。于是，那些希望通过回扣手段取得项目的广告商，无一不被董明珠拒之门外。这时，董明珠就像当初相信自己能够找到规规矩矩的经销商一样，也相信自己能够找到规规矩矩的广告商。

功夫不负有心人。1996年，董明珠真的找到了这样规矩的一家广告公司。这是北京的一家广告公司。公司的老板很年轻，也很有个性，给人的感觉就是有话说在明处。这一点，恰恰是董明珠所期望的。每一次谈判，广告公司的老板都会讲清楚我要赚你格力电器多少个百分点，除去各种费用，一共赚你格力电器多少钱。

董明珠也向对方保证：在你合理的服务费里面，不要考虑什么额外的回扣。所谓羊毛出在羊身上这样的规则，不要在我们格力这里使用。只要你真心实意地为我们企业考虑，用最少的钱，做出最好的广告，取得最好的广告效益，我们一定保证及时向你们支付相应的广告款。最终结果，双方合作得非常愉快。

2004 年，原格力集团总裁兼格力电器董事长苏结宏被检察机关带走。他是继格力集团旗下凌达压缩机厂原总经理高国萍、格力集团副总裁梁建华、格力集团房产有限公司总经理梁华应之后，又一位“出事”的集团高管。所有的原因都归结到一点：巨大的财务黑洞。

这个时候，有些别有用心的人也想把格力电器拉进去，进而整垮格力电器。苏结宏“出事”后，董明珠言辞激烈地对某些人说：“严格地说，苏结宏只是一个挂名的董事长，因为格力电器是出资人，是大股东，大股东就要派董事长过来。但是，他这个董事长根本不管事，他也管不到这里来，只是挂个名而已。如果集团真的与我们有什么不正常的关联交易的话，格力电器也绝不会有现在的成就。”

董明珠强调的是：“格力集团的问题与格力电器是截然分开的，不能混为一谈。由于格力集团和格力电器都在使用“格力”商标，容易让社会公众产生误解。因而，我们必须澄清格力集团与格力电器是两个独立的经营体，虽然格力集团是格力电器的大股东，但格力电器不受格力集团的指挥，格力电器只受董事会指挥。”这些话，既表明了董明珠立场的坚定，也展示了她做人的纯粹。

一个拥有坚定信仰的人，才会拥有坚持原则的强大动力。董明珠能够二十多年如一日地坚持原则，就是因为她的心中有一个始终不变的信仰。她一直坚持诚信做人、原则做事的信念不动摇，而且不被任何不正当的利益所诱惑。董明珠心中最大的追求就是让格力品牌成为世界上最知名、最受尊重的品牌。

董明珠的心里有一个最高尚的信仰，就是：一个人活着，就要为社会做出应有的贡献；一个企业生存着，不应该单单为了赚钱，而应该在赚钱的基础上更好地肩负起应有的社会责任。

在董明珠的眼里，格力品牌价值的增值过程，就是与企业社会责任担当的同波共振。在强烈责任意思的驱使之下，董明珠做了一件件数不清的“傻事”，为格力品牌赢得了一个又一个声誉上的加项。就在国内几家知名家电企业的净利润出现明显下滑时，格力电器依靠专业化的优势和长期坚持诚信经营的行为，不但赢得了广大消费者的良好口碑和信誉，还实现了企业规模与效益的稳步增长。

有着坚定信念的董明珠，却自称自己的理想并不高，她说：“当我离开格力的时候，如果公司的员工能够想念我、回忆我在的时候给他们带来的东西，我就满足了。”

董明珠还曾骄傲地说：“我在读书的时候，就喜欢想入非非。我觉得老师最伟大，因为老师能够造就人才；我又觉得医生最伟大，因为医生能治病救人；我还觉得军人最伟大，因为军人有一种正义刚强的气势。在我心里，这三种职业都是神圣的。现在，我在格力当总经理，有一种三个理想都实现了的感觉。”

格力员工经常在私下里评价董明珠：“其实，她挺可怜的，每天都休息不好，连看病都没有时间，而且还一直是一个人独身生活，业余时间没有人陪伴她。”这是大家共同的心声。格力人都知道，这个成功的女人把所有的心血都花在了格力的发展上。

每一次出差，董明珠几乎都是一个人独行，而且不喜欢到饭店吃饭，住的也只是很一般的房间。她的想法很简单，这样做，省钱。可就是这个时时处处都想为格力省钱的人，却一直都在努力地逐年提高员工的工资。早在2006年，董明珠就提出过把格力最底层员工的收入水平提升到年薪三万元以上的标准。

当董明珠为了自己的信仰不懈奋斗的时候，她所得到的，不光是格力的成功和个人的辉煌，她还得到了世人的无限尊重。可以说，董明珠就是一个高尚的人，一个纯粹的人，一个脱离了低级趣味的人，一个有利于人民的人。

## 作风硬朗，员工同行生敬畏

董明珠是一个任何时候都坚持原则的女性，这一点，她做得神圣不可侵犯。她认为，一个企业的成功源于很多方面，但最根本的是做好企业的管理。做好企业的营销虽然是企业发展的关键一环，但营销不是绝对的，企业的管理比企业的营销更为重要。如果没有好的管理，就根本不可能有好的营销。格力空调已经是成熟的产品，企业所面对的是竞争激烈、变化莫测的市场。一个企业的成功，靠的不仅仅是营销，还要靠技术领先和管理领先。

董明珠非常相信自己的商业潜力和商业嗅觉。在许多职业女性用男性思维闯荡于男性主宰的世界时，董明珠则尝试着用特有的“女性思维”来经营自己的事业。她默默地从一个最基层的业务员做起，最终成为拥有8万多名员工的大型企业的老总，让众多男性企业家们刮目相看。

为实现企业的管理目标，董明珠表现出了极强的统治力和强悍的管理作风。她是一位令人敬畏的女性，不仅下属怕，同事怕，就连竞争对手和战略伙伴们都怕得义无反顾，怕得心服口服。她是一个老练的女人，一个让员工感觉很自信的女人，一个通过笑脸就能征服同行和员工的女人，一个受人尊重的女人。她恪守着简单纯粹和诚实守信，最终成为中国家电行业的风云人物。

董明珠在商场中是一个不折不扣的狠角色，很多人惧她、怕她。但是，偏偏怕她的人又绝大多数离不开她，并且爱戴她。曾经有人自费乘飞机专程来到格力，目的却是为了看看董明珠究竟是一个什么样的女人。这似乎是个玩笑，但绝对让人惊叹。

董明珠说："我从来就没有犯过错误，我也从不认错，这就说明我永远是对的。"这样极具霸道风格的话，也许只有她能说出。在我们这个以谦虚为传统美德的国家，许多人尽管也很优秀，但对于自己的优点，也往往显得过于谦虚。而董明珠如此高调地评价自己，简直就是一种冒天下之大不韪的行径。

可是，在格力电器内部，董明珠的话，没人感到有何不妥。到目前为止，董明珠在从业务员到董事长兼总裁的每一个角色的演变过程中，所做大大小小的决策，就没出现过任何纰漏，人们不但没有因为她所说的话太大而嘲笑她，反而因为她所说的话直率真诚更加尊重她。

对于外人的评价，董明珠总会一笑而过，不会在意。她总是坚信自己的决策都是在认真思考的基础上慎重做出的，不会出现太大的错误。因此，她的每一个判断，都在左右着空调市场的竞争风向；她的每一个决策，也都在深刻地影响着空调行业的发展速度。

董明珠说话的声音非常洪亮，而且语速很快，语气中透露着一种超人的自信。这种自信，让旁人感到无法质疑。她的招牌式讲话风格就是：要么不说，要么必须说得痛快淋漓，说得人家心服口服，说得人家认错服输。她坦然自己在工作中经常认死理，经常爱较真。

董明珠虽为江南女子，能在敞开心扉时做到柔情似水，可在工作管理上却一直做得铁面无私。在一次空调价格大战中，她代表格力果断表示绝不降价，从而表现了她极为坚决、非常果敢的一面。当时，国美作为格力最大的经销商，其每年的销售额达几亿元，占格力电器年销售量的10%左右。国美囤积了大批空调，正悄悄地酝酿着低价倾销。对于这种不诚信的行为，董明珠觉察后，立即停止了对国美的供货。“我之所以敢于这样做，敢于同国美较量，是因为自己无私无畏，完全是从市场的角度看待问题。只要是从别人的角度来认真地考虑问题，是从市场规律的角度来认真地考虑问题，做出的决策就肯定不会错。”她认为，正确的东西就一定会赢。

董明珠对于外界给予自己的“严厉”之说，有着独到的辩护，她说：“工作上，应该严格严厉地对待，绝不讲情面，错了就是错了，错了就必须指出来。我向来都是把生活和工作清清楚楚地分开，工作就是工作，生活就是生活，工作和生活不能混为一谈。工作中就应该没有柔情可言，就像打仗一样。谁都知道，在战场上，不可能用柔情来解决问题。要解决工作中的问题，就必须用严格的制度和纪律来完成、来管理，必须用刚性的执行力来保证，否则就会一事无成。”

董明珠喜欢用“带着放大镜找问题”的态度来处理问题。她担任经营部部长时，因看不惯一些员工在办公室打打闹闹、吃零食的行为，就制定了“不准在办公室吃东西”的制度，并严格地加以执行。她的理由是：如果这个时候一个客户走进来，看到一群正在吃东西而且还嘻嘻哈哈的人，他还会对这个企业有信心吗？他还会相信这个企业的产品质量吗？他还会放心地把几百万、上千万的订货款交出来吗？

“别人喜欢遮丑，而我则喜欢揭伤疤。”在公司开会的时候，董明珠一般情况下都是只讲缺点，不讲优点；只讲问题，不讲成绩。董明珠对员工说：“我表扬你的都是过去的事，过去的事已经不重要了，重要的是将来应该怎么样。”作为一个企业，要想谋求更大的发展，就必须做到每天都能否定一些昨天的东西，做到不断地推翻自己才会有创新。

董明珠不仅对下属苛刻，对亲友也会“六亲不认”。她说：“有些经销商知道我有个哥哥，就想给点好处通过我哥哥多拿些货。按照当时情况，如果给我哥哥货，对于格力是没有半点利益损失的，而且让哥哥既有面子也有实惠。但我坚决没有给，相反，还给那位经销商一个断货半个月的处罚。我哥哥很不理解，觉得我这个妹妹太六亲不认了。从此，我哥哥与我十几年不来往。我不在乎哥哥的反应，我在乎的是我的一举一动能不能对格力公司的发展造成伤害。做好格力的事情，是我一生不变的理想，这一点，我不能出现任何的闪失。”

当时，格力电器内部盛行着一种国有企业的官僚习气，贪污腐化比较严重，人浮于事的问题也比较突出，经营管理上竟然混乱到经销商必须拿钱“进贡”给内勤，搞好关系后才能拿到货的地步。而有的业务员为了取得好的资源，总是想方设法地找关系、走后门，向上司行贿，以获得不该有的利益。董明珠明察秋毫，与这些不良行为进行了坚决斗争。她力排众议，强行规定：不管是谁，一律不准有应收款，一律实行款到发货。

1996 年，对于格力电器来说，可以说是一个生死之年。这年的上半年，包括合资空调企业在内，全国空调产能接近 2000 万台，而市场容量不过 600 万台。就是这一年的夏天，由于降雨不断，全国爆发了百年不遇的洪水，最高气温没超过 33℃。这对于老百姓来说，绝对是一个惬意的夏天，而对于空调企业来说，这无异于一场特大的天灾。

尽管如此，一场盛况空前的空调大战还是在这个夏天如期展开了。科龙空调率先降价，一款主打产品从 6400 元降起，5800 元、5600 元、5000 元，一路猛降到 4280 元。与此同时，其他品牌的空调也纷纷跟进，高呼着“让利不让市场”的口号，不断把自己的空调价格往成本价一步步地拉近。

此时，在珠海格力总部，董明珠正独自稳坐钓鱼台。许多经销商看格力在降价狂潮的冲击下毫无反应，都有些忍耐不住了，就纷纷给董明珠打来电话，急切地提醒董明珠：“马上降价还来得及，不然格力就死定了。”格力的很多高层领导也认同经销商的观点，主张格力应该赶快降价。可当时担任经营部部长的董明珠却据理力争，毅然决然地坚持不降价。

董明珠坚持不降价，除了为稳定价格考虑外，还有更深层次的考虑。她觉得，这一年经销商要求降价，不是为了单一地抢占市场份额，而是想通过银行贷款进行大量的投入后，把货压低价格出售，待他们赚了钱之后，再进行第二轮的轰炸。他们很可能在销售旺季时进一步扰乱市场运作，完全不考虑企业利益和消费者利益。从全局角度看，格力空调一旦降价，个别经销商就可以用低价来冲击二、三级经销商，冲击那些没有足够资金实力与他们对抗的竞争者。这样，就会使广大经销商对格力的产品质量和品牌信心产生动摇，所产生的后果不堪设想。

最后，格力公司高层采纳了董明珠的意见，并致电经销商，格力空调必须稳定价格，一分钱的价格也不能降。

一味的降价无疑于自掘坟墓，事实也验证了董明珠的预判。一直是国内“老二”的华宝，降价后销售量虽然创出了新高，但却导致了企业的巨额亏损，华宝也从此退出竞争，被昔日的“老四”科龙收入旗下。这场价格大战，还断送了包括杭州东宝在内的一大批空调品牌的大好前程。

格力做到了一时不降价，但是能否做到永久不降价？董明珠认为：格力空调在全国已经连续保持销量第一，靠的是产品质量，靠的是消费者的口碑。一个企业的发展，要靠产品的利润来支撑，企业要用延续的新生力量，来确保新产品的研发。因此，价格战不会是格力的主要销售策略。但是，在保证产品质量和销售服务的前提下，将适当的价格空间返还给消费者，也未尝不可。至于降价时机，格力人给出的答案是：该出手时就出手。

董明珠说：“做领导的关键，是要拥有做事的魄力，拥有分析问题和做决策的能力。我在格力电器干了20多年，无时不在与市场斗，与人斗，与自己斗。因为在实施企业管理的过程中要求得太苛刻、太严厉，必然会让一部分人觉得没面子。我觉得，被人说一声霸道也没什么大惊小怪的。”

面对未来，董明珠的思路非常清晰。格力电器仍将坚持走专业化道路不动摇，企业的定位就是一个只做空调的企业。董明珠说："格力要立志做一个百年老店，全力打造中国的世界级品牌。"就在国内的一些制造企业为眼前名利而放弃保持基业常青的时候，内心执着的董明珠感慨万千地说："我想我是寂寞的，至少在中国的制冷界。"

未来的董明珠，还能寂寞多久呢？答案，也许会找到。

## 叫板政府，为求竞争更公平

在中国，董明珠也是为数不多的敢跟政府叫板的企业家。谁都知道，敢跟政府叫板的企业不会有好果子吃，但是，董明珠却义无反顾地往前走。

2008 年 11 月 4 日，对格力空调来说，本来是个值得高兴的日子。就在这一天，格力电器在广州番禺中心医院"门诊楼变频多联空调设备及其安装"采购项目中，被评标委员会推荐为"第一候选成交供应商"。

要知道，这可是一笔预算额达 2220 万元的大生意。采购方广州番禺中心医院是广州番禺区历史上最大的公建卫生项目，也是广州市的重点建设工程项目。对所有的空调企业来说，广州番禺中心医院"门诊楼变频多联空调设备及其安装"采购项目都是一块难得的"肥肉"。

可就在短短的 14 天后，原来最有希望也最有实力能够吃到这块"肥肉"的格力，却出乎意料地铩羽而归。而此前出价最高的广东石油化工建设集团公司竟然神奇地半路杀出，成为中标者，其 2151 万元的报价足足比格力的报价多出了 444 万元。甚至，这个中标的广东石油化工建设集团公司既不生产空调，也不销售空调。这一结果，真的应验了那一句江湖传言："只选贵的，不选对的。"

广东石油化工建设集团公司是一家国有建筑企业，主要经营化工石油、机电设备安装、管道、消防设施、市政公用、房屋建筑、装修装饰和环保工程总承揽等项目。有媒体报道说，在该采购项目中，广东石油化工建设集团公司只不过是一个"托"，它实际是代理另两家公司联合投标。后来被证实，被代理的两家公司分别是美的空调和大金空调。

令人费解的是，为什么专业生产空调的美的和大金不直接作为供应商参与投标，非要扯上广东石油化工建设集团公司这面非专业的大旗呢？

格力电器代理律师提出质疑时强调：政府采购的主要政策原则之一就是优先购买国货，但大金严格说来是一家日本企业。格力为什么吃不到蛋糕？说白了，就是人家本来就不想把这块蛋糕给格力，格力不是采购方所喜欢的，就是这么简单。在这名律师的眼里，政府采购招标，价高者中标，完全是暗箱操作的结果，采购人跟供应商之间严重涉嫌串标问题。

明明是医院采购空调，按理说投标人必须是空调的生产制造商或者是空调的经销代理商，曾经给医院供应过空调，有这方面的经验就可以了。然而，在广州番禺中心医院招标文件上，对投标的资质要求，除了"具有为医院的供货业绩"之外，还特意增加了"具有为地铁、机场、港口、铁路或大型市政工程的供货业绩"。

而在实际入围的6家供应商中，唯独格力既生产空调设备又从事空调设备安装。其他5家为广东石油化工建设集团公司、广州市水利设备安装有限公司、中建三局二建、广州市美术公司和广东省华侨建筑装饰公司，他们都不生产空调产品，也不销售空调产品。而那些专门生产空调设备的企业，却偏偏没有参加投标。难道说这2000多万元的标，对它们没有吸引力？

事实上，在投标之前，圈内就已经在流传“内定”的说法。格力空调的投标代表在投标的前一天，收到了另外一个投标单位代表的电话，让格力“开个价码，放弃投标”。这不由让人疑窦丛生。难道没参加投标的空调企业或许都得到了某些暗示，不愿意来陪榜？

坊间还有这样的说法：格力电器所起到的作用只是为了使招标之事表面上冠冕堂皇好看一些。至于其预选中先列第一，后来又因为投标书不符合技术参数落败一说，只不过是有关部门施的障眼法，是一朵花枝招展的小花絮而已。

关于采购方对格力投标书不符合技术参数的质疑，格力电器于2008年11月12日主动做出了书面回应，对质疑的问题一一进行了解释，格力认为自己的投标设备完全满足于招标文件星号标记的内容。然而，广州番禺中心医院仍然认为格力空调投标的设备不能满足招标文件的要求，拒不确认采购结果。于是，2008年11月18日，广州市政府采购中心组织原评标委员进行了复审，认定格力不能满足工程条件，而宣布广东石油化工建设集团公司中标。

董明珠不是这样就认输的人。格力随即向广州番禺区财政局提起投诉，但很快被驳回。接着，格力又向广州市财政局提起行政复议。这一次，格力的复议终于得到了支持，这的确让格力人有些喜出望外。2009年4月22日，广州市财政局做出行政复议决定认为：复审“事实证据不足且有失公正”。

然而，格力人的喜悦同样没有维持多长时间。一个多月后，广州番禺区财政局在政府采购专家库中，再抽取不相关的7名专家组成评标核实小组进行“三审”，仍然认为格力投标文件不能满足招标文件的要求，最终确定是一个废标。

格力不得不第二次向广州市财政局申请行政复议。不幸的是，2009年9月18日，广州市财政局做出最终决定：维持广州番禺区财政局的决定。

就在格力还在为投标之事讨说法的过程中，广州番禺中心医院与广东石油化工建设集团公司已经在2009年年初签署了供货合同，并展开施工，共同把生米做成了熟饭。

马拉松式的维权折腾了一年多，换成别的企业，早就放弃了，可当事者偏偏是董明珠。董明珠绝不是一个轻言放弃的人。

2009年11月23日，格力提起政府采购民事诉讼，把广州市番禺中心医院和广州市政府采购中心共同告上了法庭，请求法庭责令被告共同承担违法招标采购的民事责任，连带赔偿格力直接经济损失合计63862.31元。

千万元的标案，格力却只以6万多元向法庭起诉，可见董明珠的醉翁之意不在酒。

格力的代理律师说：“我很佩服格力能打这场官司。一般有关异地政府采购的官司，或许还可以打一打，但在本地很少有民告官的现象。尤其是中央空调老百姓是不会买的，大多都是政府采购项目，格力即使赢了官司，也未必讨到什么好处，将来在广东省内或多或少还会受到不良影响。事实上，在向法庭起诉的过程中，格力电器已经受到了很多大的压力。”

这个案子一审开庭后，当格力这一方的代理人慷慨激昂地论辩时，广州市财政局的工作人员却不停地发出那种嗤之以鼻的笑声。那笑声之中，分明在宣告：合同都没了，你还打什么官司？即使打赢了，你还能拿到什么东西吗？

最终，在2009年的12月31日，广州市天河区法院以广州市财政局不是该案的适合被告为由，驳回了格力的起诉。

格力状告广州市财政局，估计一定有很多有投标经历的企业都在暗中叫好，给格力以支持，为格力加油。因为，格力做了一件他们想做却一直没有付诸于实施的事。很多企业表示，这次格力揭竿而起，为他们日后讨伐政府招标过程中存在的人为操作现象提供了借鉴和思路。

格力的代理律师说："供应商都不愿意跟政府部门打官司，这是中国现实社会中的一个真实的问题。但是，供应商越不打官司，这些政府部门就越有恃无恐，这就是一个恶性循环的怪圈。我看到很多地方统计说，我们省一年下来都没有政府采购诉讼官司，说明我们的制度和操作比较完善。我觉得这个说法既片面又荒唐。"

这场官司绝不是董明珠鲁莽状态下的一时冲动，而是她经过深思熟虑后所采取的不得已行为。无论官司输赢，能大胆地拿起法律武器，状告广州市财政局，格力就已经是赢家了。或许，格力有借助这个事情进行炒作的嫌疑，这对格力来说，无疑是一个巨大的免费广告。

如果说格力有利用广州市财政局进行炒作的嫌疑，那也只是格力的初级目标。如果单纯只为这个目的，格力是没有必要和广州市财政局翻脸的。格力的深层次用意远远不止于此。

很显然，格力打这场官司是要给广东本地的政府部门一点颜色看看，特别是给政府招标采购部门中，那些经常违规操作、有意谋取私利的官员们一点颜色看看。在政府招标采购中，存在着不少违规现象，这也导致了很多综合实力相当不错的企业在招标中意外落马，并给一些企业造成较大的经济损失。格力的行为，无疑给某些政府官员敲响了警钟，这有利于规范日后政府的采购招标行为。

这场官司，也是杀“猴”给“鸡”看。广州市财政局相对于其他政府部门来说，应当是“猴”，而其他部门就属于“鸡”。“猴”都敢杀，何况“鸡”乎？从此以后，但凡有格力参与的政府招标项目，有暗箱操作意图的人，都不得不掂量一下，至少要对格力公正一点，免得被格力告上法庭，成为媒体关注的焦点。

这场官司也给企业处理类似不公平事件开了一个好头。很多企业或许以后会效仿格力，一旦在政府采购招投标中被潜规则了，就可以拿起法律武器。这对增加招标采购透明度、规范招标采购行为，都是一件好事。

此事也被许多专业人士预判董明珠正在逐步由一个“明星企业家”向一个“公共意见领袖”转型。而他们觉得，更多的明星企业家在为社会创造巨大财富之后，进而在更多的公共话题上发出建设性的声音，甚至成为公共意见领袖，成为推动社会观念进步的一种重要的正面力量。

而对于格力“和政府叫板”的说法，董明珠有自己的观点：其实，格力是和政府站在一边的，格力不是要诚心搞掉谁，而是期盼政府的采购更公平一点、更透明一点。

## 不循常规，打破惯例敢较真

了解董明珠的人都知道，她是一个不按常理出牌的女人。直到今天，空调行业许多旧惯例的打破、新格局的建立，都直接或间接地与董明珠有关，董明珠不能不让人刮目相看。其实，无论是打破旧惯例，还是建立新格局，都是一件很不容易的事。与接受和适应新格局相比，人们往往更容易适应旧惯例。当董明珠进入了空调行业，无论是她所在的格力电器，还是她所涉足的整个空调行业，都在某些地方发生了翻天覆地的变化。

一直以来，格力营销模式的变革无时不在深刻地影响着空调行业老生常谈的话，而这一变革的创造者，就是格力空调的营销女皇董明珠。除此之外，董明珠还以她超乎寻常的职业能力和个人魅力，使格力电器在经营管理等各个方面，都发生了不可思议的深刻变化。

董明珠认为，品牌培育是一个漫长的过程，不但需要企业内部方方面面的共同努力，还要积极争取外部力量的支持。在无序竞争快速发展的中国市场上，一个品牌如果以常规的方式去参与不常规的竞争，就很容易被竞争对手打败。为此，董明珠为了做大做强格力品牌，不得不采取一系列不按常规出牌的办法，在产品生产和产品营销竞争激烈的战场上，打了一场又一场漂亮的战役，进而赢得了“营销女皇”“营销传奇能手”“商界奇才”等称号。对于这些称号，董明珠当之无愧。

于是，空调行业的专业人士就开始研究“董明珠现象”，并提出了一系列研究问题：这位现实中的营销高手，真的有什么绝招吗？她的营销术是与生俱来的还是高人点拨的？为什么有很多人已经读了很多书，学习了很多营销策略，却没能成为像她一样成功的销售员呢？

在中国的社会背景下，人们最讲究的就是先搞关系而后做事情。而在格力，却完全不需要这样做。格力电器的员工虽然多达8万之众，但企业内的人际关系一点都不复杂，可以说是如水般清净，这不能不说是一个奇迹。在中国的大多数企业里，无论是国有的还是民营的，要想处理好复杂的人际关系，其难度远远比开拓市场大得多。格力电器所形成的人际关系局面，真是来之不易，更何况董明珠在相当长的时间内，是以企业的中层及副总身份出现的，而绝非是以一把手的职位来施加影响。

董明珠担任经营部部长伊始，就规定经营部员工在上班的时间里不许吃东西，一旦发现违规现象，第一次罚款50元，第二次罚款100元，第三次开除走人。开始，大家都以为董明珠只是说说而已。可有一天，当董明珠走进办公室时，发现有8名员工正在吃东西。这个时候，距离下班时间仅剩10分钟。董明珠毫不客气，坚决对8名员工全部处以了50元罚款，大家一下子傻眼了。董明珠对那8个人说："定下的规矩必须严格执行，只要违反纪律，再小的事都是大事，一旦违反了纪律，不管是谁，都必须严肃处理。"

紧接着，董明珠又处理了一个妨碍营销工作而此前经营部员工都不敢得罪的大经销商，并一次性地把他清出了格力的经销商队伍。而这个经销商，每年对格力电器所贡献的销售额达上亿元。董明珠的这一举动，不免让经营部的员工倒吸了一口凉气。

当时，董明珠面对的是一个很复杂的人事关系。经营部里，有很多人是通过公司老总的关系进来的，即使是分管的领导，也没人敢去碰这些人。可董明珠就是不信这个邪，她下决心要好好地整顿整顿这些人，打造一个风清气正的经营部。与此同时，她也做好了碰硬钉子的准备。

经营部有个关系员工负责做计划、开票，相对来说，他的权力比较大，而且日常表现不太守规矩，在经营部影响很不好，董明珠一直盯着他。没多久，董明珠就发现这名员工有几百万的货发出去而账目却对不上。于是，董明珠利用铁的证据，严厉地处罚了他，不仅在全公司通报批评，而且降了他的工资。

董明珠的想法的是，如果把这个人处理了，会让经营部所有的人都产生危机感，大家会感到连这个人都可以处理，就没人不可以处理了，这样就可以约束大家按照规章制度办事。

可没想到，在董明珠宣布处理结果的第二天，就有电话找到她。电话是公司的一位副总打来的，把她叫到楼上的办公室，质问她有多大的权力对员工又是罚款又是扣工资。董明珠据理力争，跟这位副总说："请问他把我们企业的 500 万元搞走了，我扣他 100 块钱的工资还算多吗？如果我的权力大了，我就干脆把他开除了。"董明珠知道，这个员工是找到这位副总的家属来施加的压力。结果是"太太的枕边风一吹"，这位副总就来了劲儿。

董明珠的几句话把这位副总问得无可奈何，只好以商量的口气让董明珠处罚警告一下就行了。没想到董明珠软硬不吃，反而更加直率地告诉这位副总，说："就是因为这个人跟你有关系，我才处理他。要是从我个人的角度考虑，大家是同事，我完全可以视而不见，做一个好人。但是，从企业的角度考虑，我必须处理他。因为这不光关系到他个人的问题，还牵扯到你的形象。"

这位副总听了董明珠的话，一下子无话可说，只好不了了之。董明珠以为这件事也就过去了，可没想到管人事的副总又把董明珠叫了过去，告诉她以后在工作上要注意一点，人事关系的工作不能急，要慢慢来。

董明珠耿直的性格又显露出来，她直接反问管人事的副总："如果我为了搞好关系，从而导致企业不能良好地发展，以至于让企业损失了几百万，你认为我是搞好关系好呢，还是坚持原则好呢？"

管人事的副总看董明珠如此倔强，只好暗示她，如此下去会对她的职位有影响。这话显然对董明珠没有威慑力。董明珠觉得，她做这个经营部的部长不是冲着钱来的，而是冲着做一番事业来的。如果做不成事业，那她还不如当销售员赚钱多呢！为了做一番事业，她告诫自己必须义无反顾地朝前走。

这件事对董明珠的影响还是挺大的。她事后懂得了前任部长为什么当不好部长的原因。那位前任老是眼观六路、耳听八方，平时不是想着如何来严肃纪律，而是想着如何不得罪人，如何让领导说自己的好话。这件事最终还是让董明珠大涨了士气，收到了"杀鸡给猴看"的效果。一时间，所有的员工都知道了董明珠的厉害，经营部的工作作风很快就焕然一新。

当年，董明珠坚持采用先付款后发货的销售策略，也是董明珠不得已而为之。这种新的付款方式让格力电器在后来的发展过程中避免了很多麻烦，也获得了充足的现金流量。董明珠当时只是觉得这是一种先小人后君子的策略而已。她既不想欺骗别人，也不想被别人欺骗，自己采取的策略，就是为了防止骗局的发生。

董明珠认为，作为一名营销人员，自身的精力应当放在销售上，而不是用来追债和打官司。这种追债和打官司营销模式，既耗费精力和财力，又浪费时间，没有丝毫的效益可言。

不付款不发货，是董明珠独创的一种游戏规则。而在此之前，商场上都是先发货后付款。很多人认为，格力品牌的成功首先来自于这种先付款后发货的营销模式。可董明珠却认为这种看法有些偏颇。她直言不讳地说："虽然大家都在效仿格力，但却不会赶上和超越格力。格力的成功，不在于所谓的格力营销模式，而在于我们的创新思想。格力的营销模式以前适用，以后却不见得适用。大家可以尝试和借鉴所谓的格力营销模式，但却无法学到我的思想。"

多年来，格力电器的一个很大的特点就是不打价格战。董明珠做业务员时就一直不主张打价格战，后来成为经营部部长直至董事长、总裁，就更有权力来定夺格力坚决不打价格战。

不打价格战，反映出来的是董明珠做事的思维。降低销售价格，对经营部来说只有好处没有坏处。如果为了一己之利，董明珠完全可以鼓动公司参加价格战，以此来实现销售额激增。但董明珠不这样想，她首先想到的是企业的利益。从长远看，价格战对企业来说只有坏处没有好处。要知道在激烈的市场竞争中，价格问题往往是焦点。特别是近些年来，许多空调厂家都在价格上做文章，或降价销售，或低价甩卖，最后完全步入了一个恶性循环的陷阱。

董明珠是从销售第一线被提拔上来的，多年的营销经验告诉她，对消费者来说，并不是空调越便宜就越有人来买，每个价位都有每个价位的需求人群。要是轻易降价，会让消费者起疑心，担心产品质量是不是有问题。一旦有了这样疑虑，产品反而不容易销售了。

同时，如果空调的价格太低，专卖店就会为安装费的支出而斤斤计较，进而在安装服务上偷工减料、大打折扣。为此，在难以保证售后服务的地方，格力宁愿让出市场给其他的品牌。这也是格力做企业的一个操守，也是格力的一个姿态。

对于“销售淡季”之说，董明珠始终认为：“没有淡季的市场，只有淡季的思想。”很多厂家都在自己划定的所谓销售淡季尽量减少人员外出，以节省开资。但董明珠却总是逆向思维，不按常理出牌，积极主动出击，在所谓的销售淡季大力开展营销活动。她曾在隆冬季节，一次性就在南京市场签下了200万元的空调销售大单。

对董明珠了解得越多，就越有一种感觉：她无论是做业务员，还是做经营部长、董事长甚是总裁，其思维永远是超越于职位所需的。换句话说，虽然她人在商海，但她的思维却不属于商人的思维，或者说，不属于商人的惯性思维。

董明珠的行为让人坚信，她是一个超越行业规则的行业中人，她像一个为了实践自己理念的思想家，不断用自己的方式来验证自己理念的正确性。这也许是她获得成功的根本原因所在。

## 讲求诚信，塑造品牌成大道

董明珠不止一次说过，做企业做产品，首先要从做人开始，要做一个诚实的人，做一个讲信誉的人。只有这样的人，才有资格打造一批诚信的企业，才有资格打造一批讲信誉的产品。在企业的内部，人与人之间，部门与部门之间，都要身体力行地践行“先有好人，后有好产品”的经营守则。尤其是奋战在销售前沿的销售员，他们是企业的一张张名片，时时都在代表着企业的形象，更应该用诚信来赢得信誉与荣誉，为提升企业形象和品牌形象积极努力。企业有了品牌道德意识这个无形资产，企业才会如虎添翼，进而为企业的可持续发展开辟宽广道路。

董明珠说：“诚信之道，古而有之。诚实守信，是中华民族的传统美德。随着市场经济迅猛发展，追求诚信是企业发展的必然，也是实现可持续发展的基础。诚信与责任是相辅相成的，诚信是内在的基础，无数事实证明，一个人，一个企业，如果以信誉为重，那么这个人或者这个企业的责任心就强。相反，责任心就差，甚至根本就没有责任心，正所谓‘人无信不立，业无信不兴，国无信不盛。’诚信，是做人、立业、兴国的重要根基。”

2013 年，作为商务部、中宣部、国家发改委、工信部等 17 部委联合发起的“诚信兴商宣传月”活动的硕果之一，中国首届国家信用盛典暨首个企业“诚信红榜”由央视网主办发布。该榜共囊括了全国 20 家“中国信用典范企业”，目的就是树立和宣传诚信典范。格力电器作为家电行业的典型代表，当选家电行业“信用典范”。

本次入选的 20 家“中国信用典范企业”，均经过严格的筛选与考核，在国内国际享有较高的品牌知名度与美誉度，真正能够代表着“中国良心”。与格力电器一同登上诚信领奖台的，还包括完达山、北汽、阿里巴巴、青岛啤酒、万科、加多宝等多家知名企业。

应该说，在当前过度放大的商业精神主导下，许多企业只重结果而不问过程，急功近利，扭曲市场价值观念，缺乏战略眼光。这种经营理念，也几乎成为中国制造企业的通病。商务部等 17 部委联合发起“诚信兴商宣传月”，意在肃清各种不正当竞争的行为，弘扬当代诚信精神，大力建设经济信用体系。

格力电器所秉承的理念是，企业是社会的细胞，只有具备诚信的企业精神，才会拥有对客户、对社会的责任心。企业创造的品牌，要想在市场上站稳脚跟，必须付出诚实的劳动，以务实的营销策略和踏踏实实的工作作风，让产品得到消费者和市场的认可。

董明珠深知，不讲诚信的人是没有前途的人，不讲诚信的民族是堕落的民族，不讲诚信的社会是混乱的社会，不讲诚信的企业是没有希望的企业。信用无价。人无信不立，企业无信不长。自古以来，经商的人无不信奉“诚信”二字。诚信是奠定品牌可持续发展的基础，也是决定一个品牌能否赢得市场的重要砝码。品牌失去诚信，必将行之不远。

董明珠认真分析了红极一时而又急速消失的那些品牌。董明珠觉得，它们之所以最终被消费者无情抛弃，是因为其中相当一部分品牌都有一个致命弱点，就是品牌有道德缺陷，严重缺少最基本的诚信精神。

格力电器曾经向企业员工剖析了这样的一个案例：誉满全球的希尔顿宾馆在20世纪30年代的大萧条中，靠自己的信誉创造了奇迹，挺过了一个又一个难关，在旅馆业中站稳了脚跟，为以后的大发展奠定了基础。这也充分表明，信用既能成就企业的发展，也能损毁企业的前途。因此说，企业的诚信价值远远大于品牌价值。

董明珠认为，企业品牌的价值基础无疑就是诚信，失去诚信，品牌就会变得苍白而空洞。企业在对其品牌进行经营和管理的过程中，必须将品牌价值与诚信价值有机地结合起来，才有可能使其品牌得以持久地深入人心，使企业实现可持续发展。

空调的业内人士都知道，很难找到一个品牌以它原来的形象持久地出现在消费者眼前。以电视产品为例，全国的市场上每一年都会有一个或者多个品牌的宣传口径发生变化，有的甚至销声匿迹。

董明珠深深地体会到，品牌消失的原因很多。有的是因为企业的倒闭而消失，有的是因为企业的市场定位不正确而消失。不管是哪种原因，从品牌建设的角度来看，频频改变品牌形象，不但会损害品牌所固有的威信力，而且也难以使品牌的影响力在消费者心中得以长存。

董明珠知道，品牌如同市场一样，是按照其自身的规律运作的。一些企业在急功近利心态的驱使下，以“名”而求利，背离了品牌建立、自身发展的基本规律。进而为了企业的家喻户晓、一夜成名，不惜投入巨额资金进行广告轰炸，甚至在广告中夸大其词、大肆吹捧，进行欺骗性、误导性的宣传。殊不知，过度的炒作会大大降低品牌的信誉，使企业的品牌价值大大降低，进而导致顾客对企业诚信价值的怀疑，并直接影响企业在公众心目中的形象。

“好空调，格力造”这六个字，看似格力电器的一个广告词，但它实际蕴含的是格力品牌建设的核心理念。

格力电器一直在努力维护着商家的利益。商家推销产品，主要看品牌是否靠得住。在琳琅满目的家电品牌中，有的着眼于长远利益，有的着眼于眼前利益。商家所看重的，当然是长远利益。

而在市场经济初级阶段，商家也曾经是急功近利，不为品牌，只为利润。董明珠曾亲历这样的一个场面：一对中年夫妇正在一个商场中商量要不要买下一个品牌的电视机，这时，一位年轻的销售员出现了，他满面春风地说，这个品牌的电视机返修率比较高，而另一个品牌的电视机卖好几年了，100 多台都没有返修的。其实，那个牌子的电视机每卖出一台，就会给年轻的销售员 20 元钱的辛苦费。

这种做法明显损害了消费者的利益，也损害了商场的利益，属于不正当经营，也属于欺诈。但是，此类现象广泛存在于各个角落，谁着急上火都没有用。这种销售中的“潜规则”，只能让守法的制造商无可奈何，也让正常的营销秩序无可奈何。

董明珠早就感悟到，商家在产品推销过程中发挥着非常重要的作用。因此，董明珠在把市场网络当成格力电器无价之宝的同时，更把商家看作是编织这个网络的“蜘蛛”。董明珠觉得，格力电器必须做到两点：一是产品质量好；二是要与经销商保持良好的合作。有质量的品牌，才是真正的、永久性的品牌。而广告中的品牌，其实就是昙花一现、哗众取宠的品牌。在与经销商的合作上，董明珠“铁娘子”的名声虽然威震四方，但她与绝大多数经销商都建立和保持着非常真挚的友谊。

在格力电器的产业链上，下游聚集着上万家经销商，上游则聚集着上千家供应商。能否与这些经销商和供应商“诚信”相待，关系到企业未来成长的潜力，尤其对于相对充分竞争的家电市场，在兵戎相见的商战中，能否与供应商、经销商一起走下去，往往关系着企业的成败。

董明珠曾说：“如果说格力电器在营销方面有什么秘诀的话，那么最大的秘诀就是不玩花样，厂商平等合作，把靠市场创造效益作为一致的目标，并以此作为基本的游戏规则。”正是有了这样的基础，格力电器“自建渠道”的模式顺理成章，“区域性销售公司”模式开始面世。

迄今，格力专卖店已发展到近两万家，遍布全国各地，形成以城市为重心、以地县为基础、以乡镇为依托的级营销网络，在格力电器全年的销售额中，90%以上来自专卖店。

至今，格力电器有一个非常独特的现象：从1995年起，没有一分钱应收款，没有一分钱银行贷款，这在中国企业里面算是特例。这背后的真正原因在于厂商之间高度的诚信。

无疑，格力电器正成为践行诚信竞争的榜样，不屈从低价，不在小恩小惠上讨好供应商或经销商，而是大家平等互利地创造更大的竞争格局。而在董明珠的理念里，“诚信是各种商业活动的最佳竞争手段，是市场经济的灵魂，也是企业家的一张真正的金质名片。”

“路遥知马力”，业绩就是最好的明证。到2013年，格力电器创造了空调产销量连续8年世界第一、连续18年国内第一、全球用户超过2.5亿的奇迹，而且其恪守商业道德、倡导公平公正、维护交易秩序，树立了业界诚信经营的典范，推动了中国空调产业的良性前行。

可以说，所有的成就背后，所有的责任承担背后，是格力电器秉持的那颗“诚信”之心，推动企业走向了商业竞争上的“良性循环”，而在格力电器每一次商战背后，支撑其获胜的同样是“诚信”所创造的正能量。正是有了“诚信”的价值基础，格力电器才能将“中国创造”这一“中国梦”在世界上完美演绎，成为远销全球100多个国家和地区的“世界名牌”。

如此，“小成凭智，大成凭德”的古训被格力发展成极致，而格力电器也收到“诚信”所带来的莫大回馈，亦为“厚德载物”又一典型例证！人们相信，包括格力电器在内的“诚信红榜”的榜样力量，势必将带动整个经济社会的诚信作为，打造一个经济信用的天下。

董明珠常说，企业未来的竞争，就是品牌的竞争，也是信誉的竞争。产品总是有生命周期的，但品牌的生命力和信用的感召力却是无穷无尽的。诚信是企业生存发展和企业核心竞争力的基础，永远动摇不得。诚信，是保持企业百年不衰的奥妙所在。因此，对于格力来说，打造具有诚信的企业品牌，一直是重中之重。

格力电器始终坚持走专业化道路，不为外界诱惑所动，不为暴利行业的利益所动，静下心来，潜下心来，兢兢业业、一丝不苟地做空调，真心实意地把空调做深做透。正是由于格力的执着坚定、耐得住寂寞，才在专业化道路上取得了一个又一个辉煌的业绩：格力电器荣获中国空调行业迄今为止唯一一个世界名牌；格力空调产品获得“出口免检”，代表着至高无上的国家认可；格力拥有空调行业唯一的“国家节能环保制冷设备工程技术研究中心”地位，体现国家对格力电器实力的认可与支持；格力拥有“全国质量工作先进集体”荣誉称号，产品质量让全国的消费者放心。

格力所取得的荣誉，是格力实力的全面体现。董明珠充满自信地说：“格力是近乎完美的企业，不会惧怕任何对手的挑战和攻击。格力讲求诚信，格力欢迎来自各行各业的建议和批评。所有合理的建议和善意的批评，都会激励格力更加进步。”

董明珠说：“诚信贯穿于塑造品牌的全过程，诚信是维护和提升品牌形象的最基本手段。任何一个企业，只要拥有了诚信这个信念，其产品就会质量过硬，其价格就会合情合理，其服务就会精细周到，其名声就会广为传颂，其效益就会日新月异。”格力之所以能有今天的成就，就是得益于企业以诚信为行为操守。

# 4

# 无私无畏不辱职权

## 履行新职，毫无顾忌要权力

董明珠深知作为一个企业管理者所必须具备的意志品质，她觉得：一个人如果一辈子都没有经受过挫折苦难，那就算不上成熟；一个人如果没有足够坚强的意志品质，也就永远无法成为一个成功的人。不相信自己意志的人，就不会成为一个称职的领导。而作为一个管理者，必须具备与之相称的领导者意志。

一个企业，是否能真正做得成功，取决于领导者是否能坚持原则，取决于领导者是否能够做到为坚持这个原则而“六亲不认”。没有规矩则不成方圆。任何一个企业的机制，都需要用强大的执行力来落实，一旦企业的机制被破坏了，不再坚持实施，那么，它的发展就一定不会长久。而董明珠所具备的不仅仅只有这些。

格力公司业务员“集体辞职”事件，如同一颗重磅炸弹爆炸一样，使公司内部发生了很大的震动，整个企业都岌岌可危。各大媒体纷纷介入，对事件进行大肆的报道，各种舆论铺天盖地。格力内部一时乌云密布，人心浮动。董明珠就是在格力面临这种生死攸关之时，毅然选择留在格力，这在当时需要一个超乎寻常的意志定力。

而在此之前，格力电器的总经理朱江洪一直把主要的精力放在产品质量的提高和产品技术的创新上，进而忽略了经营部的管理。“集体辞职”事件爆发后，他随即意识到了企业中层干部队伍建设和稳定的重要性。经营部留下的一大堆问题，彻底暴露了经营部管理上的缺陷和不足。

既然问题首先出现在经营部，企业的干部队伍建设就理所当然地应该从经营部抓起。朱江洪决定，用民主选举的方式，从经营部基层选拔合适的干部人选。民意测验结果，董明珠脱颖而出，成为首选对象。最终结果不出所料，董明珠从一个最基层的业务员，一跃成为格力公司经营部的部长。

无论是从个人利益还是从个人的性格来看，董明珠都没有当官的想法。经营部的部长虽然位高权重，但却是个清水衙门，只有死工资和一点奖金，收入远远赶不上做业务员所拿的提成。就她的性格而言，虽然有做事业的欲望，而且非常强烈，一心一意地要把营销的业务做大，但却没有做官的欲望。她不是一个单纯地追求财富的人，她总想把自己喜欢的事业做精做大，这是一般人所无法比拟的，也是一般人难以理解的。

董明珠接受经营部部长这个烫手的职位，完全是一种责任感的驱使。她不想看到自己已经做得很出色的事业出现停滞或者半途而废。她决心向自己挑战，用自己的拼搏和努力，为企业，更为信任她、支持她的这些人干一番事业，做一番贡献。

格力电器在经历了业务员“集体辞职”事件的打击之后，董明珠认为，应该适当地限制业务员的权力。她觉得，格力空调的畅销是公司全体员工的功劳，是技术人员、工人和公司领导的功劳，可单单营业员拿着过高的奖金，这是不合理的。业务员是企业的雇员，为企业工作拿的是工资和佣金。而经销商虽然不是格力的雇员，但却是凭借着销售格力空调来获取利润。从这个意义上讲，业务员和经销商在为企业服务的本质目的上是一致的。如果能采取适当的掌控策略，把经销商视为企业的一个延伸链条，用经销商替代传统意义上的业务员，董明珠认为不是不可能的，而且有可能把格力电器的营销工作做得更好。

为了真正把闲散在各地的销售队伍管理好，董明珠规定：凡是格力电器的营销业务员，一律不许拿经销商的回扣，谁拿了，不管钱多少，哪怕仅是一分钱，公司都要开除他。她专门设计了一个格力电器业务员的调查表，要求每一名业务员都要认真填写，内容包括洽谈业务的时间、地点、人员、内容、证明人等。填好表格后，由公司经营部集中保存，作为随时抽查业务员的依据。这种办法使经营部很快出现了管理严谨、训练有素、人员精干、以少胜多的可喜局面。

为了杜绝假公济私、损公肥私的行为，董明珠担任经营部部长不久，竟然不可思议地去找总经理朱江洪要财权。这种行为，无论在谁看来，都是一个超乎寻常的举动。格力是一家国有企业，人事权力方面的决定都要通过高层领导集体表决，董明珠要权这个行为在多数人看来都有些不妥。虽然中国人爱权是众所周知的，但中国人要权力都在背后进行，没有人像董明珠这样明目张胆地要权。

但董明珠有她自己的想法。她一点也不觉得向总经理要权力是一件见不得人的事，反而理直气壮。在她看来，经营部部长要财权，是因为经营部的业务与财务部的业务关系非常密切。经营部要求经销商先付款后发货，但客户在格力的账上有没有钱，有多少钱，只有财务部才清楚。

这样的管理现状导致一些客户虽然打了款却拿不到货，而一些客户没付款却拿到了货。有时经营部要发货了，经营部的开票员往往会问一句："经销商有没有打款过来？"而财务那边也总是回答："打款没打款要查账才知道。"这样，无论经营部如何卖力工作，只要财务部有一丝的不配合，也会使经营部的工作难以正常运转。长此以往，只怕又要回到格力以前的管理状态，职责不清，分工紊乱。董明珠不会容忍这种情况的发生。

下级伸手向上级要权本是大忌，但董明珠却要得光明磊落，要得理直气壮。当朱江洪听完董明珠叙述的要权理由，当场就表示同意。事后，公司的财务负责人产生了强烈的不满情绪，随即就找到朱江洪说："这下董明珠不就没人控制了吗？"

听了财务负责人的话，朱江洪也觉得有些道理。于是，他又找到董明珠，直接了当地问她："你今天把财权要走了，那今后谁来监督你？"

董明珠不假思索地回答说："谁都可以监督，随时都可以查账。我要财权，并非要财力的使用权，而是为了更好地了解和掌握企业的到款情况。由我来控制打款和发货这个过程，目的是为了进一步加快经营部的反应速度。如果感到这样不妥，财务也可以不归我管，但财务部所掌握的经销商每天的打款情况，必须让财务部随时告知经营部。”

在朱江洪面前，董明珠的话说得干净利落，没有丝毫的拖泥带水。朱江洪听得出来，董明珠要这个权力，不是为了让她自己所拥有的权力最大化，而是为了企业经营的高效运转。朱江洪觉得，如果他不支持董明珠，那董明珠还有什么信心在格力继续做下去呢？于是，朱江洪顶住压力，下决心全力支持董明珠。

为了平衡个别人的情绪，也便于董明珠开展工作，朱江洪经过认真考虑，采取了一个折中的方案，就是把财务部涉及销售业务的那一部分财权划归董明珠管理，而这对于董明珠来说，足以让她信心满满了。

其实，这样的结果的确来之不易。要知道，朱江洪做出这样的决定，的确是顶着很大压力的。在公司高层的讨论会上，很多人一听说董明珠伸手要权，都情绪激动起来。一个说：“董明珠伸手要权，坚决不能给她！”一个说：“董明珠是不是忘乎所以，把手伸得太长了？”又一个说：“这么一来，公司的财权不都归她管了吗？这要出了问题怎么办？”

这似乎都是中国人的正常思维，主动要权，就是犯了大忌，况且董明珠才刚刚当上经营部的部长，还立足未稳呢！

而这种思维定式恰恰束缚着中国企业的科学化管理进程。人们总是习惯于循规蹈矩，不敢突破别人，也不敢突破自我，只能一味地依靠传统的管理模式。以这样的思维方式，在市场经济全球化的大环境之下，根本不可能带领企业抢占发展的先机，实现先发制人。

董明珠敢于冒天下之大不韪来直言要权，完全打破了传统的思维方式，也更验证了她不是一个按常理出牌的人。事实上，也正是这种惯于打破常规、不断创新的管理风格，才让董明珠率领格力电器在发展道路上取得了一个又一个骄人的业绩。

董明珠如愿地获得了她想要的一部分财权。她知道权力来之不易，便告诫自己要对这部分财权好好珍惜、慎重对待，务必用好这来之不易的权力，开创格力经营工作的新局面。

权力一旦到了董明珠的手里，就成了创造奇迹的魔法。她先是和有关同事建立了一套循环监督机制：计划受财务监督；财务受开票员监督；开票员受电脑统管监督；电脑统管受计划监督。

制度建立后，能不能真正执行起来才是关键问题。再好的制度，如果不能很好地付诸实施，就发挥不出其应有的效应。很多企业或许都有非常完备的规章制度，有的企业甚至不惜代价请国外专职公司来帮忙设计制度，可最后却摆脱不了失败的结局。究其原因，就是因为好的制度没有得到很好地执行。董明珠能够在此后创造一系列营销奇迹，靠的就是对管理制度的严格执行。

董明珠不怕得罪人。她觉得，一个人的权力越大，自身的责任也越大，可能骂你的人就越多。当你得罪了某些既得利益者，维护了大多数人的利益时，就避免不了有人骂你。所以，一个人一旦拥有较大的权力时，就要敢于面对自己，敢于挑战自己。

董明珠当业务员的时候，人缘很不错，几乎所有的人都说"董姐好说话"，所以，经营部的人都认为她当部长一定对大家好。有的业务员私下里对她表示：你当部长就手下多留情，多照顾我们点儿，到年底的时候，我们一起回敬你，一起向你表示心意。可没想到的是，董明珠一上任，经营部的管理不但没宽松，反而更加严格了。

木秀于林，风必摧之。董明珠担任经营部部长后，很快就落得个“霸道”和“没人情”的名声。有些人觉得董明珠做事太绝，太碍事，就联合起来，要轰她下台。每当这个时候，总经理朱江洪就会站出来说公道话，给董明珠以坚定的支持，并出面做董明珠平级或上级的工作。慢慢地，董明珠雷厉风行的作风得到了大多数人的认可，格力员工对她的感觉也慢慢地变成了敬畏。

曾有一位领导告诉董明珠：“人是一个圈，从普通员工到升上官位，官职不论升到多大，升到多高，到最后，还是要回到起点，还是一个普通百姓。因为你总有一天要从官位上退下来，那时你就回归成普通的老百姓了。”

这位领导的话对董明珠的影响很大。她清楚地认识到，权力的大小，实际上就是责任的大小。权力越大，责任就越大。有权力，就要有担当，就要有牺牲，就要有不怕挨骂的精神。董明珠说：“我的权力是格力人给的，就应该拿它为格力人做事，为格力人造福。”

## 敢于担当，该出手时就出手

1995 年，海南省的某一家劳动培训中心发生火灾，造成直接经济损失 30 多万元。事后，他们在调查火灾发生的原因时，把祸根归结于“格力空调存在质量问题”。那家劳动培训中心放出风来，要用法律手段向格力索赔。当时，正值空调销售的旺季，格力公司的高层有人怕事情闹大，也有人不愿意吵吵嚷嚷地到法庭上去打官司，息事宁人、和解私了一时成为格力高层的共同意志。

在和解思想的主导下，格力不得不违心地拿出32万元，私下赔偿给了海南的那家劳动培训中心。在双方签订的赔偿协议中，第一条竟然写上了“失火的责任在格力电器”。此时的董明珠还只是一个经营部的部长，无权插手此事的处理，但她完全清楚公司不明不白、窝窝囊囊地化解此事的过程，心里直生闷气。她觉得，这32万元是公司所有员工的劳动所得，凝结着大家的心血和汗水，轻而易举地就赔给了人家，毫无价值可言。

1996年，就在董明珠提升为格力电器销售公司总经理不久，也恰恰是空调销售旺季时，海南的那家劳动培训中心再次起火，而且仍然把事故的原因归结于“格力空调存在质量问题”，并直接向格力电器索赔100万元。

于是，格力公司高层紧急召开会议，研究应对办法。应该说，这种问题处理不好，就会严重影响格力空调在市场上的声誉。要是再引起媒体的关注，就有可能影响到格力空调的正常销售。格力高层坐下来集体商议此事，研究应对策略，很有必要。

格力前一年负责处理火灾纠纷一事的那位负责人率先发言：“那家劳动培训中心的人太难缠了，这事依我看，他们是不会善罢甘休的，不赔款看来是过不去的。”这时，其他的一些人也跟着随声附和。他们的意见是：现在正是空调销售的旺季，事情要是闹大了，会影响格力的品牌形象和今年的销售。

董明珠上一年就为这样的事憋了一肚子的气，她没想到今年对方又玩起了这样的花招，以此来达到骗钱的目的，她的火气一下子就窜了起来。上一年她没有权力处理，可今年恰恰是在她的业务管辖范围之内。

董明珠发言了，观点是力主打官司："我们必须先做好调查再做决定。如果是我们的问题，那我们就诚心诚意、心悦诚服地赔偿人家。如果不是我们的问题，而是对方有意讹钱，那我们一分钱都不能给对方。他们去年已经着了一次火，今年又再次着火，要是我们再赔钱，说不定他们明年还要着火。"

董明珠的一席话，震动了在场的所有人，也让那些力主赔款了事的人惭愧难当。经过研究决定，由董明珠全权负责处理这件事情。

雷厉风行一直是董明珠的做事风格。她马上派了几个人去了那家劳动培训中心，以防止对方捣鬼。董明珠天天与公司派去的那几个人通电话，了解相关情况，商定相关事宜。公司派去的人按照董明珠的周密安排，认真地拍照片，看图纸，查现场，翻阅消防队的记录。经过缜密的工作，确定那家劳动培训中心的索赔行为就是讹钱。于是，董明珠果断决策：格力电器拒绝那家劳动培训中心的一切赔偿请求。结果是，格力电器没拿一分钱的赔偿就处理了这件事，而且那家劳动培训中心此后也没有再着火。

成立于 1997 年 11 月的湖北格力销售公司，是格力电器的第一家股份制销售公司。1998 年，全国各地持续高温天气，四大火炉之一的武汉市场上空调热销。由于湖北格力销售公司对外统一经销格力空调，既维护了正常的销售秩序，也确保了合理的利润空间。结果，当年湖北公司的销售额达到 5.1 亿元，增长幅度达 45%，而且全部按规定销在湖北，没有一台外流到其他区域，销售公司合作各家所分到的红利都超过了投资本钱。

可是，好景不长，湖北格力销售公司很快就出现了拒绝给下游经销商返点等不正常现象。1998 年秋天，格力总部连续接到湖北销售公司员工和二级经销商的联名投诉，反映公司高管吴良一利用格力的销售网络卖竞争对手的空调，还要格力公司员工每人集资 5 万元。吴良一经常 11 点才上班，12 点就不见了人影，公司处于无人管理状态。各股东对吴良一的工作作风极为不满，甚至联名要求撤去吴良一的高管职务。

2000 年，湖北销售公司又打起了其他主意。他们想采用“移花接木”和“偷梁换柱”的手法，借格力品牌搞“体外循环”，将格力的资源转移到个人注册的小公司中去，利用格力的招牌、经销网络和经销格力空调敛得的钱财，用瞒天过海的手法经营某合资品牌的空调，从中牟取暴利。

2000 年 11 月，格力在珠海举行“共创美好——格力千禧群英会”的盛大经销商会议，全国 5000 名各级经销商出席。会后的第二天，近 20 个区域销售公司的正、副总经理留在珠海继续开会。当天的会议连续开了 6 个多小时，中心内容是批判湖北销售公司利用格力的招牌、网络及批零倒挂赚取的“黑钱”经销竞争品牌的事件。会议上，朱江洪、董明珠分别发表了措辞严厉的长篇讲话。对此，湖北销售公司的总经理作了检讨。

事情似乎就此有了一个了结，可湖北销售公司的决策者于 2001 空调年度伊始，又玩起了新的招术。公司重新选择了另一个空调品牌来经营，并且把这个品牌同格力的销售捆绑到了一起，要求凡是经营格力空调的地方，必须同时进这个品牌的空调，并且将其销量与格力的销量挂钩，甚至把那个品牌的产品摆进了格力空调专卖店的显要位置。

董明珠对湖北销售公司再三违规和一意孤行非常不满，她找公司负责人谈话，但效果不佳。她当即决定取消湖北销售公司，另起炉灶。2001 年初，格力在湖北成立了一家“新欣格力公司”，以此来取代湖北格力销售公司。随后，年销售逾 5 亿元的湖北格力销售公司停止营运，董事长兼总经理被炒鱿鱼。

对这样的处理方式，有人甚至用“鲁莽”二字来形容董明珠，担心格力空调在湖北市场突生变故。但时间不长，被撤销的公司股东们还是找上门来，向格力电器保证：今后一定要无条件履行格力电器的各项销售原则和纪律。于是，湖北市场又进入了一个良性发展阶段。

2001 年春天，董明珠出任珠海格力电器股份有限公司总经理一职。这一划时代的任命，让格力电器的企业管理彻底走向了规范。从这一年开始，格力电器销售额从 70 亿一直飙升到 2005 年的 230 亿元。2005 年，格力电器以 1200 万台的销量超越了韩国品牌 LG，成为空调行业的世界冠军。

在 2006 年“CCTV 中国经济年度人物”评比中，董明珠成为了 10 位当选企业家中仅有的两位女企业家之一，也是中国空调行业获此殊荣的第一人，被誉为“照亮中国经济的杰出女性”。获得这个称号，是董明珠的荣耀，更是格力电器的荣耀。

把“照亮中国经济的杰出女性”称号授予董明珠，不仅仅是因为她把一个企业做到世界名牌。通过 2006 年“CCTV 中国经济年度人物”的评比标准，或许能看出一个全面的董明珠：责任、创新、影响力、推动力。和以往的评选相比，这一次把责任放到了首要位置，强调了责任应该是“经济年度人物”的第一担当。四个条件综合起来，董明珠的当选，情理之中，理所当然。

董明珠说：“作为企业家，不仅要赚钱，更要有社会责任感，要尽可能地参与到公益事业中去。在保障企业稳健发展、确保广大股东利益的前提下，积极参与公益事业，是一家优秀的企业对社会高度负责任的具体表现，也应该是格力的分内之事。”她是这样说的，更是这样做的。这些年来，董明珠扶危济困，帮助社会弱势群体，受到了业内人士的夸赞。

在董明珠的慈善事业里，社会底层人群是她时刻关注的对象，不论是留守儿童，还是贫困山区的孩子，她都曾尽自己所能去帮助他们，为他们送去一片爱心。

2005 年 5 月，南华工商学院国贸系大二学生庞梦晨患上了白血病。看到媒体的报道后，董明珠代表格力电器不仅捐助了 10 万元，而且承诺格力空调广州分公司在五一节期间每卖出一台空调，就捐出 5 元钱为庞梦晨治病。这一承诺，很快得到了兑现。五一节期间，格力空调广州分公司共卖出了 10000 台格力空调，从而给庞梦晨带来了 5 万元的捐款。

2006 年 8 月 9 日，董明珠向革命老区贵州省黔南州都匀市平浪镇小学的同学们捐赠了 30 万元稿费。捐赠仪式上，董明珠表示：“格力作为中国乃至世界上最大的空调企业，在做好企业自身发展的同时，还要更多地奉献爱心。这次来到这里，我被同学们在艰苦的条件下坚持学习的精神所感动。以后，我们还将用各种各样的方式募集资金，来支持贵州的教育事业。”

2007 年 5 月 29 日，来自广东清远地区的 30 位老年白内障患者，收到一份光明大礼，清远市红十字会受格力电器股份有限公司总裁、全国人大代表董明珠的委托，将她第二本新书《行棋无悔》的 10 万元稿费捐献出来，作为特困老人白内障复明的医疗手术费。

2007年，格力电器出资100万元，在山东大学设立了“山东大学董明珠教育基金”，山东大学“董明珠楼”也正式落成。同一年，格力电器无偿出资30万元，设立北京师范大学珠海分校奖助学金。

作为一个企业家，董明珠坚持“诚信、共赢”的经营理念，坚持走拥有自主知识产权的专业化研发道路，坚持为社会创造更多的物质财富和精神财富，勇于承担社会责任和历史使命。多年来，董明珠先后自掏腰包300多万元，分别用于救助身患疾病的贫困儿童及贫困家庭失学孩子。

董明珠始终认为女性在心理上、思想上、社会价值上都不应该逊色于男性。她每走过一步，都伴随着格力电器的成长，并为中国空调行业赢得了第一个“世界名牌”。她骄傲地说：“看到那些在我的帮助下重新洋溢着幸福笑脸的人们，我非常开心。”她是一个对社会充满关爱的企业家，更是一个让人无比尊敬的企业家。

## 力戒浮躁，精益求精搞专业

在众多国内企业中，格力绝对是一个有着独特个性的企业。格力的独特个性就是专业做空调。由于这种对行业的坚持和执着，格力一直拥有着更多的从容。让许多同行感叹的是，在很多所谓的行业机遇面前，格力总是保持着足够的冷静。正如一位空调业同行所说：“他们那么有钱，团队那么优秀，但是他们是中国唯一一家专业做空调的企业。”

从2011年开始，中国空调行业狂飙突进的时代终止了。国内空调行业从此前的高速增长期进入到一个明显的低迷期：国家补贴政策退出，市场规模相对稳定，产能扩张速度明显减缓，不同渠道竞争加剧，行业洗牌趋势日益明显，这些变化为空调厂商的发展带来了不小的压力。

企业表现低迷也是行业低迷的一个缩影。《2012冷冻年度中国空调市场白皮书》的统计数据显示，在市场压力、库存压力、政策衔接不畅等一系列问题的影响下，2012年国内空调市场销售量同比下滑25.12%，销售额同比下滑19.36%。

而在行业的一片灰暗中，格力的“强劲增长”却显得分外惹眼。报告数据显示，2012年前三季度，格力电器归属净利润为53.32亿元，同比增幅达41.34%，营业收入为771.65亿元，增幅为20.43%。格力电器在逆势之中实现稳健增长，其发展势头明显强势于同行企业。正如业内专家们的预测一样，2012年，格力电器全年实现营业总收入1000.84亿元，同比增长19.84%；实现净利润73.78亿元，同比增长40.88%，成为中国首家年营业收入突破千亿元的专业化家电企业。

格力电器经营业绩的连续超预期增长，使得各机构纷纷看好格力的盈利前景。业内分析人士称，在摆脱了空调行业普惠制之后，空调行业已经进入了强者恒强的新时代，格力的龙头地位得以巩固，竞争者将难以超越。

长期以来，在空调行业，人们一直将格力、美的视为行业两强，两强争霸，共同推动这个行业的发展。然而，近一两年来，由于两家公司秉承的策略完全不同，导致两家公司在空调领域的业绩成长和行业地位发生了显著的变化：格力持续提速，美的则驶下“快车道”。

格力电器营业收入和净利润的大幅增长，主要得益于开拓市场、调整产品结构、产品销售量大幅增长。“格力电器因为长期以来加大研发投入，坚持自主创新，注重产品质量，在消费者心中赢得了口碑。此外，企业狠抓管理，充分发挥公司的产能、物流布局、规模化优势，不断降低生产成本，加大自主品牌产品出口力度，进一步提升了公司的整体盈利能力。”格力电器董事长兼总裁董明珠解释说。

当其他企业觉得白色家电行业已经成为一片红海的时候，格力却坚定地认为，只要引领科技潮流，白电依然是一片蓝海。在经历了行业和企业的快速增长之后，格力拒绝了极具扩张诱惑的多元化道路，坚持在空调专业化这一条道上走下去。

董明珠表示，多元化战略可以为企业营造更多后路，但也会分散企业的精力与财力。空调市场一直都在，新的技术也不断涌现，只要格力一直掌握核心科技，就能一直掌握竞争优势。

如今的格力在科技创新上为中国企业树立了标杆，至今已开发出包括家用空调、商用空调在内的 20 大类、400 个系列、7000 多个品种规格的产品，能充分满足不同消费群体的各种需求。企业拥有技术专利 9000 多项，其中发明专利 2500 多项。

早在 1995 年，格力空调就首次以微弱优势，超过了昔日中国空调业的老大春兰，实现了销售排名业内第一。但是，格力也面临着两个截然不同的前景：要么搞多元化，在价格大战掏空腰包的时候，确保还有其他的利润来源；要么走专业化道路，以一己之力抵御全行业的竞争。

在是走多元化还是走专业化的问题上，格力电器也曾有过艰难的选择。面对空调行业是否已经饱和的问题，格力最终通过调查研究做出了决定：不能轻易进行战略转移。就在众多企业选择了多元化道路的时候，格力依然保持了独特的经营思维：专一化经营。

格力在发展的过程中，曾不断遇到多元化的诱惑。许多生产冰箱、彩电、洗衣机的企业主动找上门来，希望贴上格力的品牌，或者要求格力把他们兼并。但是，最终结果都是一样：被格力婉言拒绝。

董明珠坚持不被表面现象和眼前利益所吸引，坚决不赚看似天上掉馅饼一般的意外之财。董明珠说："如果代工厂家的产品质量不好，技术没有创新，并不会简单地因为贴上格力的品牌就会畅销，弄不好还会连累格力的品牌声誉。"对于兼并企业，她认为，如果没有能力使自己的企业文化为对方所接受，就不能轻易地去扩张。

董明珠觉得，格力必须扬长避短，全力做好空调。在空调行业，格力是唯一一家只做空调的企业，格力的品牌、生命力和实力，无一不体现在专业化经营上。

专业化经营，不但让格力在空调技术上取得了不断突破和进展，也使格力在品牌宣传上获得了很大的优势。曾有专家分析，格力能够在同质化严重的空调市场上脱颖而出，与其大力宣传专一化、专业化经营有关。因为很多消费者认为，专业化经营的格力空调更值得信赖。

对于这种分析，董明珠并不完全赞同。她认为，空调同质化是一个假概念，因为企业的经营理念不同，生产的产品就会不同。对此，董明珠还举例说："格力四期新建的科技大楼，拥有120多个实验室，要对产品进行很多不同的检测，进行破坏性的试验。格力设计的产品，必须有8年以上的寿命。而且这8年，任何一个部位都不能发生问题。”

说到企业的专业化，朱江洪曾有过一个形象的比喻：专业的发展，就像推土机一样，虽然走得慢，但却非常稳固。把专业做大，基础坚固，形成规模经济，才有可能经受住国内外市场的竞争考验。

基于这一战略思维，格力在空调行业走得越来越稳健，越来越踏实。因为这一战略，格力再次成为家电行业特立独行的一道亮丽风景，成为家电行业唯一走专业化道路的企业。

在董明珠看来，不管是实施多元化战略还是专业化战略，关键在于企业是否具备人才、管理和技术，是否明确了企业实施多元化战略的目的。假如格力抱着赚钱的投机心理进行多元化发展，那么格力也会遭受失败。格力之所以走专业化道路，是因为格力觉得空调里面还有很多可以研究的东西。虽然是民用产品，但里面同样有科技含量。格力选择专业化发展战略，是因为市场还有需求，而不仅仅是为了自己赚钱。

朱江洪始终强调术业有专攻。因此，当别的空调厂家纷纷上马彩电、洗衣机、微波炉甚至手机项目、实施产品多元化战略的时候，格力电器却一直固守着空调这块阵地，专注于走专业化道路，也因此成为中国目前唯一的、也是世界上具有较强竞争力的专业空调制造商。

董明珠说：“格力做空调，一直要做到空调本身被更高的产品取代为止，不搞东方不亮西方亮。”董明珠强调：一个企业的精神是有限的，进行多元化扩张，不仅要考虑资金和实力，更要考虑是否具有多元化扩张的管理体制。每一个产品，都需要专业化的人才和技术来支持。没有一定的专业人才和技术的积累，盲目地扩张必然要付出沉重的代价。

董明珠坚信：在巨大而充满竞争的市场里，任何一个企业都不可能同时满足消费者的多种需求。企业只有集中资源和精力，从某一方面去满足人们的一种或一部分需求，才会拥有生存的基础，也拥有了长久发展的可能。

格力的专业化经营实践，生动地说明了这一点：集中和整合资源，专注于某一方面和某一布局的深耕及突破，也是中国企业参与国际竞争比较可行的一种策略。

格力空调在专一化经营的过程中，从满足顾客的需求出发，在服务之中做到全程地、全部地让顾客满意，并以此作为格力发展战略的出发点和落脚点，使以顾客为中心成为贯穿专业化战略的一条红线。正是格力实施的专一化战略，才确保了这一宗旨能坚定地落到实处。

因为走专一化经营的道路，格力品牌的产品已经涵盖了家用空调和商用空调领域的 20 大类、400 个系列、7000 多个品种规格的产品，成为国内目前规格最齐全、品种最多的空调生产厂家。

诚然，还有很多人觉得格力走的是独木桥，是固步自封的束缚。这些人无疑是想维护多元化理论的正确性。董明珠认为：我们不能否认多元化的益处，多元化能涉足各种各样的领域，从而使一个企业能得到更大的扩张机会。但无论如何，我们都不能因为要维护多元化的观点而否定专一化的观点。格力作为一家空调企业，在专业化道路上走出了自己的特色，这其中有许多值得学习和借鉴的地方。

空调产品在跨省销售和跨国销售中，由于地理条件和自然条件的差异，会对产品提出许多新的要求。格力空调把满足客户的这些要求作为发展专一化的重要内容，认真地加以解决，从而真正使格力产品实现了特有的个性化。

在任何一个场合，董明珠都会毫不掩饰地说出自己心中的热切希望，就是把格力做成“中国空调行业的第一个世界品牌”。这个希望已经圆满地实现了。在空调这个单一的市场上，格力能连续多年保持很突出的业绩增长，绝非偶然，这与格力多年来奉行的经营原则有很大的关系。无论是在海外市场还是在国内市场，无论是在经营管理上还是在产品销售上，格力始终奉行“好空调，格力造”。

格力人也清醒地意识到：多元化有多元化的陷阱，专业化有专业化的风险。格力以后会不会选择多元化的道路，这是家电行业普遍关心的问题。董明珠一直不赞成企业多元化，她多次表示：格力不会轻易地搞战略转移，不会像许多企业那样不断地“超生”，“超生”的结果，往往因为企业的精力不够、资金分散，从而无法让“超生儿”健康成长。每个行业和企业都存在竞争，我们只有把自己的本行业做好了，才有资本同别人竞争。

董明珠强调：我不会有那种偷懒的思想，因为这个专业没做好，就换个专业来竞争。因此，格力只做空调，从家用空调到中央空调，从主观上切断多元化的后路，使格力人始终保持发展的压力，始终拥有不断前进、不断进步、不断超越的紧迫感。

## 打治邪气，志不同者不相行

“没有格力，就不会有现在的我；但没有我，也不会有现在的格力。”能直言不讳地说出这句话的人，就是董明珠。毋庸置疑，正是因为董明珠的加入，格力才发生了翻天覆地的变化。在格力，董明珠是一个楷模，是一个标杆，是一面旗帜。格力的员工们不无感慨地说：“跟着格力走，生活不用愁；跟着董明珠，永远不会输!”

但是，董明珠心中的目标绝对不仅仅是当个好头儿。她是有着远大抱负的人。她是想通过自己的不懈努力和奋斗，使整个格力电器走在行业的前列。争做行业老大的过程不容易，而做了行业老大又能长久地把老大的地位保持下去更不容易。无论是做行业老大，还是巩固老大的地位，都意味着企业要承担更大的责任，肩负更大的使命。

在格力，董明珠是一个充满霸气的领导者。她在任何一种场合，都不会掩饰自己做事的豪情与自信。曾几何时，董明珠就豪言要把格力做成“中国空调行业第一个世界名牌”。真正能够见识到董明珠厉害的人，还是那些和她直接交过手的人。在她身边工作过的人，都会记着她说的那句霸气十足的话：“我从没犯过错误，我永远是对的。”

1996 年，中国的空调市场曾经爆发了一场激烈而残酷的价格大战，国内各大品牌的空调产品竞相降价，价格直至逼近进货成本和生产成本。就在格力考虑是否实施降价策略时，还是经营部部长的董明珠据理力争，坚决反对降价。经过激烈的讨论，格力上层采纳了董明珠的意见，格力空调的销售价格一分钱也不会降下来。

而格力的合作团队中偏偏有人与董明珠唱对台戏。此人就是格力空调的一位财大气粗的经销商，年销售额上亿元，占当时格力年销售总额的 10% 左右。这个人从 1995 年就在江苏市场开始与格力合作，仅用一年时间就成为格力的第一销售大户。经营格力的成功，让这个人过高地估计了自己的能力，因而有些得意忘形，他甚至宣称："只要我想要什么政策，格力就必须给我什么政策。"

在以后的营销中，这个人完全不遵守格力的营销规则，大搞倾销小动作，严重冲击各地市场。他通过跟格力上层的关系，在空调销售淡季，向四川、广东、湖南、河北、江西和安徽等10个省份发货倾销，甚至还出现了低于进价抛售的现象，严重破坏了格力的营销秩序，使许多守规矩的格力经销商陷入困境，无利可图。

而在1996年这个号称"冷夏"的季节，此人一次性就向格力电器打款8000万元，进行疯狂的订货。他的目的就是想大量囤积格力空调。只要格力降价，他就会不惜亏本去排挤别人，实现独占江苏市场，让格力不得不依赖他。

按常理来说，对于这种有极大影响力的经销商，厂家一般都会听之任之、恭敬有加。可董明珠却不是这样的人。她不怕硬，不信邪，非要创造一个让所有的经销商都平等竞争、按规矩享受相应待遇的营销环境。

于是，董明珠果断叫停了对这位大户的供货，即使他已经打进钱来，也不再给他发货。这位经销商与公司高层的某位领导的关系很不一般，不但不是知错就改，还鼓动很多的经销商接二连三地跑到珠海，告董明珠的状，向格力施压，威胁如果格力对董明珠的决策听之任之，他们就放弃经销格力品牌。

董明珠可不是一个见硬就软的人，她宁肯被撤职，也坚决不做出让步。她说："如果我选择退让，容忍经销商的违规经销，那么，格力空调的定价权就将落入经销商的手里，格力就将失去主动权，进而失去市场竞争力。"

董明珠踢掉经销大户的决定，让格力经营部所有的人都倒吸了一口凉气。踢掉经销大户，就意味着格力电器踢掉了上亿元的销售额。可反过来看，对不守规矩大户进行封杀，可以极大地维护大多数经销商的切身利益，让众多中小经销商更好地经营销售，格力经销队伍的军心会得以稳定，格力空调的销售市场也会恢复往日的平静。事实证明，董明珠所采取的强硬措施是完全正确的。

国美原本是格力最稳定的销售商之一。2004 年 2 月，空调市场新一个年度的销售进入了启动期。这时，一向秉承“薄利多销”原则的国美，却在格力背后做了一个小动作。在未经格力允许的情况下，成都国美就将格力空调私自进行了降价调整。

当时，正在北京参加全国人民代表大会的董明珠得知这个消息后，非常惊讶，也非常不满，甚是气愤。董明珠认为国美的行为破坏了格力的价格体系，并有损格力的一线品牌形象。于是，她立即电告四川格力销售公司经理，要求国美立即终止低价销售行为，并向格力致歉。

结果，国美虽然表面致歉了，可内心不甘示弱，他们马上采取行动，将全国各分公司的格力空调全部下架。董明珠毫不让步，立即还以颜色。她当即下令：格力停止向国美供货。

董明珠发出命令，并不是为了一时赌气。当时，关于对国美电器等渠道商残酷挤压利润的指责之声不绝于耳，业内早已怨声载道，许多企业迫于国美过于强大，只能是忍气吞声，敢怒而不敢言。据称，国美新开每一家分店，都要求厂商必须进入新店，进场费少则五万元，多则几十万元。如果不进入，国美就在全国范围内撤下该厂商的产品。然后，国美以低于厂商定价的方式促销，如果产生亏损，甚至还要求由厂商来承担亏损额。董明珠对国美停止供货的举动，让许多厂商拍手称快。他们觉得，终于有人能站出来给国美点颜色看看了。

格力与国美的矛盾实质是双方不同销售模式的较量。格力与国美两种分销体制的矛盾与冲突，在双方的经营理念面前终将不可避免。国美是传统代理商的销售巨头，而格力则通过独创的“新兴连锁销售”模式，不断地验证着自己营销理念的正确性。具体来说，国美模式是用供货商的钱，解决了它的贷款问题，然后用贷款解决了现金流，用现金流解决了上市，用上市回来再杀供货商。董明珠认为，这种模式其实就是为了自己的利益来破坏双赢原则的模式。

董明珠再次表现了她的决策是极具远见的。她说：“这件事发生以后，很多企业都拍手叫好，在背地里都说董明珠给我们出了一口恶气。但是，让我不理解的是，这些企业已经觉得被压制得喘不过气来，为什么不能跟国美进行一次平等的谈判呢？后来我才明白，并不是国美出了问题，而是我们的企业出了问题。我们的企业想依赖国美把产品骗出去，我觉得在这里用一个‘骗’字还是比较合适的。如果企业的产品品质很好，国美不卖，别人一样卖，消费者最终会来追着买你的产品。但是，我们很多企业都没有意识到注重产品质量的重要性，仅是在交易的过程当中，想方设法地把产品推销出去。为了实现更多地推销产品，就不得不在价格上打主意，不断在价格上进行较量。到头来，产品的利润空间越来越小。没办法，企业就只好在产品生产的过程中偷工减料，降低成本，这就注定形成了一个恶性循环。”

就格力为什么要退出一些大卖场这个问题，董明珠回答说：

“我很不认同某些大卖场的销售理念。我的营销理念是‘共赢’，就是消费者要赢，经销商要赢，厂商也要赢。而大卖场总有倚强凌弱的架势，全国就它最大，想把其他的店面都一口吞掉。这既不现实，也不符合客观规律。格力敢这样做，是因为格力空调有好的品质，老百姓要买格力。有消费者，格力就不怕没有出路。”

格力退出国美后，许多人都为格力捏了一把汗。一些好心人甚至善意地提醒董明珠及早与国美重归于好，得罪他们实在是吃亏不讨好。可董明珠坚定地回答：“如果跟国美等大卖场进行大量的合作，很多企业会死得更快。”

其实，格力与国美的矛盾由来已久。2003 年 4 月25 日，深圳国美曾开展了一次颇有争议的“买威力，送格力”的促销活动。本来，促销活动送赠品是很正常的事。同时，消费者也都有这样概念：购买大商品送小商品，购买一线品牌产品送二、三线品牌产品。可这次促销活动却颠倒了，买三线品牌的威力，赠送一线品牌的格力。显然，这种做法严重损害了格力品牌的声誉，更是涉及到了不正当竞争问题，严重扰乱了格力空调的市场价格体系。

之所以出现这样的怪事，就是国美在背后诋毁格力。格力是空调老大，一向奉行先款后货的原则，这无形中打破了国美的规矩。国美一直坚持“厂家免费铺货，7 天后再结算”的原则，格力一直认为这对厂家来说是极为不公平的。

董明珠反复强调：格力空调不打价格战，根本目的是为了维护市场秩序。格力会与遵守游戏规则的商家真诚合作。如果商家不遵守游戏规则，就没有合作的基础可言。不降价并不代表格力空调的暴利销售。格力的价格一直贴近市场，各销售公司也是依靠服务取得合理的利润。对于很多的企业采取低价策略，格力认为，这是竭泽而渔，必须谨慎使用。

对于这场早晚都要到来的战争，董明珠其实早就做好了思想准备。她清楚地意识到，这不仅仅是双方对产品价格控制的争夺，还关系到双方能不能友好合作的问题。虽然国美实力雄厚，销售网络遍布全国，销售吞吐量巨大，但在格力的销售上，国美的销售额占格力销售总额的1%都不到。这样，即使没有了与国美的合作，格力的损失也是相对有限的，这也是格力不惧怕这场斗争的原因之一。

志不同者，不与相行。格力与国美在商业理念上存在分歧，各自代表着两种不同的商业理念。国美是传统代理商巨头，意图通过连锁一统天下；而格力则是“新兴连锁销售”的开拓者，不断验证着自己操作渠道的可行性。在双方的较量中，董明珠总是充满信心。

## 独辟蹊径，厂商联手占市场

对于董明珠来说，2007年注定是一个不寻常的年份。这一年，格力电器实现营业总收入380.41亿元，首次突破了300亿元大关，同比增长了44.33%；利润总额为14.26亿元，同比增长68%。利润增长速度首次超过了销售额的增长速度。同时，年度净利润也较上年几乎翻了一番。时任格力总裁董明珠表示：“这个增长，是格力电器成立以来取得的历史性突破。”这只是格力发展的一个年度缩影。

应该说，格力电器20多年来所走过的历程，是一个从小到大，从弱到强的辉煌历程。格力电器之所以能取得如此骄人的战绩，除了取决于格力空调过硬的产品质量外，还取决于公司对空调营销渠道的独特布局和有力掌控。

2004 年，格力电器与国美对抗事件爆发后，许多业内专家几乎同时指出，如果格力脱离国美这样的全国家电连锁经销商，就必将走上销售的绝路。可事实却恰恰相反。两年之后，与国美分道扬镳的格力，不仅在销售上没有得到抑制，反而在市场上更加强势。2006 年，很多空调品牌都在市场上出现了踌躇不前的局面，唯独格力逆势而发，不但继续保持了销售量大幅增长的态势，而且还拉长了与其他一线品牌的距离。这一年，格力电器的销售收入首次突破 200 亿元大关，同比增长了三成，净利润 6.28 亿元，同比增长了 23.88%。

格力用事实证明：得罪了国美，自己不但没有自绝前程，反而活得比以前更好了。这样的结果，着实让同行其他企业和众多媒体感到疑惑不解。于是，他们再次把焦点聚集到格力身上，以期找到格力成功的因素。研究的结果是：格力之所以能够取得今天这样的成绩，完全归功于格力模式具备了其他模式不可比拟的优势。

这里所说的格力模式，指的就是格力的营销模式。这一模式曾经被称为“20 世纪全新营销模式”。该模式一诞生，就在业内引起了强烈的震动，让业内企业刮目相看。格力模式的创造者，就是不断以出奇制胜而闻名的董明珠。

董明珠经过认真总结，将格力的营销模式划分为五个发展阶段，就是：1994 年以前的推销阶段；1995 年到 1996 年的大客户阶段；1996 年到 1998 年的规范市场阶段；1998 年到 2000 年的联合代理阶段；2000 年以来的专业代理阶段。自 1992 年以来，格力的营销模式经过不断演化，最终形成了比较稳固的营销机制并延续下来，一直到今天。

这一模式的诞生，首先归功于空调大战的爆发。1996 年，家用空调业爆发了第一次全国性的价格大战，时任格力电器经营部部长的董明珠没睡过一个安稳觉。市场严重的无序竞争和罕见的凉夏现象，使空调价格大战打得昏天暗地、处处硝烟弥漫。针对格力不降价的策略，甚至有的格力经销商放出话来："除非按我说的马上降价，否则格力今年死定了！"

与此同时，由于家用空调刚刚从买方市场转入卖方市场，市场机制缺失，空调市场出现了群雄四起、诸侯割据的态势，无情的价格大战让各方互不相让，往往都是刺刀见红。以格力的湖北市场为例，格力原来在湖北有 4 个销售大户，被称为"战国四雄"。结果，为了抢地盘，这 4 户经销商竟然在价格大战中自相残杀，同根相煎，不仅"四败俱伤"，还严重扰乱了格力的价格体系。

价格大战的结果，最终导致了大多数经销商和厂家的血本无归。在这场惨烈的价格大战中，格力虽然依靠人情杀出重围，但也直接导致了格力的经销商无利可图。于是，1996 年底，格力忍痛采取"大输血"策略，拿出一亿元的巨额资金，对遭受重大损失的经销商进行补贴。

痛定思痛之后，董明珠意识到，因无序的市场竞争而导致的价格大战，不仅损害了空调品牌的声誉，也使经销商无力承担对消费者的售后服务，最终将导致消费者的根本利益受到侵害，整个空调行业也会一同倒闭。经过深思熟虑，董明珠下定决心，紧锣密鼓地开始了全新销售模式的探索。

1997年底，董明珠大胆运作，在湖北开始筹建以资产为纽带、以格力空调为旗帜、以互利双赢为宗旨的经济联合体。1997年12月20日，“湖北格力空调销售公司”正式揭牌诞生。这是格力独创的中国第一家由厂家和商家联合组建的区域性品牌销售公司。这种以股份制形式组成的销售公司，其运转模式是：统一渠道、统一销售、统一市场、统一服务。这种模式，开辟了独具一格的专业化销售渠道，形成了统一价格对外批货、联手共同开拓市场、风险共担、利益共享的营销新格局。

格力电器成立的区域销售公司，最大限度地网罗了该省市营业面积最大、资金实力最雄厚的批发商，形成了强大的规模优势。经过不断地磨合与发展，格力电器的销售很快取得了较大的增长。1998年，格力空调的销售额上了一个大台阶，其增长幅度达40%。同时，二级经销商也赚了不少钱，市场也逐步规范和完善。

董明珠的意图很清楚，就是与其因价格战让厂家、商家、消费者三方受到冲击，不如选择一种办法把三者的利益维系在一起。大家以入股的形式，共同组建一个由格力控股，各商家联合入股的销售公司，这样各自的利益就变成了大家的共同利益，可以更好地实现价格自律和服务自律。

格力的区域销售公司最大的特点就是受企业控制，相当于格力下属的销售部门，使厂家和商家之间无须玩弄各种营销花招。格力不仅稳定了产品价格，维护了品牌形象，同时也稳定地提高了产品的市场份额。在实际运作当中，董明珠着力构建一种强势的制约机制，保证握有对经销商控制的主动权，防止出现经销商倒戈现象。一旦发现销售公司经理跟不上格力的发展步伐，或者经营中出现问题，格力就可以把公司经理换掉。对一些销售公司，格力虽然没有控股权，但仍然握有更换公司经理的权力。董明珠说，更换公司经理的目的是为了确保销售公司健康、高效运作，公司的股东们一定会支持格力做出更换决策。

对于这种模式，四川销售公司总经理喻筠曾评价说："格力的营销模式，不仅在化敌为友、统一开拓区域市场、确保厂商利润等方面发挥了极大作用，而且完全实现了本地化经营，对规范市场、提升销量，都产生了巨大的推进作用。"

从格力电器的销售业绩中不难看出，董明珠在空调营销上有着丰富的经验和超前的营销思路。1994 年以来，格力电器先后推出了"淡季返利"和"年终返利"政策，通过实施灵活高效的营销策略，很好地应对了空调市场的发展变化，与经销商建立了厂商一体、共同发展的战略伙伴关系，从而奠定了格力电器在空调行业内的领导地位。

董明珠创立的区域性销售公司的经营模式，经过多年的运作，足以证明是应对无序的价格战和日益加剧的行业竞争局面的最好营销方式。这一独创性的营销方式，成为格力空调傲视空调市场的重要因素。

格力的营销战略与董明珠的个人见地是紧紧联系在一起的。她在与经销商打交道的过程中，已经很好地悟出了"水能载舟，亦能覆舟"的道理，并能很好地驾驭和凝聚经销商这股强大的力量来为格力所用。

处理好与经销商的关系，一直是格力营销模式的重心。格力之所以对经销商形成了很强的凝聚力，源于格力是主动代表经销商的利益，而非被动地维护经销商的利益。董明珠说："对经销商，不论大小，我们都一视同仁，真诚以待，政策一致，平等合作，互利互惠。同时，格力电器在处理与经销商的关系上，注重讲诚信，绝不欺骗经销商，对经销商说一不二，承诺必践诺，不承诺也时常给经销商以惊喜。"

格力电器较好地维护了经销商的利益，反过来经销商也会忠心耿耿地为格力宣传产品，推广产品，销售产品，进而形成了一个厂商联动的良性循环。

董明珠反对把"格力模式"简单地称为"渠道模式"。实际上，格力模式已经超越了普通的营销渠道模式，而是一种连锁式的营销模式。它不是简单的管理概念，而是一个经营概念。

董明珠说："处在变幻莫测的商业社会中，不可能有一劳永逸的经营模式。对于格力而言，如果说有永远不变的东西，那就是产品质量的永远保鲜。当大家认为格力的成功是源于它的渠道优势时，千万别忽略了格力空调在质量上的竞争优势。渠道为王的时代会慢慢地成为过去，产品供过于求的时代已经来临。忽略产品质量，幻想在市场上赚一把就走的企业，不可能走得更远。"

格力的成功，完全是因为它始终能做到与时俱进，善于总结自己，善于坚持自己，善于对消费者负责，善于对经销商负责，善于对企业自身的声誉负责。

董明珠谦虚地表示：格力营销模式是格力电器团队的共同创造，是格力电器团队集体智慧的凝结。格力电器发展到今天，是格力所有人共同努力的结果，是集体的力量让它成为了世界名牌。格力的模式，就是要不断改变、推翻和超越自己，而诚信与责任，将作为恒定模式永葆青春。

## 5 众人划桨合作共事

### 培养人才，强化团队忠诚度

董明珠认为，影响一个企业发展的因素很多，但最重要的是技术、管理和人才的培养。她指出，技术和管理方面的要件，格力都已经具备了，而目前最应该抓紧的，就是人才的培养。人才的培养是一项系统工程，不是一两天就能见效的，需要持之以恒。董明珠打趣地说："格力培养了我，朱江洪培养了我，我正在像朱江洪一样培养着更多的人。"打造一个百年企业，不是一两位企业领袖就能完成的，而需要一代代、一批批德才兼备的人才一直努力。

2008 年，董明珠在福州的一次媒体见面会上，颇有感触地谈到了在企业的一次招聘工作中所遇到的事情。她说，当时有两个大学生前来应聘格力的岗位，其中一个大学生所询问的问题是：企业能给我什么待遇？而另一位大学生所询问的问题是：到格力后，我能干什么？我能为格力电器做什么？看得出，这两个人的价值观是完全不同的。这两个人如果同时被格力聘用，虽然所获得待遇有可能是相同的，但将来两个人的发展前途一定是不一样的。董明珠当然更欣赏后者，她觉得求职者应该展示一种责任担当，展示一种奉献精神，这样才会被企业和社会所接纳、所认可。

在格力电器的人事网页上，写着这样的格力人才观：企业的竞争，最终就是人才的竞争；你有多大的能力，给你多大的舞台；不断培养、挖掘人才，给人才不断创造发展空间、提升员工价值，是每个管理者的基本工作之一；挑战压力，经营自我，承担责任；我们不但把格力当作一项事业，更把它当作一所学校；要求我们必须把个人追求融入到企业的发展之中。

这样的人才观，每一条都足以让人感到振奋、受到鼓舞。格力在对人才提出高要求的基础上，更强调了企业对于人才的培养。从董明珠合作共赢的理念来说，格力的人才观，也有着企业与人才共赢、共同发展进步的内容。在对员工的具体要求上，董明珠也重点强调了以德为先的人才观。因此，在每年格力所举行的应届大学毕业生招聘当中，都要按照先德后能的理念精挑细选。

在格力的人才考核机制中，其要件就是要忠诚、有职业道德和有关爱别人的思想。抱着这样的思路，在格力电器培养的中层干部中，年轻人占了一大部分，职位最高的总经理助理才31岁。

说到这位31岁的总经理助理，以前也只是公司里从事跑护照工作的一名普通员工。在几年前的一次自荐寻求新岗位的公司内部招聘活动中，董明珠觉得此人具有严谨、负责任的工作态度，总是勤勤恳恳去做好本职工作，没有任何怨言，领导交代办理护照的事，他夜里宁肯不睡觉，也要琢磨出很好的办法去办理护照。因此，董明珠有意破格提拔这个年轻人。

经过面试和一番交谈后，董明珠更是坚定了培养他的信心。在公司高层研究决议的时候，有人提议让这个小伙子到人力资源部去锻炼，可董明珠否定了这个提议。她提议并决定，让这个小伙子下到车间去，去当某一个分厂的厂长。她解释说："如果他是一个人才，一定要让他下车间去锻炼。"有人提出了异议，说这个小伙子毕竟不懂技术，而公司所有分厂厂长的职位都对技术要求很高，把一个只有24岁的年轻人放到车间去当厂长，要承担很大的风险。

最后，董明珠力排众议，安排小伙子到控制器厂做厂长。小伙子到控制器厂后，主动自加压力，积极努力研究技术，同时，发挥自身的亲和性，凝聚和领导几百名员工统一行动，统一步伐，开展生产。每天晚上七点钟晚饭吃过以后，他还会从员工集体宿舍跑到办公室去加班学习，看技术类书籍，琢磨工厂的产品。除了自己学习外，还经常找员工谈心，跟员工聊天，了解员工的所思所想，在沟通过程中，指导员工如何开展工作。

这个小伙子到控制器厂一年的时间里，在分厂的结构调整上、生产工艺上以及人文塑造上，都做出了很多富有成效的努力。他的努力董明珠看在眼里，喜在心头。一年后，董明珠又将他调到了另一个基层部门锻炼了一年，之后董明珠才把他调到了采购部担任部长。采购部虽然大权在握，但也时时刻刻处在风口浪尖上。小伙子到了采购部后，更加刻苦努力，一年下来，采购部为格力降低了至少两亿元以上的成本。经过三年的基层锻炼，董明珠觉得对小伙子培养得比较成功的时候，就毅然决然地把小伙子提到了总经理助理这个岗位上。

实际上，在格力，像这位总经理助理一样的年轻人还有很多，他们在不同的岗位上，都得到了培养和锻炼。格力的企业文化在于使员工在每个岗位上都能感觉到很成功。在中央电视台“挑战自我”的擂台上，就看见过格力员工的身影。叉车工曹祥云用叉车开啤酒瓶，用叉车穿针引线，最后获得了冠军。应该说，这样的冠军是非常有成色的。但是，这位载誉归来的冠军，回到格力参加专业比赛，也仅仅获得了第六名。

格力电器因为工作需要，每年都要招聘大量农民工。招聘农民工时，格力首先要对应聘人员进行几项培训：业务培训、技术培训、知识培训和体能培训。也就是说，所有进场的员工，上岗之前都要经过严格的上课、读书的再学习过程。

此外，格力电器每季度或者半年，都要对员工进行一次军训，增强企业军事化管理的强度。军训的时候，包括公司基层的科室人员都必须参加。军训活动中，通过跑步、走路、立正、稍息这样的军事化训练，营造一种浓厚集体行动氛围。

提到对入厂大学生的培训，董明珠更是颇有心得，她说：“通过企业经营和管理的实践，我觉得应该把培养大学生关爱别人的意识当成要件。有的人或许说某个大学生不行，而到我们格力电器来，我却认为很多大学生都很不错。这里，关键的因素是你能不能去发现他。这个时候，要从一个人品德的角度来发现一个人，进而给他一定的机会。”

董明珠认为，培养人才，对企业的可持续发展是极其重要的。培养好人才，不仅是对企业负责、对员工负责，更是对社会负责，对未来负责。

对格力电器而言，每年都会有大约10%的新进员工进入公司。对此，董明珠曾说：“哪怕这个员工是农村来的，我们也要培养。以后哪怕他离开格力，他也毕竟是一个有用的人。这些，就是我们格力所要追求的。培训农民工，我们不仅仅是为格力电器服务，而是为了承担更多的社会责任，让农民工有更多就业挣钱的机会，这才是最有意义的，也是对中国、对社会有贡献的。”

在董明珠经常提及的话题里，格力接班人的培养一次次地出现其中。在董明珠的眼里，要成为格力电器的接班人，必须具备两个基础条件：责任感和奉献精神。她说：“我希望年轻人都要培养一种对整个社会、对别人的责任感，而不是对自己的责任感。未来的30年，格力只有具备了更多这种责任感的人，才会得到更快速的发展。”

要想成为董明珠看得上的接班人，并不是一件容易的事。毫不夸张地说，董明珠个人的思想境界太高了，她时刻都在用自己的标准来要求别人。一个人最容易被控制的是行为，最不容易被控制的是思想。董明珠有如此高的思想境界，一部分可能源于她的成长环境，而另一部分则很可能是源于她的天性。这两个原因，显然都不是通过硬性规定就能达到的。

董明珠觉得，要辨别和培养出一个人才或者很多的人才，都很不容易。特别是当一个人拥有权力的时候，也正是最考验他的时候。平时看一个员工可能各方面都是最好的，但当他拥有权力的时候，能否做得好就很难说。我们无法断定董明珠是否是从自身经验的角度来提出这些观点。但有一点可以肯定，她的这些看法无疑是正确的。

格力在人才的培养上有独特的模式。与其他企业重用“空降兵”不同的是，格力电器注重培养自己的干部梯队，并创造了一种任人唯贤的选拔、培养与激励机制。在格力，不仅为普通员工提供了大量的晋升机会，也为他们创造了良好的成才环境。

作为女性，董明珠在管理中对女性的要求反而更加严格。正是因为她的这种严格要求，凡是在她手下工作的女性，都能够脱颖而出，有的还做得非常成功。董明珠曾经非常骄傲地宣称，她培养的一位女性经营部长，在格力一直干了十几年，从计划员成为部长，靠的完全是她的勤奋和智慧。

按照董明珠的标准，如果一个员工不忠诚于企业，即使他再有能力，也不能用他，这样的人用得越多，对企业的伤害就会越大。

有人问董明珠：“你培养了这么多的人才，万一以后他们离开了格力，到了其他企业，甚至到竞争对手那里成为骨干，你不后悔吗?”对此，董明珠认为，这些离开格力的人，如果能够把格力优秀的工作作风带到其他企业，总体来说是一件好事。毕竟，空调行业的健康发展，只靠格力一家企业的努力是不够的，还需要更多的企业规范发展才行。

在格力电器的人才观里，招聘人才和培养人才只是企业发展的一个组成部分，重视引进人才的后勤保障工作，为人才解忧，保证人才的利益，维护社会和谐，向来都是格力电器的分内之事。在格力电器，除了提供高于同行业平均水平的工资、优厚的福利待遇以及国家规定的房补、养老、失业、生育、医疗保险等基本权益之外，格力电器还坚持关爱员工的生活与工作的方方面面。

董明珠用实际行动很好地诠释了格力人“以德为本、和谐温暖”这种人才观的真谛。

## 创造客户，物美才是硬道理

董明珠认为，一个企业能不能长久地发展下去，关键在于企业的品牌能不能得到越来越多的消费者的认可。她带领格力人通过不断摸索和积累，打造了独一无二的格力营销战略，并把这种模式做到了令竞争对手无法效仿的地步。

在产品生产的过程中，格力电器始终坚持确保优良的产品品质，并甘愿承担较高的生产成本和较长的新产品研发及试验周期。董明珠说：“好产品是会说话的。”正因为如此，格力空调的品质才会在广大消费者之间口口相传，格力为此节省了大量的广告费用。空调作为一种耐用的消费品，直接决定了消费者在购买空调产品时，会对其性价比进行慎重的考虑。格力坚持质量优先原则，使得格力空调具有了本质的差异化，因而显得别具一格。

企业要发展，就必须不断地创造客户，扩大产品销售。所谓创造客户，就是不断地培养和创造产品需求，引导空调企业快速发展。格力始终有效地开发利用了各种资源，尽最大努力向客户提供优质的产品和服务，尽最大努力满足客户的各种要求，进而不断充实和完善格力电器的经营模式。不断创造客户，使格力获取了满意的利润，也切实实现产品营销规模报酬的递增，促进格力电器的健康快速发展。

怎样才能更好地实现创造顾客这一目标呢？董明珠说："唯一可行的良策，就是为消费者提供与众不同的技术产品以及更好的服务，只有这样，我们的企业才能与消费者建立并保持一种良性的亲戚关系，消费者才会愿意、也乐意为格力的产品付钱消费。"

这里，必须弄明白一个道理，就是企业的生产和经营不应该单单就是为了赚钱，而是应该把盈利和担当社会责任有机地融为一体。只有做到勇于担当，敢于担当，善于担当，企业的行为才能得到社会各界和消费者的广泛认可和高度认同。董明珠强调说："20 多年来，消费者为什么都愿意买格力空调呢？原因恐怕只有一个，就是格力讲诚信、重信誉。格力从来没故意糊弄消费者，也从来没以次充好搞投机。多少年来，格力一直可以问心无愧地说，格力的市场是用高质量的产品赢得的，绝不是搞投机来赢得的。"

在一个完整的营销体系中，产品的质量始终是居第一位的。没有好的产品，销售和服务一切都无从谈起。和同类空调相比，格力空调差不多是价钱最贵的。可是在市场上，格力空调始终是卖得最好的。毋庸置疑，消费者的普遍心理是喜欢物美价廉。可是，当价廉却始终买不到物美的空调时，越来越理性的消费者就会宁愿多花点钱，也要买质量好一点的空调。最终，格力空调还是以质量取胜，赢得了消费者的青睐。

格力空调能够做到全球销量第一，靠的绝不是打价格战，而是以物美取胜。可以说，物美才是格力空调实施竞争战略的撒手锏。格力讲诚信的文化理念，决定了格力电器不会在空调质量上弄虚作假，也决定了格力电器不会在长远发展战略上去打价格战。打价格战，是企业没有自信心的具体表现，只会让企业自乱阵脚。

对格力而言，把产品卖出去并不是最终目标。产品卖出去了，消费者满意了，产品得到越来越多消费者的信赖，切实达到了增加顾客的目的，这才是格力的目标所在。

当一个企业在生产和经营之中，所面对的市场出现了供大于求的状况时，“把产品卖出去就是硬道理”的思维方式往往占据着企业经营管理的主流地位。因此，很多企业在参与市场竞争时，不是用消费者喜不喜欢来作为抢占市场的主要考量因素，而是把怎样将消费者的钱骗到手来作为企业生产和经营发展的考量因素。这样做的结果是，很多企业昙花一现般地倒下了。

当空调市场出现供大于求的状况后，众多商家就会采取各种手段来进一步抢夺市场，其中最为惨烈的方式就是打价格战。打价格战，表面看似乎是消费者捡了大便宜，而实际上却是消费者吃了大亏。打价格战的行为在很多时候是带有欺骗性的行为。产品的价格虽然降下来了，可质量却没了保证。价格低，生产企业就要在降低成本上做足文章，甚至不惜偷工减料，生产出的产品自然会先天质量不佳。到销售环节，消费者虽然少花了钱，而最终的结果却往往是买回去一肚子气。有时更不可思议的是，买回去的空调没用多久就被宣判了“死刑”，成为废物。

打价格战不见起色的时候，各个厂家又要换上新套路，推出了五花八门的售后服务措施，用攻心的策略去争取消费者。虽然消费者一下子被尊为上帝，可产品的质量问题却没有根本性的改变。产品坏了修，修了又坏，既劳民伤财，又让消费者恼怒至极。如此恶性循环，渐渐让消费者彻底失望。这种办法，非但没有创造顾客，反而更彻底地丧失了顾客。

以上所述，无不让董明珠深恶痛绝。

在董明珠眼里，让产品永远实现不营销才是更重要的。在销售至上的家电行业，董明珠一直高举着先打款后付货的大旗，以强硬派的姿态，创造了用400万元的销售成本换取了100亿元销售额的辉煌业绩，销售成本仅占销售额的0.04%，这绝对是一个奇迹。

对格力电器所取得的销售业绩和格力电器对大型连锁店仅存较小依赖性的现象，董明珠有着自己独到的看法。她说："如果谈到销售，大家都认为营销是企业发展的要素，甚至很多人都把营销看成是企业至高无上的法宝。实际上，这是人们认识的一个误区。格力电器的发展历程可以验证，产品永远比营销更重要。没有优质的产品做后盾，营销只能是一句空话。"

到2013年，格力电器连续18年在中国的空调行业保持销售第一的地位不动摇。这样的业绩，除了依靠格力自身强大的营销渠道外，更主要的是依靠格力过硬的产品质量。从市场反应的角度来看，格力已经取得了依靠产品质量赢得人心的良好效果。在网络时代，很多人在选购空调的时候，都会在网络上预先了解一下空调品牌的优劣。在网络上被人们推荐较多的空调品牌当中，格力以其一贯的可靠质量而排名第一。通过网络，格力又创造了大批顾客。

实践证明，真正可靠的营销不是靠价格，而是靠过硬的质量。格力在营销过程中曾经发生过这样的事情：1998年，一家单位要买500台空调，希望董明珠能在价格上给一点优惠。为了能带动更多的集体消费，董明珠答应了对方的要求，这让该单位很是满意。可第二年这家单位又来买空调时，再次向董明珠提出了进一步降价的要求，理由是另一家品牌的空调价格比格力低500元。这一次，董明珠回绝了这家单位的要求。结果，这家单位购买了另一家品牌的空调产品。可到了第三个年头，这家单位竟然又找到董明珠，要求购买格力空调，但对方在价格上却没再提出任何的优惠要求。该单位的人一致说，格力空调的质量真的好！这件事足以说明，用户并不是只盯着价格看，当他们对产品的质量有了切实的了解和比较后，就会对产品进行更加理性的选择。

格力空调能够一直热销，主要原因还是因为格力满足了消费者的真正需求。董明珠在担任推销员的时候，最喜欢看一些介绍国外的有独创性的营销方面的故事。她在接受媒体采访时说，最不能让她忘怀的就是“两个卖鞋人的故事”。

卢布尔鞋业制造公司和韦尔斯诺制造公司是两个制鞋企业，两家公司各自派出了一名业务员去开拓市场，一个叫约翰·杰克逊，另一个叫詹姆斯·埃尔森。在同一天，他们两个人来到了南太平洋的一个岛国。到达的当日，他们就发现，这个岛国从国王到平民，从僧侣到贵妇，都不穿鞋。就在当晚，那个叫约翰·杰克逊的业务员马上给自己公司的总部发了一份电报：这个岛国上的人从来都不穿鞋，还有谁会买鞋吗？我不会在这儿浪费时间，明天我就回去。几乎在同一时间，那个叫詹姆斯·埃尔森的业务员也给自己公司的总部发了一份电报：太好了！这里的人都不穿鞋。我们可以从头开始，来开辟主宰这里的鞋类市场。我建议把公司所有的存货都运到这里来。另外，我决定把自己的家也搬来，并在这个岛上长期扎根下去。

两年后，这个岛上的人果然都穿上了鞋。

董明珠极其欣赏那个叫詹姆斯·埃尔森的业务员。她认为詹姆斯·埃尔森才是真正有远见的人，有着独特的超前眼光。这个故事告诉我们，先创造出表面上尚无明显需求的产品，再开发对它的需求，就是最好的营销方式。尽管这是一种潜在的需求，但也是顾客真正的需求。

格力在最初的时候，也并不注重对产品质量的严格控制。直到 1993 年，格力空调和其他国内空调一样，存在着噪声和返修率高等问题。对此，企业内部曾有两种不同的看法：一种意见认为，质量改进是一个缓慢的过程，格力需要的是先占领市场，在规模上、价格上向对手发起冲击。这实际上采取的是先易后难的方式。而另一种意见认为，质量是企业的生命，必须坚决抓好企业的质量改革。持后一种意见的群体，就是以朱江洪为代表的质量改革派。

善于从全局视角考虑问题的董明珠，总是坚持：没有过硬的产品质量，销售能力再强，也是巧妇难为无米之炊。倒下去的企业，原因很多很多，但由于产品质量不过关而最终失去消费者却是最根本的原因。而格力善于把握和满足顾客的真正需求，从而赢得了越来越多的消费者。

## 细节入手，售前售中抓服务

在产品的营销实践中，董明珠早就意识到，企业之间的竞争就是销售服务质量的竞争，谁能做到在销售服务中让顾客百分百地满意，谁就掌握了竞争的主动权。在销售服务中，有明确的承诺和具体的目标确保顾客百分百满意的企业，才会拥有健康发展的生命力。为此，格力电器审时度势，适时确立了让顾客百分百满意的核心理念，并将格力的宣传主题确定为：创造百分百满意的顾客，是格力人永续的追求。

为了倡导空调行业创造“百分百满意顾客”竞争的新理念，格力北京分公司在北京市范围内开展了“寻找十年以上格力老用户”活动，征集和评选“格力空调品质见证大使”，并成立了“格力用户十年俱乐部”。在此基础上，组织所有被推选为“格力空调品质见证大使”的消费者到珠海格力总部，参观格力空调的生产基地，让他们切身走进格力、亲近格力，更深层次地了解格力。

2012 年 4 月，格力在河北省范围内开展了“继续寻找 15 年老用户”活动，凡是 1997 年 7 月 31 日之前购买的格力空调、至今空调仍在正常使用的老用户，均可凭有效证件报名参加活动。活动开始后不到 5 天的时间，报名人数就接近了 100 人。

2010 年和 2011 年，格力连续两年在湖北省开展“寻找格力空调 15 年前的老用户”活动，并且免费为这些老用户调换了新技术的变频空调。而此前，格力并没有承诺过为老用户调换空调，没承诺的事却连年在做。格力逐渐、逐批地为老用户调换新品、新技术的空调，以此来实实在在回报支持格力的老用户。

河北省石家庄市享受到换机待遇的侯先生说：“家里的格力空调是家父买的，它已陪我们度过了十几个炎炎夏日。虽然父亲已过世，但空调始终正常运转，就像老朋友一样陪伴着我们，我们都不舍得把它换掉。格力这次换机从来没有跟我们承诺过，没想到这次真的给换了。”沧州市的张女士说：“我的格力空调是

1988年购买的，这期间我搬家两次，空调拆了又安，还是照样制冷制热，一次都没有维修过。要不是格力开展活动给我更换新的，我还真舍不得换掉呢！”

董明珠说：“格力走过了二十多年的风风雨雨，离不开广大用户始终如一的忠诚爱戴与拥护。格力一直开展寻找老用户活动，主要目的就是回馈老用户，感谢他们一直以来对格力空调的不离不弃，同时，也是为了展示品质的信心，让更多的用户信赖格力空调。”

当今时代，某一种产品要想获得消费者的青睐，只单单地靠产品质量过硬显然是远远不够的，售后服务已经越来越成为彰显企业竞争优势的重要一环。空调行业本来就是一个对销售服务要求比较高的行业，它不像彩电、冰箱，买回去随意放在一个地方就可以了。空调在销售服务中需要一个安装的程序。如果安装做得不到位，就会对用户的居住环境造成破坏，严重的话空调的使用质量也会受到影响。因此，空调行业素有“三分质量七分安装”的说法。

虽然空调本身的特性决定了空调销售服务的重要性，但空调行业的销售服务质量却不容乐观。应该说，与其他行业相比，空调行业的利润还是比较丰厚的，这就导致了投资空调行业的资金比较充足，一些并不具备相关技术实力的公司也加入到这个行业中来，以求分得一杯羹。这些公司大多是为了赚钱来做空调的。赚钱的唯一目的性，使这些企业完全忽略了保护消费者的利益。只要产品能够卖出去，这些企业的目的就算达到了，他们根本不关心消费者买到的是不是合格的产品。有时，这些企业也会采取一些手段来渲染一下自己的服务如何如何好，但实际上却言无其实。他们加入空调行业的出发点，就是抱着赚一把就走的态度，对公司的发展前途根本没有长远的战略预想，于是，售后服务言无其实就自然是情理之中的事情。

空调行业不正常的价格大战，也恰恰是由这些厂家引发的。他们往往会给价格大战冠以“让利消费者”的美名，而实际上，天下根本就不会有免费的午餐。对于厂家来说，每一件空调产品都有固定的成本，如果价格过低，就要亏本经营。这样，以赚钱为目的来做空调的厂家就会走偷工减料的路子。空调质量不达标不说，售后安装则请毫无安装经验的临时工负责，从而达到再次降低成本的目的。要知道，一台空调由受过正规培训的员工来安装，费用大约要一二百元，而请临时工安装，只需几十元就可以了。这种做法的结果，就是消费者利益受到损害。

曾几何时，中国的空调行业出现了一些怪现象：一位消费者买回一台空调，会隔三岔五地接到生产厂家的回访电话，询问空调用得怎么样、有没有出现什么问题、是否需要什么服务等。有时，甚至在消费者吃饭或者休息的时候，也会接到这种“热情”的电话。其实，这完全是一些厂家在作秀，纯粹是为了服务而服务的行为，而不是真心地为顾客服务。他们只是想让消费者知道，他们有着完善的售后服务。这些厂家就是希望通过这种方式，来提高自己的知名度。对这种现象，董明珠一针见血地指出了其中的瑕疵所在：一是企业本身对自己的产品没有信心，总觉得自己的产品会出现问题；二是把售后服务作为吸引消费者购买产品的理由，而不是作为必须履行的一个义务和责任。

不可否认，格力做空调，也是为了赚钱。但是，格力的出发点和落脚点是为了做好空调来赚钱，而不是为了赚钱才做空调。

格力一直都非常重视售后服务，并致力于创造一个真正的服务品牌、一个真正的服务名牌。

格力空调一直有着很独特的服务观，就是把服务强化在售前和售中，而不是售后。也就是说，要尽量在用户使用空调之前，把可能会出现的各种问题解决掉。用董明珠的话说：格力空调要抓好两手，一手要确保空调的质量过关，另一手就是要确保空调的安装标准。

从 1998 年 4 月开始，在新出厂的格力空调装箱单中，增添了一张“《中国质量万里行》杂志专项质量投诉卡”，这就意味着一旦消费者对格力空调有不满意之处，就可以随时向《中国质量万里行》杂志投诉。这是一个很惊人的举动，也是一个充满自信心的举动。当时，还没有哪一家企业敢让一个专门报道质量问题的杂志来对自己的产品进行监督。

1999 年 10 月，格力开展了一场声势浩大的“800 万用户大回访”活动，向业界展示了一种全新务实的服务手法。活动历时两个多月，动用人力近万，在全国十几个大中城市，为消费者无偿保养空调数百万台。“嫁出的女儿不是泼出去的水”，格力像走亲戚一样去看自己卖出去的空调。格力的服务理念在消费者那里得到了热情的回应。这次活动，无论是对社会还是对企业，都产生了积极影响。

格力不但提出了“空调产品的服务要强化在售前和售中”“不拿消费者当试验品”和“强化质量意识，超越售后服务”等口号，还从强化每一个细节入手，切实把好原材料的进场关、产品的生产关、产品的运输关和产品的安装关，努力实现从生产到销售整个链条的零缺陷和零失误。

其实，“零缺陷”的概念是全球质量管理大师克劳士比在20世纪60年代初提出来的。零缺陷就是主张企业切实发挥人的主观能动性，来做好企业的经营管理，生产者、工作者要努力使自己的产品和业务都没有缺点，都要达到一个很高的标准。零缺陷要求生产者和工作者从一开始，就本着严肃认真的态度，把工作做得准确无误，在生产中，要按照从产品质量、成本消耗和交货期等方面的实际要求来统筹做好安排，而不是依靠事后的检验来纠正。零缺陷强调的是预防系统控制和过程控制，强调的是第一次就把事情做对，并完全符合企业对顾客所做出的承诺标准。

一直以来，格力电器都秉承“格力注重售前售中服务”和“您的每一件小事，都是格力的大事”等服务理念，通过售前严格控制产品质量、售中切实保证安装质量以及先后推出“快速反应部队”“专家服务”“免费大回访”“安装巡视制”“六年免费包修”等一连串创新的服务举措，使格力在广大消费者中赢得了“买空调，选格力”的良好声誉和口碑，格力空调因此得到了广大消费者的信任和青睐，并因此连续十几年保持了空调销量的行业第一。到了2005年，格力的年度销售量突破1000万台，一跃超过了LG，成为家用空调销量的世界第一，并赢得了“2006年度用户放心空调品牌”的殊荣。

董明珠说过，令人感动的服务，绝不仅仅是微笑和态度所能涵盖的，它融合在每一项工作的细节里。如果给令人感动的服务制定一个衡量标准的话，那就应该是：看你是否在与顾客交往的每一个细微环节上，都能细心周到地为顾客的方便和顾客的利益着想。在技术高度发达而产品性能日益趋同的时代，一个企业要想很好地生存和发展，就必须乐于把方便奉献给顾客，把利益奉献给顾客，把有效的、有价值的服务奉献给顾客，这样才能塑造出企业独特的形象魅力，从而赢得顾客的信赖。

多少年来，在众多的空调品牌都接二连三地倒在了残酷的市场竞争中时，格力却不断发展壮大，最终成为了空调行业的龙头企业，成为“世界冠军”、世界名牌。并不是格力将众多对手打倒了，而是众多企业将自己打倒了。格力不断为顾客提供优质的产品和服务，从而吸引、保留和创造了顾客，同顾客建立了良好的信誉关系，为企业的发展奠定了坚实的顾客基础。目前，中国空调企业的服务保障能力参差不齐，而作为国内空调行业的龙头老大，格力的服务水准已经在行业内起到了非常规范的引领作用。

## 恪守规则，永不亏待经销商

中国空调行业的业内人士没人不知道，董明珠是一个创造了中国营销神话的“营销女皇”。提起她，竞争对手们曾经评价说：“董明珠走过的路，都长不出草来。”可见这位铁娘子的厉害之处。在格力内部，员工们是这样评价自己的女上司的：“说话铿锵有力，做事雷厉风行，即便不化妆，她也比实际年龄看起来年轻许多。”媒体人则评价说：“这个女子，虽然36岁前的人生平淡无奇，但36岁后的她，却用自己的坚韧和执着走出了一条别人无法复制的路。”

董明珠完全称得上是中国空调营销的一颗耀眼明珠，创造了无数营销传奇。她曾经带领23名业务员迎战一支近千人的营销队伍，为格力夺得了全国销量第一，而且没有一分钱的应收款。

对于“董明珠走过的路，都长不出草来”的说法，董明珠是不同意的。她说：“希望我走过的路是丰收的路，是为大家带来收获的路。跟着我一起走路的人，是绝对不能颗粒无收的，但是，也不可能获得不正常的收入。”经常有人说，不了解董明珠的时候，都觉得她很厉害，但接触多了，才知道她很有人情味，也很理解人、宽容人。经销谈判的时候，对手很难从她这里获得不正常的利益，可一旦携手合作，就让人觉得像背靠大树好乘凉一样心里踏实，通过合作来获取正常的利益。

面对产品的营销，董明珠认为，只有让经销商赚钱，格力电器才会有发展，才能长治久安。这是一种非常朴实而又非常实用的经营观。她说：“要让众多的经销商乐于经销你的产品，你就必须保证他们能赚到钱。商家所追求的就是赚钱，不赚钱的事哪个商家都不会去做。格力有责任、也有义务让格力的经销商们都有一个合理的利润空间。”

在营销合作的过程中，往往有的厂家只考虑自己赚钱，而且赚得越多越好，却忽视了经销商的利益。而格力却完全不同。董明珠所希望的恰恰是经销商能比格力赚得多。她觉得，只有这样，才能吸引和团结更多的人共同来做发展格力这件事，才能收到众人划桨开大船的效果。

1997 年，因受空调价格大战的严重影响，格力的经销商们都遭受了不同程度的损失。董明珠敏锐地发觉了市场竞争的本质所在，她果断决定，从当年公司的利润中拿出 2.5 亿元巨资返还经销商。这一招，让所有的经销商为之感动。从此，中国空调开启了属于格力的王朝时代。格力讲信用已经是业内的普遍共识。只要是格力承诺的事情，都是说话算数、说到做到，没有不兑现的。

一直以来，格力都秉承着公平、公正、合作和双赢的商业准则。董明珠是一个原则性非常强的人，只要她认为自己的想法是正确的，就会坚持到底，绝不含糊。她最痛恨的就是营销领域的那些潜规则。她的眼睛里揉不进一丁点儿的沙子。潜规则就是潜规则，绝不能代替正常的规则。所以，挑战潜规则，让本真的商业规则发挥真正的作用，是董明珠一直的坚守。她觉得，无论是格力还是她本人，都应该在这方面有所担当，引领行业行为更加规范。

1994 年秋，格力因为“集体辞职”事件跑了一批业务员，不仅带走了大批经销商，还给格力造成了舆论上的负面影响，差点儿断送了格力的前程。临危受命的董明珠不但带领手下挺过了难关，还使公司的业绩很快就翻了一番。董明珠感到，公司最应该做好的就是维护好大多数经销商的利益，而对于那些有潜规则行为的人，必须毫不手软地清理出经销队伍。

1996 年，号称“格力第一大经销商”的安某利用低价倾销的办法，来实现较高的销售数量，然后掉过头来直飞格力电器总部，以格力销售大户的身份，强硬要求董明珠对他的进货给予降价优惠。董明珠马上意识到，安某采取的是非正常营销，他做得越大，对格力公司的损害也越大。这样的营销方式将对公司的可持续性营销带来严重影响，后果不可想象。董明珠断言拒绝了安某的无理要求，并责令他按公司定价销售。

结果，安某不但不思改悔，还变本加厉，大量克扣二级经销商的客户安装费。董明珠完全明白了安某是一个唯利是图的人，只顾个人眼前利益，不顾公司长远发展。这样的人存在于格力的团队之中，不仅严重损害格力二级经销商的利益，更会给格力品牌带来严重损害。董明珠当即下令：格力电器停止给安某供货。这一指令，实际上已将安某彻底扫地出门。

不久，感到有些后悔的安某专程到珠海来找董明珠认错，并请来朱江洪帮他说情，但董明珠坚决不为所动。她明确告诉与格力合作的经销商：停止与安某的合作，可以给大家创造更好的经营环境。否则，他采取非正常手段冲击各地市场，大家的生意就都不好做，格力将会失去更多的合作伙伴。为了维护他一个人而失去更多的经销商，格力绝不做这样的事。

“一盘永远下不完的棋。”这是董明珠用来形容格力与经销商之间关系的一句话。这句话，董明珠常常把它挂在嘴边。对于竞争与合作，董明珠有着深远的考虑。格力与国美的对抗，曾经引发了家电营销的一场大地震。董明珠反复强调：谁笑到最后，谁才是真正赢家。在与国美决裂之后，董明珠主导的专业经销渠道专卖模式成果丰硕，全国先后有 600 多家专业经销商加盟格力，这一营销模式迅速提高了格力空调的市场份额。

但是，2007 年 3 月，格力与国美之间这场旷日持久的对抗发生了微妙的变化。格力与国美的合作分裂后，曾有业内人士认为，没有永远的朋友，只有永远的利益，商业社会在向着和谐有序的方向发展，在市场利益的驱动下，两者还会有走到一起的那一天。格力与国美当初的反目，并不是因为谁对谁错的问题，而是因为双方的销售观念存在严重的差异。伴随着市场环境的不断净化，格力这样的大制造商与国美这样的大经销商，最终会意识到双方合作的重要性。为了谋求最大的市场份额和利润，他们一定会摒弃前嫌，选择妥协，再次牵手。

对此，董明珠说："任何一个大卖场，只要和我们达成共识，都有合作的机会。合作的前提是，我们的观点一定要一致，就是共同营造一个市场，而不是简单地交易市场。格力与国美的博弈过程中，应该是以实现双赢为目标，而不是达到某一方的胜利。格力有100个亿左右的销售额是在专卖店实现的，还有几十个亿的销售额是在专营店实现的，大卖场里面很少见到格力。所以，格力依然会坚持走专业化的道路，给消费者带去更多的实惠。但是，也不排除与其他志同道合者进行合作。"

于是，在决裂了三年后，国美与格力开始修复彼此之间的关系，彼此打开了区域合作的大门。由于格力90%以上的产品都是通过自建的渠道进行销售的，一时不太可能全面地与家电连锁经销商合作。因此，双方大规模的采购与销售还仅限于广州等地区。

在与格力交恶的三年里，不少消费者在国美店里看不见格力空调，就会产生一种空调品类不全的感觉，进而严重影响了国美的声誉。而此番合作，必然成为格力忠实消费者的福音。其实，在此之前的两年间，部分国美店已经开始有格力空调上架销售，但这只是部分格力的代理商私下与国美门店的交易，不是格力公司的策略。而此番广州国美与广州格力的区域合作，代表着双方正规合作的重新开始。此后，全国数十家的国美门店里，也开始有格力空调上架销售。

格力电器与国美的合作虽然还不是全面性的合作，但也标志着中国家电生产和销售的两大巨头重新合作的序幕已悄然拉开。此次格力重进国美，并不能代表国美渠道商与格力生产商讲和，毕竟渠道商还是以商业为目的。因此，双方能再次选择合作，只是为了一个双赢的目标，为了一个共同的利益点。

在董明珠看来，厂家和商家之间在合作过程中，免不了会产生一些分歧甚至冲突，重要的是，双方应把利益的创造摆在首位。共同创造利益，共同分享利益，这样的合作才能长远。厂家与商家之间应该换位思考，如果单方面追求利益的再分配，进而实现单方面利益的最大化，这样的合作肯定不会长久。营销合作中出现的店大欺厂或者厂大欺店现象，都是不合理的。

商场之上没有永远的朋友，也没有永远的敌人，只有永远的利益。经过 2005 年空调市场的大洗牌，被市场所淘汰的空调品牌多达 20 多个，有实力进入卖场的空调品牌越来越少。从品牌和销量等因素考虑，国美也需要与格力合作。董明珠说："棋行天下，并非统一天下，而是和所有人一起走下去。"格力与所有的经销商之间，都应该是"合作博弈"的关系，要通过良好的合作，来取得共同的利益，实现双赢发展。

2014 年，格力与国美之间的合作进一步升级，双方签订了 150 亿元销售规模的战略合作协议。而且，董明珠在年初之时亲自到访国美，这一举动也许成为了两家公司冰释前嫌的佐证。

如今的国美对比十年前已发生了很大变化。黄光裕事件后，国美不再像往日那么霸气，着力于转变经营模式，从卖场经营转为商品经营。国美经营作风的转变，成为格力与国美总部层面重修旧好的基础。董明珠说："我们现在跟国美的关系是互相尊重、友好合作，从而达到厂商共赢。我们会摸索一条更好的合作之路，达到一个更好的效益和销量。"

## 低调宣传，锦上添花方为佳

董明珠一直持之以恒地重视格力的品牌建设，从不急功近利、杀鸡取卵。在许多空调企业不惜将重金投放在自我形象宣传和产品广告上的时候，格力却不跟风，不炒作，而是实实在在地面对消费者，通过不断实现空调核心技术的突破，强化技术升级，从而保持了空调品质的一致性，最终树立了格力空调良好的品牌形象。

也许，空调业界和广大消费者都会熟悉那句：“好空调，格力造。”可当初它并非是格力宣传品牌的广告词，而是格力对每一名员工提出的鞭策行为的口号。后来，随着时间的推移，它才慢慢地成为了广告语，而且喊起来一直没变。有了这寥寥六个字的广告语，格力空调的良好形象就深深地印刻在了消费者的脑海之中。

董明珠对广告的看法是：对于企业来说，做广告还是很有效果的。但只注重在广告环节做文章，就往往会出现昙花一现的结果。做企业，必须有强有力的产品来作支撑，上乘的产品质量才是企业锦上添花的资本。格力的风格就是埋下头做事，把细节做好，绝不搞那些花哨的、不切合实际的宣传。董明珠说：“每一名消费者都不是傻瓜，都明白到底什么样的产品才是自己真正需要的。”因此，她不同意企业一味地用广告来提高产品的市场份额，她更看重的是消费者对产品的口碑。口碑，永远是企业最好的广告。

格力非常重视产品核心功能的提升，不断在噪音、制冷量和节能等核心技术指标上精益求精。随着科技的进步和消费者需求的变化，一些空调企业将研发的重点转向了附加功能上，进而忽略了把空调的基本功能做扎实，出现了主次颠倒的不正常现象。这一点，董明珠是坚决反对的。

1999年，市场上开始流行“健康空调”，一时间活性炭空调、负离子空调、换新风空调以及中草药空调频频出现在消费者的视野之中，各种新名词铺天盖地地出现在各类媒体之上。对此，各个空调厂家竞相自我标榜，让消费者感到无所适从。而到了2003年的“非典”期间，“健康空调”再次满天飞，除菌、杀菌、克灵、派离克等功能让人眼花缭乱，几乎所有的空调都打起了“健康空调”这张牌，俨然“健康空调”就是空调行业的“救世主”。

董明珠一针见血地指出：空调增加了一些功能，完全是因为市场的需要，也是为了迎合消费者的心理，但不应该将这些功能说得天花乱坠、神乎其神，这完全是一种不切实际的概念炒作，应该适可而止。企业将概念神化是误导消费者，是对消费者的不诚信行为。

据董明珠介绍，杀菌空调的确能产生杀菌作用，但它并不能有效地识别出是有益细菌还是有害细菌，在杀死有害细菌的同时，也不可避免地杀死了有益细菌。人们一旦生活在没有细菌的环境里，对健康是没有好处的。对于某个品牌制造的氧吧空调，她认为这是利用了人们的健康心理需求，制造出来的一个不符合科学原理的虚无概念。

而对于市场上出现的变频空调，董明珠指出，变频空调的技术含量较高，不是一般的品牌都能够掌握的，实事求是地讲，很多变频空调都是“挂羊头卖狗肉”，严重名不副实。她还说，对于一些相同的技术，不应该有等级之分，只要科技含量一样，变频就没有概念上的等级之分。她的这番话是针对性地说给某些厂家听的。这些厂家在掌握了变频技术之后，为了吸引消费者的注意，又进一步鼓吹变频技术有等级之分，进而抬高自己产品的“档次”。

所谓概念的炒作，就是指在销售中制造一个独特的销售说辞，用广告向消费者陈述一个主张，使这个主张很有独特性，包括购买这个产品会有什么明显的好处等，进而强有力地打动消费者，吸引消费者的注意力。

董明珠知道，在变频的领域里，只有格力电器最早掌握了真正的核心技术。变频的最高境界就是舒适度。能够长期支撑市场的不是概念的炒作，而是企业的实力和真正的技术。格力的“睡梦宝”和“睡美人”，以自身所特有的舒适度和健康性，创造了日销售量达几千台的业绩，充分展示了格力变频空调在市场上的无穷魅力。董明珠说：“格力作为空调行业的龙头老大，应该在满足消费者的需求上做出表率，用无与伦比的实力来说话。”

格力从来不过分地依赖于广告，尤其不用虚假广告误导消费者。格力一直坚信，过硬的产品质量就是最好的广告，用户的口碑就是最好的广告。这些朴素的经营观，充分说明了董明珠对企业的自信和对产品的自信，充分说明了格力对消费者的尊重和信任。受董明珠的影响，格力在实施广告宣传时，一直显得很低调。

在宣传上，董明珠强调：品牌是干出来的、是做出来的，而不是吹出来的、包装出来的。一个企业，绝不能把自己吹得天花乱坠、神乎其神。做企业，不需要搞太多的政府公关，也不需要用大量的广告硬把自己包装成名牌。只要扎扎实实地把产品质量和技术研发做好了，销售和服务保持一定的水准，企业的竞争力就自然而然地上去了，就不怕产品卖不出去。产品品质好，又掌握了核心技术，企业就拥有了生存和发展的主动权。董明珠所倡导的企业文化和其他很多公司的企业文化不一样，格力的企业文化不是用概念来创造一个企业，而是用脚踏实地的实干精神来成就一个企业。

格力不仅不拿消费者当试验品，而且还敢于以行业领导者的身份站出来，为消费者主持公道。在此起彼伏的概念大战中，董明珠呼吁各空调企业对各种概念的炒作应该适度降温，而将注意力集中到关注空调的可靠性上。为此，格力从保护自身企业的利益和履行行业监督责任的角度出发，将健康空调的真相进行了适度的揭露，在《工人日报》等有关媒体上发表专题文章，使1999年健康空调的概念大战很开就偃旗息鼓。

格力每年都会推出自己的新产品，这完全得益于他们积累了雄厚的研发成果。董明珠坚信，未来十年，格力所有的新产品都是有保障的。为了有效地降低噪音，格力推出了独家专利的睡梦产品，让人在睡眠的过程中感觉不到空调的动静。格力还给产品增加了换气功能，使得室内的空气质量与室外空气质量保持一致。考虑到很多老人用了空调以后感觉不舒服，出现肩膀酸痛的不良反应，格力增加了根据人体温度的变化来调节空调的功能。格力的每款新空调一上市，都会出现供不应求的局面。这也让董明珠更加感受到了技术领先的重要性，更加坚定了步步为营、扎扎实实地搞好科技研发的决心。

在推广自己的新产品时，格力一直秉承以谨慎的态度让消费者逐渐接受。节能和变频始终是家用电器的研究方向。新兴的变频空调节能，有助于环保，但价格较为昂贵，一些消费者一时难以接受。格力耐心地跟消费者算了一笔账：如果使用普通空调用一块钱的电费，那么使用节能空调只需六毛钱到七毛钱就可以了，这样一年下来就节约了相当可观的电费。同时，变频空调具有质量和使用效果方面的保证。

格力以实实在在的新产品品质，打破了很多企业炒作概念的格局。为此，有些跟不上技术发展潮流的同行企业，竟然花了很多心思、做了很多事情，来联手攻击格力。有的企业发动员工和所有的经销商在网上捏造事实，恶意攻击格力，甚至在员工的晨会上全体高呼："打倒格力！"以此来鼓舞士气。有的企业还绞尽脑汁，联络"专家"发表专著，来歪曲格力的经营模式，无视事实地断言格力"已经走到了尽头"。媒体也是层出不穷地发表倾向性报到。对此，董明珠总是一笑了之，她自信身正不怕影子歪。

2006年9月，格力空调荣获了"中国世界名牌"称号。当时，这是中国空调行业第一个也是唯一一个世界名牌。2006年11月，格力电器获得了"中国质量奖"，这是中国质量领域的顶级荣誉。同月，格力电器获得了国家质检总局颁发的"出口免检"证书，成为中国空调行业首家获得出口免检的企业。2007年1月，格力品牌被国家商务部授予"最具竞争力品牌"。2007年7月，格力电器被国家人事部、国家质检总局联合授予"全国质量先进集体"称号，这是中国家电行业唯一获此殊荣的企业。这些行业顶级荣誉的密集获得，再一次巩固了格力作为行业领头人的地位。全国的空调经销商普遍反映，在众多的空调品牌中，格力空调的返修率是最低的。

然而，到了2010年却突然出现所谓的格力虚假宣传案，深圳、洛阳、武汉等地突然出现几个消费者不约而同地状告格力电器虚假宣传，引起了社会舆论的广泛关注。格力电器总裁董明珠针对这一现象明确表示：所谓虚假宣传等事件，都是某些企业在背后操纵的。

2011年初，这些网络上闹得沸沸扬扬的多起格力电器世界名牌虚假宣传案终审判决水落石出，其中深圳、重庆、洛阳、武汉四起案件均为格力胜诉，另外三起案件中，一起因原告方拒不出庭，被法院依法裁决撤诉，其他两起以对方撤诉而告终。白纸黑字的判决书让世界名牌格力名至实归。

虽然格力总是低调对待宣传，但大量的消费者对格力空调总是情有独钟。20多年来，格力经历了由年产量仅2万台的小企业、到年产量超过3000万元台大企业的蜕变。2013年，格力电器的营业总收入达1200多亿元，产品远销全球200多个国家和地区，并拥有9000多项国家专利，自主发明专利就有2500多项。格力给自己提出的要求不仅仅是好空调，还应是高端、精致、精美的空调，要在做到“好空调，格力造”的基础上，还要做到“精品空调，格力创造”。

格力人在董明珠的带领下，在全球的空调市场上阔步前行。

## 6 精于营销韬略在胸

### 规范行为，敢做行业领军者

董明珠是一个在工作和生活中都习惯于严格要求自己的人。对于工作，她心中只有格力；而对于家庭，她心中只有儿子。在严于律己的同时，她还是一个严于律人的人。如果她仅仅是公司的一名普通员工，她也许会安分守已地做着自己的事，不会遇到那么多的诘难与麻烦。而她偏偏是一个有着责任担当的领导者，律己律人的同时，就不可避免地影响到相关人的行为和利益。

1996 年，董明珠从经营部部长位置上被提拔为销售公司的经理，地位比以前高了，职权比以前大了。可在董明珠的眼里，这种职位的变化并不是权力的变化，而是责任的变化。这变化预示着自己所担当的责任比以前更大了。她对经销商的态度仍然像以前一样，公平对待，一视同仁，并没有随着权力的增长而改变，做到了不蔑视，更不歧视。

评选1996年度优秀销售商时，曾经连续三年名列前茅的华东的一家公司，经销业绩一下子滑落到“十强”之外。格力公司一直对优秀的经销商给予厚重的奖励。看到业绩下滑至“十强”之外，这家销售公司的经理感到很没面子，就找到了董明珠，希望能把江苏另外一家公司的销售业绩划到他们名下，这样既不算作弊，也能确保让他们进入“十强”。他们也不是完全为了奖励才这么做，他们是想保持自己在同行中的面子。

董明珠与这家公司有着不一般的关系。当年，董明珠在江苏开拓市场时，与这家公司合作得非常愉快，与公司经理的个人感情也很不错。但是，为了维护公司公平公正的形象，她断然拒绝了这家公司经理的请求。从个人感情角度，董明珠也非常希望这家公司能够进入销售业绩“十强”行列，可作为公司的管理者，她必须抛弃个人感情因素。她认为，格力要发展壮大，一切都必须严格遵守相应的规章制度，一旦开了破规矩的先河，以后再想堵上，那就难了。

这位经理遭到拒绝后，心里非常不是滋味，总感觉董明珠做得有些过分。把江苏另外一家公司的销售业绩划到他们的名下，是处在一个合理和不合理之间的事，不应该过于较真儿。于是，那位经理开始不搭理董明珠，摆出了断绝关系的架势。可董明珠却不与他计较。她决不会因为对方的不理解态度而心存芥蒂，进而对他另眼相看。她拒绝这位经理的请求，是因为她对这位经理比较了解，也比较信任，把他当成可以长久合作的伙伴。同时，她也想通过这件事让更多的经销商知道，要想得到自己想要的东西，就要遵守格力的规章制度，靠正当的手段来获得，靠自己的实力来获得。

董明珠并不在意对方对她的不满，而是心平气和地做对方的工作，帮助他们分析经营上的空白点，并建议他们加大网络开发力度，建立零售市场网络，从而改变伸手向别人要的不良行为。在激烈的营销战场，也只有董明珠这样有大气度、大胸怀的人，才能做到这一点。董明珠的努力没有白费，1998 年，华东的这家公司再一次进入了销售业绩年度“十强”行列。

董明珠不断以自己的行为来带动大家，让大家明白她不只是对别人严厉，更是对自己严厉。早在她刚刚接任经营部部长的时候，就开始用严于律己的理念来影响周围的同事，并一直坚守着这一理念。凡是要求别人做到的，她自己都要首先做到；凡是要求别人不许做的，她都首先告诫自己坚决不许做。正是因为有了这样的一个基础，不管多大的摊子，只要董明珠接手，就能够迅速改变现状，使之变得规范有序。在当时的社会大环境之中，能做到这一点，确实不易。我们的社会，我们的企业，太需要董明珠这样的人了！

在空调行业，让董明珠感到无法释怀的是，一些企业为了自己的利益，虚假公告等非正常手段无所不用，结果导致了所承诺的售后服务无法兑现等现象的发生。这些严重影响了空调行业的健康发展。她觉得，格力要想发展，不但要保证自己的行为规范，还要带动行业的行为规范。只有大家都走上了行为规范的道路，整个行业才能得以健康发展。

格力尽心尽力地用自己的行为规范去影响行业。当消费者都认同格力的产品、都来购买格力的产品时，那些空调行业的竞争者，就会自觉不自觉地向格力看齐，以确保自己的产品能够顺利地卖出去。格力用专业的精神、共赢的原则和对消费者负责的态度，一步一个脚印地向前发展，最终成为中国空调的第一品牌，并跻身世界品牌行列，也成为了空调经销商的首选品牌。

董明珠说："格力的小金系列产品，实际是亏损经营的，其最终的受益者是消费者。"格力之所以这样做，是想通过自己的行动，来纠正市场上的一些不规范现象。像市场上的一些产品只卖1000块钱，甚至打出了999元的牌子。这些产品看上去便宜，但买回去之后可能就是一个废品。为了规范行业的健康发展，格力必须要用自己的行动，去改变消费者的购买观念，让他们在实践中领会到品牌的力量。这就是格力实施亏损经营策略的目的所在。

对格力来说，将某种产品亏损经营，并不是打价格战，而是以此来引领空调市场进入到规范竞争状态。董明珠说："为了达到这一目的，格力可以用那些高端产品所获得的利润，来回补那些亏损经营的产品。"

在经销商的眼里，选择与格力合作虽然得不到暴利，但却能够稳稳当当、正大光明地长久赚钱，这远比赚到一笔钱就消失更让人心动。有一位经销商亲身见证了中国空调制造销售业从初兴到繁荣的整个过程。在她开始销售进口空调产品时，格力还只是一个名不见经传的产品。仅从1994年到2003年的十年间里，她的经销就历经了两次大的转向，一次是从卖进口空调转向到卖国产空调；再一次就是从卖国产空调转向到专卖格力空调。她说，她经销最高峰时曾经卖过14种品牌的空调，但到头来感觉还是专卖格力空调心里踏实，赚钱也多。

这位经销商亲眼看着许多空调被大浪淘沙冲得无踪无影，见识了那些许愿后难以兑现承诺的那些空调厂家的虚伪和无能。而格力，却一直默默无闻地跟着她，无论风吹雨打，格力品牌都给她以连续不断的稳定回报。更让她难以置信的是，格力几乎没出现过返修问题，格力品牌的两位掌舵人朱江洪和董明珠，每年还至少要轮流到她的小店里看望她一次，了解格力空调的销售情况，这是所有的空调企业都做不到的事。

这位经销商意识到：中国的空调行业，在多年的征战之后，已经拥有了自己的领军者，也让她找到了一个可以终生托付的合作伙伴。有了格力空调，她就拥有了永远可做的事业。

山东海阳有一位经销商，1998 年开始经营格力空调。而当时，他的家乡已经拥有海尔、海信和澳柯玛等与格力同样声名显赫的中国著名品牌，这使得他在确定主打空调品牌时难以抉择。他所在的海阳，距离本地空调的生产厂家只有 100 多公里，格力空调能否在他的家乡冲出本地空调的包围，他充满疑虑。一旦格力空调在品牌竞争中没有十足的把握，这位经销商的选择就注定是一个巨大的失误，甚至遭受惨败。他知道，经销格力空调是要他自己先拿真金白银买回空调后再销售的，而不是以先货后款的方式经销。

而就在 1998 年，这位经销商终于痛下决心，投入 17 万元，租用了一间 100 平方米的商铺，尝试着专营格力空调。当时他想，如果他做错了，就自认倒霉。没想到，试销当年这位经销商就取得了成功，第二年的销售额又增加了 40%。以后，这位经销商的销售额每年都实现了大幅度的增加。

他说："我的专卖店，每一名员工都必须做到是格力空调的专家。我们经常把员工组织起来，进行从产品推销到产品安装等各个环节的实战演练。我们不仅把格力空调的独特优势介绍给消费者，帮助消费者选购合适的产品，而且在安装环节上推行清洁安装，并搞好安装后的跟踪服务。每年春节期间，专卖店都要在所在社区举办大规模的文艺演出活动，给广大居民送上别具一格的文艺大餐。我觉得，我们所卖的不只是格力空调，更是格力文化。这种文化，就是让格力每一位消费者放心、安心和欢心的企业文化。"

当格力专注于打造百年企业、潜心构筑百年经营渠道时，即使格力不想做行业的领军者，但因企业拥有了高于别人的视野与目标，格力也自然而然地让自己成为了行业的领军者。正所谓，一个志向远大的人，才可能成为领袖；一个志向远大的企业，才有可能成为行业领军者。董明珠做到了，格力也做到了。

在大力推进专卖店的同时，格力清楚地意识到了一种新的发展格局，就是从制造业的角度看，格力电器要打造百年企业，就必须建立具有持久生命力的百年经营的流通渠道，努力构建同属于一个管理、文化和品牌体系的营销同盟。董明珠明确告诉专卖店的投资者们：格力空调是他们永远的选择。在这个营销体系内，制造商和营销商都有一个价值取向，就是做一个有持久生命力的国际品牌。董明珠说："格力不是为了赚钱与大家去干一件事，而是为了与大家共同做好一件事而去赚钱。做好一件事是前提，赚钱只是随之而来的事。"

格力电器向销售渠道注入资金的时候，就是以格力的专营精神塑造营销网络的时候。在格力怀有一种甘愿吃亏的精神，去追求“好空调，格力造”和“精品空调，格力制造”的时候，一流的质量、一流的技术和一流的服务，就是必然的结果。而对于经销商来说，就是不要抱着投机的心理急功近利，而是以更加专业化、标准化、系统化和信息化的手段，把制造商的文化传递到市场，传递给消费者。

董明珠所发挥的作用是，格力电器把自己的文化灌输到商界，让商界与格力人一起，用共同的视野和目标来做事。她说："走国际化道路其实很艰难，并不是像有些人所说的那样，跟外国人一合资就实现了走国际化道路。”格力在巴西建厂，并一直兢兢业业地坚持了五年，才奠定了发展的基础。2009年，格力获得了巴西“年度最佳卓越商务奖”，也是空调品牌中唯一的获奖者。格力在巴西的成功，得益于格力长期坚持的自主品牌发展战略。格力通过在巴西当地建厂，推进格力品牌巴西本土化进程，有效地增强了格力品牌在巴西市场的竞争力。除巴西外，格力还在巴基斯坦和越南建立了生产基地。

目前，格力空调在国际市场上已经建立了属于自己的营销网络。先有市场，后有工厂，是格力独特而又永远不变的经营思路。格力不光是为了赚钱，还是为了在国际上打造和树立格力的品牌。格力希望通过自己的努力，让世界认可格力，进而创造一个让中国人长志气的品牌。

## 灵活施策，把握营销主动权

董明珠堪称是中国家电行业的风云人物，是一位时刻把自己置身于风口浪尖的商海女性。她以“代表消费者利益，代表商家利益，代表厂家利益”为行为准则，独创了以资产为纽带、以品种为旗帜的区域性销售公司的营销模式，让格力在全球开设经销网点超过20000家，格力专卖店近10000家，专业售后服务网点超过5000家，专业售后服务人员30000多人。这样的一组数字，足以让格力成为中国空调行业的霸主，成为世界空调行业的“冠军”。

创新的营销模式，奠定了格力电器在业内的领导地位，从而保证了格力的跨越发展。董明珠所创立的区域性销售公司模式，被经济界、理论界誉为“二十一世纪经济领域的全新革命”。这是美国《财富》杂志对董明珠的深邃评价。空调的业内人士认为：董明珠是一位有着传奇色彩的市场营销高手，从1995年开始，她所领导的格力电器一直占据着年销售量、年销售收入和年市场占有率的全国同行业第一。而从2005年开始，格力就超过了LG，成为全球最大的家用空调生产和供货商。

在空调市场风起云涌、竞相残杀、概念炒作和口水大战层出不穷的环境下，格力争取销售市场的表现，让业内同行在吃惊的同时，无不感受到格力所具有的深厚的内在功力。这种感受是真实的。在格力处理与经销商关系的过程中，就可以看出格力在同行中的领袖风范。应该说，格力所提出的“格力代表经销商的利益”，是格力的主动代表，而不是被动地维护。由此，格力才对经销商形成了强大的凝聚力和感召力。

实践证明，董明珠是一个有着极大远见的部门经理和领导者，善于站在长远的角度来看问题，来维护企业的长远利益。在别的公司，营销业务员的待遇是按照经销额来确定的，营销业务员的岗位是公司里油水最肥的岗位。而在格力，营销员的待遇却是不同的境遇。董明珠认为：格力空调的畅销，是格力公司生产一线工人的功劳，是科研开发者的功劳，而不单单是营销者的功劳。因此，营销员拿数目可观的营销报酬是不合理的。

为此，董明珠规定：凡格力的营销员，除了正常的收入外，都不许拿回扣。如果发现拿回扣的问题，即使是1分钱的额度，也要对其进行开除处理。对销售员的考核，也和以往不同，不是按照销售额来衡量，而是看与经销商沟通的工作量和市场调研、价格监督的工作量来确定。最后的结果是，格力即使做得再大，也只有23名营销业务员。这些业务员每人负责一个省。而且是只负责协调，不负责发展销售网络。而销售商的等级确定上，又分为一级和二级，每个地区都只有几个有限的一级经销商，由一级经销商来发展和管理二级经销商。不同的经销规模有不同的返利标准。这样，一级经销商把经营的精力主要用于扩网冲线，格力的经销网络也就实现了迅速的扩充膨胀。

董明珠还明确规定：一级经销商必须负责监管二级经销商。如果哪个二级经销商出现安装问题和服务问题，就要负连带管理责任，就立即叫停对一级经销商的供货。

董明珠虽然是销售员出身，但是，她接任格力电器经营部部长的职位后，不仅限制了销售员的权力，并大量削减销售员队伍。最终，她只保留了23名销售员。这一举措，为格力节省了高达上亿元的营销费。节省下来的费用，董明珠全部用来补贴经销商，让经销商获得了更大的利益。这样，董明珠始终以23名销售员与业内同行总数达上千名的销售员队伍抗衡。为此，董明珠创立了全国独一无二的格力营销模式。

董明珠用看似不合理的改革措施，一举赢得了广大经销商的拥护和爱戴。这与有些公司的销售模式形成了鲜明的反差。有些公司的营销员与经销商争利益，甚至形成了销售人员自己开营销公司搞销售的局面。据统计，某品牌空调在重庆建立的销售公司，共有150名销售人员，每年的营销费用高达2000多万元，而格力电器在重庆只有5名销售员，销售额却超过了3亿元。

业内人士都知道，空调销售的季节性很强，每年的9月到来年的3月，是空调销售的淡季，而4月到8月，则是空调销售的旺季。为了节约开支和减少库存，淡季的时节里，工厂就会策略性停产；而到了旺季的时节，工厂往往会24小时加班加点地突击生产。由此，对于厂家来说，淡季生产资金短缺和旺季供货不足、库存压力过大都是不好解决的实际问题。

为更好地解决空调生产的淡、旺季问题，1995年，接任格力电器经营部部长的董明珠创造性地实施了“淡季返利”策略，用一种非常灵活的方式，很好地把经销商和企业拴在了一起。淡季时，经销商向格力电器投入资金，格力电器以优惠的价格把生产出的空调发给经销商。这样，既解决了格力电器淡季生产资金短缺的问题，又缓解了库存压力和旺季供货不足的压力。而对于经销商来说，既保证了货源的充足，又可获得合理的价格优惠。

就是这一模式，让格力电器在1995年实现了淡季回款11亿元，向经销商让利6000万元，实现了厂商双赢。淡季返利策略极大地刺激了经销商加盟格力的热情，有力地扩大了格力的销售市场。

董明珠的淡季返利政策既很好地解决了格力电器淡季资金的需求问题，又牢牢地把经销商与企业拴在了一起。由于经销商把资金先期投入到了格力，就没有更多的资金再投入到其他品牌，格力因此扩大了市场的占有率，真可谓是一石二鸟。

紧接着，董明珠又推出了“年终返利”策略。所谓的年终返利，就是在一个年度开始时，格力通过一定的方式，向经销商做出一定的承诺，根据不同的销售额度，在年终给予不同额度的利润返还。销售的额度越高，年终获得的返还点数也就越高。这是一种典型的鼓励多销、培植大户的策略。这种营销策略，可以扶持一些更有实力的经销商扩充营销网络。网络越大，获得的返利就越多，从而形成了一个良性循环。

1995 年格力的销售年度结束以后，董明珠的“年终返利”策略得到了具体落实。格力从企业的利润中拿出整整一亿元，专门用来奖励经销商。这种奖励，是在经销商没有思想准备的情况下发放的，着实让广大经销商喜出望外，一些销售大户面对巨额奖励更是目瞪口呆。这一奇招，使格力的广大经销商对格力的信心进一步增强，也让同行竞争对手吃惊不已。

在随后的一个时期，董明珠也发现了“年终返利”策略所存在的弊端，就是一些经销商预先估计到格力能给他们奖励 5 个百分点的年终返利，他就会在销售格力空调时，主动降低 3 个百分点，把利润让给消费者。而有一部分经销商，干脆什么价进货，就什么价销售，他们不但向自己所负责的区域内市场供货销售，还偷偷地向区域外市场冲货销售。

当然，这些经销商所赚的不是市场的钱，而是格力电器的返利钱。这种做法，虽然不损害经销商自己的利益，也不损害消费者的利益，却严重损害了格力电器的利益。如果格力电器的产品价格在市场上出现混乱，无论对格力空调的信誉，还是对格力市场的稳定，都会带来不可估量的影响，其后果不堪设想。

于是，董明珠再度出手，制定了新的限制政策。在她的倡议下，格力产品的生产开始实行条码制。条码制的目的就是对产品进行限定区域销售，不允许跨地区销售，从而严格控制产品流向，预防冲货现象的发生。

1996年，董明珠又创造了“退后一个月进入旺季”的销售策略。其实，旺季与淡季的分法，既无法定的认可，也无科学的论证，而是空调销售中一种约定俗成的思维惯性。所谓旺季，指的是4月到8月这个时间段；而所谓淡季，则指的是9月到来年3月这个时间段。淡季卖低价，旺季卖高价，利用价格杠杆来调控空调的供求弹性。正常规则下，经销商都是提前调集资金，在旺季到来之前大量以优惠的价格吃进货物，然后在旺季到来时以合理的定价卖出去。这种情况下，产品的制造商总想把旺季提前，把赚钱的月份提前；而产品的经销商，却希望把旺季错后，以降低经销成本。经销商和制造商，都为实现自己利益的最大化打着算盘。

对此，董明珠却偏偏反其道而行之，她不但不把旺季提前，还把正常的淡季向后延长了一个月。就是这一个月，格力又把两个百分点的差价让给了经销商，让经销商增加营销利润数千万元。这种做法，也意味着格力电器减少利润数千万元。

谁也没想到，董明珠的这个大智若愚般的神奇策略，让经销商们既喜出望外，又心生敬畏。中南某公司原打算在4月份吃进三个品牌的空调，分别是美的、日立和格力。而格力突然宣布淡季向后延长一个月，就意味着在大多数空调都在以旺季价格出售的时候，格力空调却仍然以淡季价格出售。于是，这家公司的总经理立即打电话通知部下，他们公司在4月份全部购进格力空调，并一次性打款8800万元。

当众多空调制造商和经销商回过味儿时，为时已晚。源源不断的订货款，都已经打到了格力的账上。

董明珠不断表现出她与众不同的逆向思维。这个满脑子绝招儿的女人，让所有既有实力而又懂规矩的经销商都切切实实地认识到，销售格力空调有着较高的利润空间，而且销售量越大，获得的返利也越多，跟着格力走，就可以得到稳定的收入。于是，这些大户都纷纷拿出资金，去积极发展下级经销商。

由于二三级经销商往往会因为自身实力的原因，为维护自己的利益而放弃原来的供货商，转而跟着上一级的大户跑。大户销售网络扩张的过程，实际上就是格力销售网络扩张的过程。为此，格力才在很短的期限内，就完成实现中国空调行业销量第一的业绩，并连续18年雄踞第一宝座。目前，格力已成为全球最大的集研发、生产、销售、服务于一体的国有控股专业化空调企业。

## 正和博弈，志同道合做游戏

一直以来，制造商和经销商之间的博弈，都是为了最大化地维护自身的利益，其过程总是让人感到惊心动魄。为此，董明珠一直在寻找着制造商与经销商共同的游戏规则，就是“正和博弈”，以期形成好的利益共享联盟。所谓的正和博弈（亦称为合作博弈），其内涵实际上就是“诚信”“公平”“共赢”，这三者缺少了任何一个，都不能实现真正的“正和”。对于制造商和经销商来说，正和博弈，就是共同取得成功，实现利益双赢，而不是你算计我、我算计你，相互打压。

董明珠认为，一个品牌，只有拥有丰富而深厚的文化内涵，有了至真至爱至诚的企业精神，再经过几代人几十年甚至上百年的努力奋斗，才能被消费者认可，才能成为百年老店的标志。

董明珠最看重的就是合作中的诚信度问题。无论是对于某个企业还是对于某个人，诚信缺失都是最大最严重的缺失。虽然流通领域有流通领域的规矩，制造业有制造业的规矩，但有一点是共同的，那就是无论哪一方，在合作中必须讲究诚信。讲诚信的合作，才会拥有无尽的生命力。而不讲诚信，就完全不具备合作的条件。所有的工商关系，都应该用诚信搭建，做不到这一点，合作就无从谈起。

博弈是一种游戏规则，正和博弈也是一种游戏规则。制定游戏规则的人，首先要敢于打破原有的游戏规则，改变固有的思维惯性，形成新的思维创新。在很多中国企业中，打破原有的规矩，一直是难以逾越的一道关卡。很多企业认为，与其冒险尝试新东西，不如坚守已有的东西。这就造成了企业和企业家多年来形成的思维定势，很难在短时间内发生改变。

在商业社会，那些坚守既定游戏规则的人，其实都是一些不会真正玩游戏的人。真正会玩游戏的人，是能够自己制定游戏规则并且能够随时左右局势的人。董明珠恰恰就是这种人。她在商场之中风云叱咤，以我的地盘我做主的精神，做事做决策总是比别人快一拍，让别人跟在她的后面亦步亦趋地行进着。

熟悉董明珠的人都知道，她从心里蔑视原有的游戏规则，而且习惯于无情地颠覆那些原有的游戏规则，来建立自己满意的新规则。对建立新规则，她总是信心百倍，胸有成竹。因为她的强势出击，她总是处于一个争议和赞美的风口浪尖上，成为舆论关注的焦点。

其实，打破一个旧规则、建立一个新规则，是一件很不容易的事，而新规则建立后能让人心悦诚服地接受，就更是一件不容易的事。董明珠所建立的新规则，都受到了褒贬不一的评价。但是，无论说好说歹，所有的规则最终都得以顺利地推行。究其原因，就是因为董明珠都是按照“正和博弈”的原则来建立一个个新规则。

“博弈”通俗地说就是下棋，你走一步，我走一步，你想吃掉我，我想吃掉你，你将我的军，我将你的军，都想方设法地尽快瓦解对方的攻势，尽快将对方置于死地。而正和博弈并非这样。在企业的营销活动中，正和博弈即合作博弈，是指在博弈的过程中让双方的利益都有所增加。通过厂商的相互合作，把外部市场做大，进而取得共同利益的增长。

董明珠说：“面对市场这盘棋，应该很好地研究如何在一个必须力求走和的棋局里，以步步高招实现正和博弈，不是相克而是双赢……棋行天下，并非统一天下，而是和所有人一起走下去。”

正和博弈的首要任务是寻找志同道合者。厂家与商家之间能不能实现合作，一个最基本的前提就是彼此之间的经营理念和价值观能否达成共识，如果在这方面达不成共识，就很难谈得上合作。凭着这一原则，董明珠在刚刚上任经营部部长的时候，就敢于“开除”傲慢的大经销商。她要求所有经销商必须先付款，开创了空调企业没有一分呆账的先例。

董明珠坚持正和博弈原则，就是为了创造一种合作双赢的局面。她说："合作双方要有真诚合作的精神和勇气，在合作中遵守正和博弈的游戏规则，不要小聪明，不能存有占人家便宜的心理。"正和博弈的首要任务就是寻找志同道合者，看看彼此的经营理念和价值观是否相同。如果经营理念不同，价值观也不同，那就无法成为合作伙伴。

为此，董明珠在经销商的选择上要求非常苛刻，也非常强势专断。就是那些她自己亲手培植起来的营销大户，一旦其经营理念和价值观与格力共赢的理念相悖，董明珠也会毫不犹豫地将其清理出合作队伍。她要求格力股份制区域经销商必须做到代表经销商的利益、代表消费者的利益、代表厂家的利益。只有这样做，才符合正和博弈原则，才能拥有合作的基础。

董明珠虽然不能彻底改变整个空调行业的竞争环境，但她所建立的一个个新的游戏规则，给整个行业带来了巨大的影响和巨大的变化。受格力的启发，已有越来越多的企业发现了与家电连锁店合作的弊端，便纷纷效仿格力，开始构建自己的销售渠道。格力模式已成为空调行业的标杆性模式，受到众多厂家的学习借鉴。

确切地说，董明珠所创立的营销战略，在部分地改变了行业竞争环境的同时，更主要的是改变了格力自身的竞争地位。虽然众多企业都在效仿格力的营销模式，但空调行业大的竞争环境并没有根本性的改善。一旦竞争白热化，企业之间就会亮出降低价格的撒手锏，价格大战就会硝烟再起，行业竞争重蹈相互残杀的覆辙。

格力模式的成功说明，一个企业要想成为新游戏规则的制定者，必须具备创新思维的条件。仅仅跟在别人的后面学习，永远不会超越对手。创新思维，就是要以刮骨疗毒的精神来改变惯性思维。要不断动脑筋，想办法，对企业作出战略性思考，有目的地构建新的游戏规则，准确预判企业经营环境的变化趋势。要主动创造变化，而不是单纯适应变化。单纯适应变化，就会永远走在别人后面，对发展不利。只会适应变化，将无法生存于未来。面向未来的企业，必须善于打破现状，挑战自己，超越自己。真正的竞争，不是与别人竞争，而是与自己竞争。只有不断挑战自己，改变自己，才能不断取得突破，才能创立新的游戏规则。

思维创新是企业发展的灵魂所在。思维是司令部，是发动机。现在，很多家电企业都在宣扬创新，并宣称积极响应国家提出的自主创新口号，但真正能够做到自主创新的企业实在是少之又少。而格力电器在思维创新的统领下，技术创新更是一面旗帜。很多人解读格力、解读董明珠时，都会提到核心科技问题，认为格力电器的成功是其强大的研发团队和持续不断的科研投入所带来的必然结果。

有数据显示，目前，格力拥有5000多名科技研发人员、2个国家级技术中心、4个研究院、28个研究所、500多个实验室、9000多项专利，其中发明专利2500多项。2012年和2013年，格力电器连续两年在科技研发方面的年投入超过40亿元，远远超越了国际同行水平。

但这只是一种表象，不深入了解董明珠，就根本摸不到格力创新的实质和逻辑。董明珠是从空调销售员一步步成长起来的中国空调行业的明星企业家，与她交流或者交谈，她说得最多的都是消费者的感受，比如：她特别注重空调能不能静音、能不能使用时感受不到气流、能不能与房间的家居产生协调感甚至美感，等等。

在格力久了，与董明珠接触久了，你才会知道这实际上是种非常有效的“创新倒逼机制”，因为再伟大的创新也要为消费者服务、为提升人们的生活质量服务。也就是说，创新必须来源于市场，并且服务于市场。

在格力，实际上有两个“创新气场”：一个是研发团队的“技术的气场”，一个就是市场团队的“市场的气场”。董明珠对技术气场的苛求、对空调舒适度的苛求，几乎到了严酷的程度。董明珠认为，技术创新将创造市场需求，而市场需求必将催生技术创新，这两者是“双剑合璧”、相辅相成的。

很多人说，董明珠不是搞技术出身的，她不懂空调技术。这句话只说对了一半。其实，董明珠格外重视“技术系统性”和“技术战略性”。格力与另一家空调企业围绕一件小小的空调气流档板打起了专利官司，董明珠持续告对方侵权。媒体记者曾就这个问题请教她，她回答说，空调的气流档板虽然只是一个实用专利技术，但它却是格力“专利资源池”的组成部分，格力要在全球拓展，必须建立起自己的“专利资源池”，因此，对待技术专利问题，必须做到守土有责、寸土必争。

董明珠确实不直接搞科研，但是她却对全球空调产业的技术发展趋势十分清楚。或许董明珠永远成不了科学家，但是她深谙科技战略的强大威力。伴随着董明珠渠道创新的是格力空调的技术创新。这是一个同步进行的过程。假如没有大量的投入进行技术开发，再优秀的渠道也不可能让格力空调做到行业龙头的地位。

在董明珠看来，公司所建立的制度和规范是不允许任何人打破的，这也包括她自己在内。公司的每一个人都必须按照制度去履行，不能随意改变，做到言必信、行必果。正是董明珠这种强硬的作风深深地影响着格力的企业文化，使公司员工的素质得到了全面提升，共同朝着“百年格力”的目标迈进。

仅仅建立新的游戏规则是不够的，能不能完全按照规则来行事才是最为关键的。在这些方面，董明珠做到了，格力做到了，这才创造了格力发展的奇迹。

## 胸怀大局，做人成功是根本

一个企业能不能得到快速发展，能不能走得更远，关键要看企业领头人的志向有多高，抱负有多大。正是由于董明珠的远见卓识，才有了格力业绩辉煌而又充满朝气的今天。她说：“企业文化是企业的灵魂，没有独特的企业文化，企业就不会有强大的精神支柱，而没有强大精神支柱的企业，就不会创造更多的物质财富和精神财富，也不会承担起更多的社会责任。这样的企业就不可能走得更远。”格力的企业文化，其核心就是“诚实”二字。格力所追求的不是那些概念的东西和表面的东西，而是诚信务实的精神。

董明珠强调，企业的成长源于多重因素，但最重要的就是坚守“做企业就是做人”的理念。一家企业的经营理念和管理作风，都能体现出企业领导者的做事规则和做人风格。一个能创业并能取得成功的人，首先是一个会做人的人。大多数成功的商人和企业家，都具备一些特殊的才能和天赋，他们不仅会做事，更会做人。想做事、做成事是他们的能力，会做人、做好人是他们的品格。

其实，在企业的生产经营中，无论是管理还是被管理，其对象都是人，人是企业生存与发展的决定因素。正所谓：人民，只有人民，才是创造世界历史的动力。企业的壮大，永远与做人密不可分。好人才能把事情做好，好人才能做出好的企业。好的领导带出好的员工，好的员工打造好的企业，好的企业塑造好的品牌，这是一个良性循环。

格力电器在聘用员工时，首要考虑的因素就是一个人是否能做到忠诚。这一要求源于朱江洪和董明珠对过去经验的积累，源于对过去教训的总结和汲取。

董明珠在安徽做业务员时发现，安徽的经济状况明显落后于江苏，消费水平也远远低于江苏。但是，董明珠就是凭着一己之力，用一年的时间，就把安徽市场做成了格力最大、最好的市场。而恰恰相反，江苏市场呈现出的却是惨淡经营的局面，格力在江苏的业务员还是一位非常有营销经验的老业务员。于是，朱江洪从大局考虑，把开拓江苏市场的重任交给了董明珠，董明珠开始同时负责安徽和江苏两个市场。

刚开时，董明珠的心里也是很不平静的。从同事的角度看，她觉得自己接管了江苏的市场，就会对同事造成伤害。江苏的市场虽然很差，但也有300多万元的年销售额，按照公司1%的提成标准，业务员也会有3万元的年收入。这个数字在当时还是一个很让人兴奋的数字。如果她一接手，就等于抢了同事的饭碗，这让她很是为难。可从公司的角度看，她又觉得应该承担这个责任。当时，格力在江苏的销售非常萧条，只有300多万元，而格力在安徽的销售额已超过了1600万元。可以说，格力空调根本没有很好地打入江苏市场。江苏是一个富饶之地，300 多万元的销售额实在太可怜。

思来想去，董明珠想出了一个两全其美的办法，就是只接手南京市场，仍把除南京之外的其他江苏市场继续留给同事来做。

很快，董明珠就迅速在南京市场打开了销售局面，仅一年时间，格力空调在南京市场的销售额就达 3650 万元，实现了再造 11 个江苏市场的目标。这就是典型董明珠式的奇迹，有了这样的奇迹，谁都会对董明珠刮目相看。

董明珠认为：作为一家企业的领导者，应该对行业发展和市场需求看得更远，要规划好企业的产品和技术研发方向，牢牢把握产品换代时机，充分预判市场的爆发力，及时抢占技术和市场的制高点。人才是企业发展的基础，是企业核心竞争力储备的根本所在。企业必须下大力气整合好公司内部和公司外部各方面的资源优势，切实打造企业的核心竞争力，使企业保持不断创新的能力，让企业拥有行业领先的技术、品牌、营销和文化。

董明珠为了企业的利益，没有死守可以让自己每年有 16 万元收入的安徽市场，而去开拓南京市场。如果她的眼界仅仅局限在安徽市场，也许时至今日，她仍然有可能还是一名业务员。她说："做企业就是做人，做市场也是做人。格力与客户之间有着合作共赢的共同目标，只有建立了诚信务实的合作关系，双方才会在合作中取得非常理想的共赢效果。"

董明珠一直强调要在合作之中兼顾好三个利益，就是兼顾好消费者利益、兼顾好经销商的利益、兼顾好厂家的利益。她说："所谓的商道就是大家共同做好一件事，并从中获得应有的利益。做事为先，获利为后。在合作中，应大力倡导企业精神，企业精神也可以称之为“吃亏精神”。一个人怎样做人，必将会影响着这个人怎样去做企业，尽管企业是一种法人，而人是自然人。但在营销过程中，企业与企业之间的关系，完全表现为人与人之间的关系。善于做人的人，在商场上才会游刃有余，得心应手，并能得到尊重和认可。相反，不善于做人的人，尽管在商场上会左右逢源，八面玲珑，但最终会以失败收场。这样的人，摊子有多大，损失就会有多大。

当今社会，做人难已成共识，而做一个有原则的人、做一个想有作为的人，更是难上加难。有些企业，遇到困难和挑战时往往会出现或大或小的波动，生产和经营会受到影响。而格力在遇到相同境况时，则会心存定力，坚持自己的原则，坚持正和博弈。格力坚决不打价格战，坚决不向强势经销商妥协。董明珠说：“做好人自然能做好事。面对市场这盘棋，应该有足够的办法让其始终处在一个和棋的局势中，以步步的高招实现正和博弈，创造共赢效果。”她举例说，珠三角的很多企业之所以做不长久，就是因为他们只想自己多多赚钱，只想自己的名利和眼前利益，而很少考虑合作共赢，更很少考虑责任担当。

董明珠认为，一时的机会主义或许能获得暂时的成功，但绝不能获得长久的成功。格力始终远离机会主义，远离投机思维，企业所获得的就是持续长久的成功。1995 年，董明珠之所以能够在格力发生员工“集体辞职”事件后，宁愿舍弃自身比较丰厚的利益，毅然决然接下了经营部部长这个烂摊子，就是源于她有一个做好人的标准。由此，她得到了更大的舞台，才最终成为格力电器的董事长和总裁。格力发生员工“集体辞职”事件之时，挖走格力大批骨干的那家公司的老板也同时点名聘请董明珠，并开出高额年薪。如果董明珠看中自己的眼前利益而放弃格力，也许就不会有今天的格力与今天的董明珠，中国的民族工业就会失去一个亮丽的品牌，就会缺少一面旗帜的引领。

应该说，董明珠的世界观、人生观和价值观，都达到了一个相当高的层次，这是一般人都达不到的。她从进入格力的那一天起，就一直站在格力的大局角度看问题，站在格力总体利益的角度看问题，而不是从自身利益的角度看问题。从她接任营业部部长的那一天起，她的人生就已经重新出发，用自己的品格，带领着格力这个岌岌可危的企业，一步一个脚印地走向了健康发展的道路，成为中国空调行业的老大，世界空调行业的老大。格力的文化精髓，已经充分地体现在了做企业就是做人上。董明珠说："做人就做一个诚实的人、一个守信的人、一个廉洁的人、一个创新的人、一个有责任担当的人。"

格力一直秉承实事求是的战略思想，坚持走专业化和文化发展之路。在市场营销上，格力坚决反对虚假宣传，时刻在用实实在在的产品来赢得市场，来满足顾客的需求，来为自己树立良好的口碑。在工作作风上，格力一直倡导不说空话、脚踏实地、真抓实干的做派。

在格力，不管是管理的理念，还是做人的理念，都让人耳目一新，这就是格力独特的企业文化。在一些企业把流行的管理口号当作经典放到自己的企业文化里面的时候，格力却围绕如何做人这一核心来建立自己的企业文化，这样的企业文化才是独具一格的，才是富有生命力的。

格力对国家的贡献已远远不止于上缴多少利税、安排多少就业。格力对国家的贡献，更突出地表现在它为一个产业甚至整个社会留下了精神财富。做企业就是做人，做企业必须先做人。董明珠强调：只有不断学习、不断创新，企业才会拥有生存发展的空间。只有拥有属于自己的企业文化，企业才会有个性。只有做健康的企业、做健康的事业、做健康的人，企业才会有更大的发展潜力。只有一步一个脚印地踏实经营，不搞投机取巧，企业才有生命力。

外界也曾经有过质疑，说董明珠是不是在刻意扮演着“董明珠”这个角色。对此，董明珠的回答简单而且掷地有声：“这只是责任的需要而已。”企业要发展，就必须有一小部分人进行忘我的付出，只有这样，才能成就大部分人想要做的事业。因为这种处事风格，董明珠失去了很多朋友，也没有时间像其他女人一样化妆、美容、休闲娱乐。

女人，尤其成功的女人往往格外受到外界的关注。董明珠不以为然。用董明珠的话说，所谓成功的女性，其实也只是普通人而已，只是可能比别人多了一点追求。成功，是由做事情的对与错来决定的，而不是由性别来决定的。

董明珠坦言，自己的成功得益于不断地进行总结，从而挖掘自己的不足并不断加以改善，只有这样，才能不断超越自己。成功就是不断超越自我的过程。在她看来，对职场女性来说，首先要学会做人，做尽职尽责的人，在自己的岗位上做到更好。同时，要不断自我学习，从书本和同事身上学习。此外，要时刻保持良好的心态，在好的心态下发现自己的不足，只有每天都发现自己的不足，才是一种真正的学习和进步。

## 迎接挑战，笑到最后傲江湖

2012 年 5 月，年满 67 岁的朱江洪宣告退休，这也预示着格力电器将开启一个更加全新的时代。按照事先制定的选人规则，格力集团董事长和总裁职务不再由一人担任。在这样的规则中，董明珠正式出任格力集团董事长，而曾担任珠海市国资委副主任的周少强则出任格力集团的党委书记、总裁。

这样的人事安排，格力集团与格力电器之间看似平静的格局似乎再次被打破。早在 2003 年，格力集团与格力电器就曾因为格力小家电的商标使用问题公然闹翻，最终以格力集团前董事长徐荣调离、格力集团多位前高管锒铛入狱而告一段落。

周少强被任命后，也理所当然地成为了格力电器控股公司格力电器的董事候选人，并有意成为格力电器董事会成员。但事与愿违，周少强最终在格力电器股东大会的集体投票表决中落选，而公司的董事长和总裁职务由格力电器的元老级人物董明珠一手挑起。

2012 年 5 月 25 日，格力电器举行股东大会，机构股东与小股东以众志成城的精神风貌，联手导演了一场人事变动的逆转事件。当天，在外界看来，先前空降格力集团担任总裁、党委书记的周少强，进入格力电器董事会已经毫无悬念。可结果是，周少强意外地被机构股东与小股东当场投票否决。据现场参加股东大会的股东透露，周少强的得票率仅有 30% 多一点，几乎达到了完败的程度。

而在此前珠海市国资委下达的任命当中可以看出，格力电器出身的元老级人物董明珠与国资委出身的空降少壮派人物周少强，几乎处于一个势均力敌的局势，而不是一边倒局势。据一位格力集团的内部权威人士透露，事先对于格力集团乃至格力电器新班子的定位，上面是早已安排好的。这位权威人士表示，新职位的任职分配，是从过去朱江洪在格力集团与格力电器间身兼数职的情况下，演化出的一个权力制衡方式。

但在格力电器层面，周少强显然不是董明珠的对手。股东大会上，有股东对周少强缺乏企业管理经验的短板及其空降身份提出了严重质疑。而正在这个当口，格力元老级人物朱江洪表态说："大家的担心也是我的担心。"就是这个表态，大大地增强了股东对周少强的不信任。而此前，国资委任命董明珠担任格力集团董事长、法人代表，已经被广大股东认为这是为董明珠彻底接手格力电器做好准备。

周少强被否决进入格力电器董事会后，大股东何时提出新的董事候选人名单还不得而知。而格力电器总裁之位归属问题依旧悬而未决。当时，格力电器内部传言，黄辉、庄培、望靖东等副总裁均成为了总裁人选。而此前流传的周少强成为总裁候选人之说，因为他没有格力电器工作背景，更因为他没能进入格力电器董事会，已经完全丧失了希望。

周少强以格力集团总裁、党委书记的身份参选格力电器董事会，被解读为大股东意欲增强对格力电器的控制。而国资委对周少强的任命发布后，无形中加剧了中小股东对大股东一股独大的担忧和焦虑。这种担忧和焦虑的爆发，直接导致了明确代表大股东利益的周少强落选格力电器董事会。

此时，珠海市国资委做出的决定，充分显现了他们对当地最大国企人事任命上的考量与制衡。珠海市国资委是格力集团的出资人，而格力集团恰恰是格力电器的大股东。珠海市国资委网站的信息显示，2012 年 5 月 10 日，珠海市国资委在官网连发三份有关格力集团人事任免的通知，宣布了朱江洪退休的消息，以及对董明珠、周少强等人的任命。这三份分别发给格力集团、格力集团董事会和格力集团党委的人事任免文件，显示了珠海市国资委对格力集团的全面控制力，也似乎为格力电器权力更迭迷局的走向定下基调。

早在 2010 年，朱江洪在格力电器的年度股东大会上也曾说过，由他与董明珠来考虑格力电器的接班人问题是越权的，格力电器的人事应该由珠海市国资委来安排任命。而在格力集团与格力电器以往的“父子之争”中，珠海市国资委也曾经扮演过调停与制衡的角色。

在谈到朱江洪退休后格力集团尤其是格力电器的人事安排时，珠海市国资委的权威人士将这次人事调整解读为，根据格力集团尤其是格力电器班子结构和企业未来持续健康发展的要求，依法依规地进行正常的人事调整。

根据珠海市统计局发布的数据显示，2011 年珠海市地区生产总值为 1403.23 亿元。而 2011 年度，格力电器的营业收入为 835.17 亿元，占当地 GDP 总额将近 2/3。2012 年，珠海市 GDP 的增速目标定为 11%。这个目标是否能够完成，与格力特别是格力电器的业绩息息相关。因此，确保大股东在格力电器中的控制力，在董事会换届时做到平稳过渡，在格力集团与格力电器之间实现权力制衡，是珠海市国资委做出人事任免的考量原则。

而实际上，珠海市国资委对格力电器的渗透，遭到了格力电器股东的极大抵制。这或许会重新燃起格力电器与格力集团之间的“父子之争”，从而导致国资委力量的直接介入。

在后朱江洪时代，董明珠升任格力电器董事长的呼声颇高。其实，在格力电器内部，无论在领导能力还是个人魅力上，董明珠与朱江洪一直是并驾齐驱，不分仲伯，有些方面董明珠甚至超过了朱江洪。人们担心，这种势均力敌的搭配结束后，格力电器可能面临着技术派话语权失落以及人治因素过大的困扰。这种担心，显然是针对董明珠的。

为此，在格力电器的股东大会上，来自大机构的投资者除了对周少强进入董事会表示质疑外，还强烈要求朱江洪留任。来自格力电器总部的内部人士有些担心地说：“朱江洪董事长退了，公司的重心可能会发生转移，公司的上层有可能不会再重视技术了。”但他也同时表示，目前格力技术部门的工作没有什么变化，没受什么影响，仍然还是非常稳定。也有人觉得，董明珠如果当选格力电器董事长，是否适应从执行者到决策者的转变，从专注格力电器到负责整个集团，也需要观察。

虽然格力这艘巨轮已经形成完善的制度，分析人士以及格力内部的声音也都判断格力不会因为朱江洪的退休，而发生大的改变。但外界眼中毫无疑问的候任者董明珠，其强势的个人领导风格，将会为格力的发展打上鲜明的董氏烙印。“董明珠失去掣肘了，格力可能会业绩大涨，但也有可能将格力带入深渊。”但是，更多的人充满信心地说：“朱江洪对产品的把握令人叹服，现在格力再也找不出这样的人了。对格力电器发展的一些关键点，恐怕再也没有比朱江洪把握得那么准确了。”

一切担心都是多余的，2012 年 5 月 25 日，作为格力电器副董事长的董明珠顺利地当选为董事长，并被续聘为公司总裁。到此，格力电器高管层也顺利地完成了“新老交替”。至1994年以来，董明珠相继担任珠海格力电器股份有限公司经营部部长、销售公司经理、副总经理、副董事长、总裁。这一次又被选为董事长，并被续聘为公司总裁，同时还被任命为格力集团董事长，都是实至名归。董明珠在人生的旅途上，又一次重新起航。

在中国的电器行业，朱江洪与董明珠的配合被视为“绝配”。朱江洪长于技术，主抓生产和科研，强调工业精神和技术研发；董明珠长于营销，主抓市场和财务，强调的是“正和博弈”。朱江洪和董明珠默契合作了近20年，直至朱江洪退休。

董明珠在凝聚员工方面具有超强的吸引力，就凭这一点，格力电器也不无理由地对董明珠充满更多的期待。2012年，依据广东某人才市场发布的《2010珠三角企业薪酬调查报告》，模具业一线员工的平均年薪是18948元，电子业生产线一线员工年薪为15468元，而格力的一线工人年薪达到5万元，是前两个行业的3倍左右。在年终奖发放标准上，格力电器也是随着公司的发展而逐年提升，真正地让每位职工都能共享公司发展的果实。董明珠认为，提升员工幸福感，不仅要给员工创造一个良好的生活、工作、成长环境，给员工一个安定的预期，更要给员工以精神层面的东西。在格力，员工不仅有一份稳定的收入，更重要的是有一个长远的发展空间和不断前进的目标，一项值得格力职工为之终身奋斗的事业。

董明珠说：“格力的每位员工都有一间20平米的宿舍，加入结婚的队伍后则有一套50平的两居。”只要员工在格力工作，房子就永不收回，退休后也不收回。为此，在格力工作了三年以上的员工，很少从格力离开。2013 年，格力又投资过亿元新建了员工宿舍。格力工厂的 4 万多员工都可以享受这么一个福利待遇：一线员工一人住一室，大概在 20 平方左右，结婚的可以住两室一厅。

董明珠很快为自己的任职大考交上了一份沉甸甸的答卷。2013 年，在国内经济低位趋稳、市场增长乏力、海外市场需求亦较为疲软的大背景之下，格力电器实现营业总收入 1200. 43 亿元，较上年同期增长 19. 91%；利润总额 128. 92 亿元，较上年同期增长 47. 12%；实现归属于上市公司股东的净利润 108. 71 亿元，较上年同期增长 47. 31%。其中，空调产品的销售额达到 1054. 87 亿元，高出行业第二名近 500 亿元。

在市场整体低迷的态势下，是怎样的发展模式造就了格力的高效益、高增长呢？对这一问题，董明珠认为，在日趋激烈的市场竞争下，格力电器始终坚持从“内部革新入手，向科技要成本，向管理要效益”。

值得注意的是，2013 年也是格力电器技术领域及产品“创新”丰收的一年。采用行业首创的双级变频压缩技术的格力“全能王”系列空调上市；自主研发的“不用电费的中央空调”——光伏直驱变频离心机系统被评为“全球首创、国际领先”；格力还推出一系列“专为中国水质原创开发的”高品质净水机以及空气净化产品。

董明珠重新出发的时候，格力也已重新出发。

# 7

# 产品至上独霸天下

## 提升技术，征服世界靠品牌

全球家电行业竞争非常激烈，空调业更是强手如林。论空调的发展历史，格力并不悠久；论企业的资金实力，格力更是相差甚远。可是，格力偏偏就能后来居上，在短短十几年的时间里，迅速超越了国内外的强大竞争对手，在家用空调领域，摘得了“世界冠军”的头衔，创造了空调业发展的一个奇迹，令业内刮目相看。

董明珠说：“打造具有世界级水准的空调品牌，必须拥有自己的核心技术。我们跟外国人做营销谈判，不能他们说要什么我们就做什么，现在必须要按照我们自己的标准给他们做。为什么要这样呢？就是因为我们的产品里面有很多都是我们自己的核心技术。我们要出产的，是我们叫得响的品牌产品。我们完全有能力让德国人像中国人欣赏宝马一样地欣赏格力。”

董明珠说得好，格力做得也好。说到做到，格力就成了世界品牌。董明珠一直有信心在中国本土把格力做大，也一直有雄心在世界范围内把格力做大。格力就是以凭借核心技术和永远先行一步的信念，以弘扬民族工业和创造中国名牌的气势，让格力空调走出国门，成功实现了产品的国际化，赢得了世界消费者的普遍认同和高度赞赏。

2009 年 9 月，国内某媒体发表了这么一段宣传格力电器的文字：

> 成立于 1991 年的珠海格力电器股份有限公司，是目前全球最大的集研发、生产、销售、服务于一体的专业化制冷设备企业。2008 年，实现销售收入 420.32 亿元，净利润 19.67 亿元，连续 8 年上榜美国《财富》杂志“中国上市公司 100 强”。格力电器旗下的“格力”品牌空调，是中国空调业唯一的“世界名牌”产品，业务遍及全球 100 多个国家和地区。1995 年至今，格力空调连续 14 年产销量、市场占有率位居中国空调行业第一；2005 年至今，家用空调产销量连续 4 年位居世界第一；2008 年，格力全球用户超过 8800 万。作为一家专注于空调产品的大型电器制造商，格力电器致力于为全球消费者提供技术领先、品质卓越的空调产品。在全球拥有珠海、重庆、合肥、巴西、巴基斯坦、越南 6 大生产基地，4 万多名员工，家用空调年产能力 2700 万台，商用空调

年产能力200万台，至今已开发出包括家用空调、商用空调在内的20大类、400个系列、7000多个品种规格的产品，能充分满足不同消费群体的各种需求。多年来，公司始终坚持“自我发展，自主创新，自有品牌”的发展思路，不断超越自我，成功实现了由“技术追随”向“技术领先”的转变。公司成立了制冷技术研究院、机电技术研究院和家电技术研究院，专门跟踪研究空调业的中长期发展技术和尖端技术，建成了近300个实验室，相继攻克了变频多联机组、超低温数码多联机组、G-Matrik直流变频空调、高温离心式冷水机组等一系列高端产品，达到国际领先水平，填补了成百上千项国内空白。公司目前拥有国内外专利3000多项，其中发明专利300多项，是中国空调行业中拥有专利技术最多的企业，也是唯一不受制于外国技术的企业。“一个没有创新的企业，是一个没有灵魂的企业；一个没有核心技术的企业是没有脊梁的企业，一个没有脊梁的人永远站不起来。”展望未来，格力电器将继续坚持自主创新，以“缔造全球领先的空调企业，成就格力百年的世界品牌”为目标，为“中国创造”贡献更多的力量。

对于如何实施好“走出去、创品牌”的国际化道路的战略，董明珠奉行的原则是：先有市场，后有工厂。她说：“中国企业实现‘走出去’的成功标志，就是能否为国家创造更多的财富，能否持续获得消费者的认可。”格力在完成国际化布局之后，品牌国际化已经箭在弦上。董明珠还指出，中国企业在国外建厂，实际上也是在传播一种管理文化，通过产品的生产和营销，把中国的优秀文化传播到全世界。也就是说，走出去绝对不是简单的产品输出，也绝不是简单地到国外去建一个生产加工厂，而是让中国文化一同走出去，并取得相应的利益。

当今时代，许多企业都不是单纯地制造和销售产品，而是在卖产品的同时还卖文化，把企业的价值观念、企业哲学、企业精神、企业道德、企业形象、企业制度和文化结构等推销出去。企业只有成功地推销出这些优秀的精神产品，才能创造更多的财富。这些都是董明珠在行动中一以贯之的。

董明珠清楚地意识到，格力电器可以打造一个纯粹的自主品牌，树立起自己在技术和管理方面的优势，从而实现当企业走出去的时候，不是用自己掏钱的方式，而是用投入核心技术和管理经验的方式，来和国外的资方和厂家合作。但完成一个全球化的布局，并不意味着格力电器就能成为世界一流的企业，要打造一流的竞争力，格力还需要在经营和管理各个层面进行优化和改善。真正成就一个国际化品牌，绝不是一蹴而就的事。

如何建成国际化的品牌，董明珠强调必须在四个层面加以考虑。第一个层面，要建立国际化的经营管理体制，按照国际化的要求，改善企业内部组织体系和管理体系，打造集团化经营能力，通过内部培养和外部引进机制，积累国际业务经验，从而提升公司的全球化产业经营能力。第二个层面，要整合和建设全球化的研发体系，通过整合并购产品的研发和设计中心以及格力电器原有的研发体系，达到全球研发资源的共享，提升全球研发的协同效益。第三个层面，要构建具有竞争力的全球供应链体系，利用格力在速度、效率、成本控制等方面的优势，通过采购、制造和物流的整体配置，提高运转效率，保持企业在成本上的领先，打造格力电器的竞争力。第四个层面，应该打造高端产品，提高产品的技术价值和品牌价值，通过产品设计和核心技术的提升，来塑造品牌形象。

董明珠指出，对于格力来说，国际化还只是一个开始，如何创建并保持企业自身长久的国际竞争力、生产国际一流的产品和创建一流的品牌，是一个更加艰难的过程。在她的头脑中，真正好的营销策略，不仅仅是把产品卖出去，把钱赚回来，还要考虑工厂和商家之间能不能通过合作达到利益的一致。格力必须积极维护消费者的利益，积极维护好与经销商之间的良好合作关系，并坚持高标准、高质量地组织生产。只有这样，格力的生意才能做得更稳固和更长久，才能在国际市场上走得更远。

2009 年，随着广州亚运会的日益临近，作为向世界展现中国大国形象的又一次良好契机，社会各界对亚运会的准备情况关注甚多。随着亚运会各场馆建设进入冲刺阶段，大赛的服务准备工作也在有条不紊的进行中。在各大场馆建设中，格力空调中标了亚运场馆中央空调项目，并且成为该项目的最大供应商。亚运会期间将会有超过 12000 多名体育精英体验格力技术，享受格力服务。市场人士分析认为，广州亚运会作为亚洲各个国家交流体育成果的盛事，不仅是展现体育精英高超技术的舞台，更是亚洲及世界了解中国的窗口，格力空调也会随着亚运会更为世人所关注。服务国际大赛，不只是企业市场推广的成功，更是品牌进行国际化扩张的契机。

借助国际赛事，格力的技术、服务、品牌将随着参赛人员走向全球，中国空调品牌也逐渐成为服务国际重大赛事的主力军。

广州亚运会是历届亚运会中体育项目最多的一届。在这场举世瞩目的大赛中，格力中央空调系列产品成功中标海心沙亚运开幕式馆、广州亚运体育文化中心、天河体育中心等十大场馆，成为亚运会中央空调招标项目中最大的赢家。

据了解，作为中国空调产业的领军企业，近年来格力在各大国际赛事上表现突出。格力是北京奥运媒体村中央空调的供应商，格力用自己的技术为奥运会服务，使更多的人认识并了解中国空调品牌。北京奥运会的成功举行，帮助格力完成了国际大赛的第一跳。

在2010年南非世界杯上，全球顶尖的32支代表队在此次杯赛上展开争夺，数亿球迷高度关注赛事进程。格力中央空调率先夺得“大力神杯”，格力中央空调在南非球馆、配套酒店、世界杯办公大楼运行良好，得到了南非官方、参赛球员与球迷的一致认可。格力品牌让南非人民和世界球迷所熟识，南非世界杯让格力完成了国际大赛的第二跳。

在2010年广州亚运会，格力中央空调用自己的品牌与技术优势获得了10个体育场馆的中央空调安装项目，尤为重要的是为广州亚运会开幕式提供服务，这是中国对格力的信任，更是世界对格力品牌的认可。格力品牌必将得到广泛的传播，进而完成第三跳。

从北京奥运媒体村到南非世界杯，再到广州亚运会，格力完成三级跳，格力技术在不断提高，品牌美誉度也在不断提升。格力空调正在用自己的行动书写着“中国创造”的奇迹，使中国空调品牌走在世界空调行业的前列。格力电器总裁董明珠表示，格力空调将始终坚持自主创新，依靠技术优势与优质服务赢取国际大赛最为苛刻的检验。

董明珠说，格力要做大品牌、做大企业，就要积极培育市场。要通过对企业文化的传播，让外国人充分认识到，不同的企业，不同的产品，质量是不同的，品味是不同的。格力要坚定地走出去，让世界彻底改变对中国产品的看法，让全球的消费者认可和喜欢中国产品，尤其要认可和喜欢格力空调。

董明珠始终坚守“一个有责任的人，要敢立潮头勇担重担；一个有责任的企业，要产业报国造福社会”的信念不动摇，带领着格力人踏踏实实地做好空调。她说：“要照亮中国经济，需要打破陈规，进行开拓思维，进行技术创新。”一个没有创新的企业，是一个没有灵魂的企业。她还说：“要照亮中国经济，还需要产生重大的成果和影响，创造强大的推动力和影响力。”可以说，董明珠的每一个判断都左右着空调市场竞争的方向，一举一动都是行业的风向标，都是空调企业纷纷效仿的对象。她的行为，无时不在影响和引领着整个空调行业的健康发展。

董明珠强调：“现在最重要的是让世界来了解格力，让世界知道中国也有高技术、高质量的空调产品。像北京奥运火炬传递在西方国家面临一定的困难一样，是因为普通的西方民众很大程度上不了解中国。为此，我们要让世界认识中国制造的格力空调，成为世界认识中国的重要方式。”董明珠做到了，格力电器做到了。格力的崛起，让中国企业看到了在国际上强大起来不再是梦。

## 注重源头，凡事追求作于细

董明珠非常喜欢老子的那句名言：“天下难事必作于易；天

下大事必作于细。”这是《道德经》中的话，它深刻地揭示了事物成功的内在规律。成功对于许多人来讲，总会感觉很遥远，许多人也因此感慨付出了很多，收获却很少。当然，成功的原因很多，方式也各不相同，但是作为普通人，总有一个适用广泛的成功方式，老子的这两句话就是很好的方法。

董明珠觉得，细节虽然微小细致，但它却是一种认真的态度和科学的精神。必须不惜代价，以坐热冷板凳的精神，坚持做好产品是格力品牌塑造中最重要的，而营销不是最重要的。格力要做的就是踏实地打造好完美的新产品，坚决拒绝浮夸与炒作，用无须售后服务的产品，来营造格力的品牌形象。

21 世纪以来，董明珠一直在考虑怎么做才能稳定住格力品牌的竞争优势。社会步入服务经济时代，顾客服务流程是 21 世纪经销活动中最需要强化的重点。优质的服务不仅是市场竞争的武器，更是企业生存的技巧，这一点毋庸置疑。在许多人看来，用户服务就是售后服务，而售后服务指的就是维修服务。对此，格力电器却一直有着与众不同的主张和做法。

作为空调行业的标杆人物，董明珠有着自己对售后服务的独特理解和深刻阐释：没有服务的产品才是真正的好产品，没有售后服务的企业才是真正的好企业。格力电器的经营理念很简单，就是消费者的小事就是企业大事，消费者新的需求就是企业努力的方向。格力就是要用这样的经营理念来制造产品，对消费者抱有负责任的切实态度。售后维修服务，实际上是对消费者的一种麻烦和骚扰，因为消费者买回去后，不是为了用天天打电话的方式来享受上门服务。很多人说，售后服务好的企业就是让消费者满意，而承诺不需售后服务的企业会更让消费者放心。“放心”

永远比“满意”高一个档次。

1997年，格力提出了“强调售前、服务售中”的口号。格力的这一提法，不是不做售后服务，而是为了更好地把前端质量控制好，从而更有效地降低售后返修服务的成本。2003年以来，格力空调相继提出了“没有售后服务的服务，才是最好的服务”和“8年不跟用户见”的服务观，并在生产、制造、物流、销售、安装等环节采取积极有效的措施，使格力空调朝着规划的目标迈进。这种服务理念完全是从保护消费者的利益出发。

与众多企业忙于应付此起彼伏的售后维修问题不同，格力电器总是集中精力抓好售前的空调产品质量，不计成本地选用优质元器件。格力扎扎实实地从原材料抓起，以保证空调的产品质量。董明珠说：“在您购买格力空调之前，我们就已经给了您充分的保障。”这也是格力电器集中精力抓好空调产品质量的宗旨。生产一台普通空调，至少需要1500个零部件，任何一个零部件的质量都会影响到整机质量的好坏。为此，格力电器专门设立了筛选分厂，安排500多名员工，对所有的零部件进行严格的筛选，不合格的零部件，一律不上生产线。格力的筛选机构，也是中国空调生产厂家最先建立的零部件检验机构。

中国的空调行业素来就有“三分产品，七分安装”的说法。在产品销售的过程中，空调产品最为强调的就是产品的规范安装。空调要通过安装才能使用。一台空调的售价已经包括生产厂家付给安装公司的费用。有的空调企业，由于自身的利益空间受到挤压，就会打起缩减安装费的主意。比如，很多的空调品牌在2005年的安装费用支出都在250元左右，刨去给厂商的管理费用，仅剩下110元。在这样的价码下，安装公司再支付80元左右的人员劳务、挂架螺丝、车辆通讯等成本，利润空间约为30元。一旦厂家再把安装费用压低，安装公司就必然在配件质量、劳动装备上打折扣，从而降低甚至克扣安装工人的工资。这些因素都会导致安装质量的下降，进而为产品的正常使用埋下隐患。细节决定成败，空调安装的细节，恰恰是决定空调使用效果的关键环节。

从某个角度来说，没有安装，就没有消费者；没有安装，就没有销售。董明珠相信，就格力的产品质量而言，只要做到了规范安装，售后就极少会出问题。格力每年发生的为数不多的售后服务案例中，80%是由于服务代理商没有按相应规范实施安装造成的。因此，格力从产品价格上采取了保证售中安装服务的措施，把安装费用计入了产品的生产成本之中，由经销商或者维修点来对用户实行免费安装，安装费由分销商直接同工厂或区域销售公司结算，因此确保了格力空调的安装质量。董明珠说，细节问题决不能出任何闪失。

格力空调每年都投入大量的人力、物力和财力，加大对全国范围内服务网点从事安装技术人员的培训力度，同时，也大大强化了对安装质量情况的监督、奖励和处罚力度。比如：格力在安装服务上规定，安装流程必须严格按照珠海总部统一下发的操作手册执行。总部还要定期跟踪拍摄每个安装工的安装实况，在举办培训班时播放并进行比较，一旦发现不规范操作，就要对当事人进行警告或罚款。同时，格力空调的安装规范更加强调服务细节，比如：室外机的挂架，很多厂家都只打4个孔，而格力则要求必须打6个深10cm的孔，管线的转角，也必须是直角。这样，既外形美观又充分利用了原配料，从而杜绝了故意迂回、向用户多算材料费的U型转角。

在中国，空调的售后服务一直是企业最头疼的事情。维修一台空调，往往可以耗费掉销售一台空调的全部利润。空调买方市场的形成，使各厂家和厂商之间尤其是经营同一品牌的商家之间，进入了一个恶性竞争阶段。商家没有合理的利润，就无法保证为消费者提供优质的服务，消费者就往往深受其害。一些空调销售渠道商也会采取低价冲货的手段，来搅乱正常的市场秩序。

针对空调市场的价格战，董明珠做过详细的市场调查。据董明珠掌握，喧嚣的空调价格战给人们留下了许多恶果。因质量等因素导致的对空调的投诉量逐渐上升，远远超过其他家电产品。这表明，以降低成本为代价制造的虚假市场繁荣，也给消费者制造了相当多的麻烦。2001年5月，北京市工商局受理空调投诉43件；6月，空调的投诉量又比5月增加了近50%。中国消费者协会的统计表明，2001年第一季度，全国空调的投诉量达1064件，其中，有关质量问题的投诉850件，比2000年同期增加了许多。这些投诉集中表现在空调不制冷、安装不合理、不能及时维修、室外机结冰等方面。

为此，格力从维护消费者的利益出发，切实加强了服务网络建设。格力通过销售公司，统一进行规范的销售和服务，既保证了消费者的权益，也保证了厂家和经销商有合理的利润空间。格力先后在全国组建了5000多个售后服务网点，受过专业培训的售后服务人员达到3万人。在售后服务上，格力推出了一系列独一无二的新举措，像安装人员持《房间空调安装培训合格证》和《格力空调安装合格证》双证上岗、组建维修服务“快速反应部队”、组建“格力专家服务纵队”等。这些举措，把格力空调的服务提升到了一个新的水平，确保了对消费者需求的快速反应。

格力一直秉承“客户效益第一，格力效益第二”的服务观念。董明珠多次强调，只有客户投资获得回报，企业才会获得回报。格力电器有一个星级服务标准，就是：压力永远要由格力承担。这样的一个服务标准，又怎能不让消费者放心呢？

2005 年 1 月 1 日，格力电器开始对家用空调器产品执行“整机免费包修 6 年”的售后服务新标准。而国家的要求是：整机保修一年，主要零配件保修三年。格力执行的新标准，大大超过了国家标准。按照普通空调八至十年的使用寿命，格力空调整机免费 6 年包修的售后服务标准，实际上就意味着终身免费包修。这个标准超越了国内所有的空调品牌，使格力空调成为全球售后服务的领航标。

业内都知道，空调素有“半成品”之称。格力实行“整机免费包修 6 年”的服务标准，无疑大大增加了格力的生产成本。董明珠认为，这个标准既是对消费者的承诺，也是对格力自己提出的要求。承诺要兑现，对消费者要负责任，这就要求格力要将产品做得更好。表面看，这是对消费者的承诺，而实际上这是对自己的挑战。格力完全有能力来兑现这种承诺。由于格力自加压力，使产品质量得到了更有效的保证，6 年之内几乎不用维修，维修成本不但没有增加，反而有了明显下降，让消费者得到了更多的实惠。

董明珠强调，维修服务必须实现从虚到实的转变，同时，还要与消费者相互配合搞好服务。为此，格力电器开展了对用户的大规模回访活动，尽心尽力地向消费者传播空调的使用方法和维护知识，促成了对产品性能的把握由企业自我了解型向消费者了解型转变。1999年以来，格力电器先后开展了“800万用户大回访”“1000万用户大回访”“3000万用户大回访”等大型活动，无偿为消费者保养空调数百万台。

2005年，格力电器在广州范围内广泛开展了“11年老用户”活动，不仅得到了广大消费者的支持，也引起了媒体的关注。在短短的国庆7天假期内，格力就找到了近百名11年的老用户，甚至还找到了12年和13年的老用户。在北京的同类活动中，竟然找到了15年的老用户，这让格力人无不感到骄傲和自豪。

用户大回访活动，对格力品牌的进一步塑造和格力产品的扩大销售，都起到了推动作用。这样的举动，充分体现了格力电器经营理念的重大变化，并在广大消费者的心目中赢得了很高的信誉。

## 兑现承诺，保证客户零压力

格力有一句最让消费者称赞的名言：消费者的每一件小事，都是我们的大事，压力永远由格力承担，而不是让消费者承担。这样的话，不在说得如何好，而在做得如何好；不在承诺如何美好，而在兑现如何美好。承诺是土，兑现才是金。

董明珠说：“我们从来不用虚假的承诺来欺骗消费者，而是用实实在在的作为来引导消费者。”她认为，企业应该引导消费者去消费品质最安全、价格最优惠的品牌，从而获得消费的最理想价值。品牌的信誉度，是用销售数字和产品质量堆积起来的，而不是用广告和宣传营造出来的。

在空调企业的价格大战中，一些企业曾经绞尽脑汁，想尽一切办法，来拼命地误导消费者。在这种情况下，消费者虽然买到了价格便宜的空调，但是买回去却不能用，至少是不好用。一些企业针对消费者不满的状态，在售后服务上采取了蒙骗消费者的办法。消费者买回去的空调坏了可以抬回来，产品屡坏屡修，来回往返，最终也无法消除消费者的烦恼。以这样的心态做企业，随着时间的推移，企业必然被消费者所淘汰。董明珠说："格力坚决不做这样的企业，也不可能做这样的企业。做这样的企业，就是害人、害己。"

早在1994年，格力电器就意识到树立消费者至上理念的重要性。当时，格力在国外采购的材料应该是最好的，但在采购的过程中没有完全掌握产品质量和匹配问题，从而造成了采购来的材料完全不符合格力的生产要求，空调装好后在启动环节上存在问题。这在格力电器引起了不小的震动。从此，格力痛下决心，开始在产品的研发上大做文章，从而拉开了由自己来研发和控制核心技术的大幕，以此来保证产品的质量。

而在此时，一些商家在利益至上经营理念的驱使下，把引导消费者变成了引诱消费者。他们只考虑今年能与别人合作就达到了目的，而不是考虑长远地与别人合作。只考虑尽快能大赚一笔，而且比合作者赚得多，而不考虑合作共赢。可董明珠所想的却恰恰相反，她所坚持的完全是一个共赢的思想。她希望合作者能比格力赚得多，只有这样才能与合作者建立长久的合作关系，才能团结更多的人，共同来做发展格力这件事。

董明珠指出，要达到一个共赢的结果，企业本身必须讲诚信，承诺必践诺，说到必做到。诚信是实现共赢的根本，是合作干事的前提。许多企业因为缺乏诚信，企业最终不是关门了，就是转让出去了。在价格竞争中，一些企业过分炒作概念，不是标榜产品采用某某世界名牌压缩机，就是标榜采用某某国际先进艺术，以此来衬托自己产品的档次之高、质量之好。这完全是不负责任的做法，是不诚信的行为。正所谓：人无信不立，家无信不成。

2003年，空调行业竞争激烈之势，“健康空调杀菌”“变频空调节电”“空调同质化”等概念的炒作在行业内盛行。对此，格力空调董事长朱江洪和总经理董明珠都挺身而出，进行了严肃的批驳。

朱江洪认为，变频空调并非都省电。交流变频空调的电机效率只有40%，并不省电。直流变频能将电机效率发挥到80%以上，这才有一定的节能效果。而所谓的健康空调、杀菌空调，使用的都是早已拥有的冷触媒和光触媒技术。技术原理是利用紫外线和一部分触媒杀菌，并无新意。对于“空调同质化”问题，董明珠则认为，提出“空调同质化”是一些小品牌为了抢市场，故意歪曲事实来混淆视听。空调是有相当技术含量的，主要体现在空调整机的匹配技术上。不同品牌的空调，尽管规格型号相同，但噪音大小、制冷制热量和寿命都不一样。因此说，空调行业疯狂炒作概念，是欺骗消费者的行为。

格力做出“整机6年免费包修”的承诺，是因为格力对自己的产品质量有着充足的信心。这个口号，不仅仅是格力对消费者的承诺，也是格力对自己提出的苛刻要求。兑现6年免费包修的承诺，就是对消费者的最大负责任。董明珠说：“如果承诺不兑现，就不是诚信企业，消费者就不会买你的账，就会抛弃你。这就逼迫我们必须将产品做好。6年免费包修看似是我们对消费者的承诺，实际是对我们自己的挑战。”这样的承诺，也直接成就了格力产品的维修数量越来越少，6年之内几乎杜绝了维修，使维修成本大幅度地下降。这样的结果，让格力和消费者双方受益。

格力电器刚刚成立的时候，只有一条破旧的窗机生产线，年产量仅有2万台。而当时同行对手已有几十万台甚至上百万台的生产规模。可格力没有气馁，在格力电器全体员工的誓师大会上，朱江洪就曾激昂地表示：我们既然选择了做空调这条道路，就要义无反顾地走下去，脚踏实地地做好空调，并做成中国最好的空调。这些话，不知让多少格力人记忆犹新。

在这种信念的支配下，格力始终抱着对社会负责、对消费者负责的态度，来设计和生产让消费者没有顾虑的空调产品。格力空调从不因为市场需求的低价而偷工减料，而是一直用国家允许范围内的最高标准来要求自己，让消费者逐步通过使用产品，来认识和接受格力品牌。

一些企业往往惧怕激烈的竞争，而董明珠偏偏不怕竞争。她有十足的把握去和对手拼技术、拼质量。在2008年北京奥运会奥运媒体村空调招标的过程中，招标方要求空调产品生产的技术必须是全球最先进的。在这种情况下，参与竞标的品牌有外资品牌，也有国产品牌；有比格力报价高的品牌，也有比格力报价低的品牌。而最终，格力从众多的竞争对手中脱颖而出，成为奥运媒体村的空调供应商。格力中标的主要撒手锏是其产品可以在零下25℃时保持自动启动，这恰恰是其他空调所不具备的优势。独有的核心技术，才是格力赢得最终胜利的撒手锏。

之后，在全世界媒体精英所居住的地方，在所有敏锐而挑剔的目光之中，5000多台格力空调被安装在了奥运媒体村，收到的反馈信息非常理想。格力之所以赢得非常好的效果，关键在于产品拥有过硬的质量。

在销售渠道的选择上，格力通过专卖店来营销产品，确保了服务更及时、更周到，就如同贴身服务一般。格力所追求的就是更好地做到售后跟踪到位、售后服务到位。格力建立专卖店，从消费者购买空调起，一直到进入到家里安装和使用，整个服务流程一项接一项地紧跟着，一旦消费者有了什么疑问，任何一个专卖店都可以随时随地提供服务，消费者没必要去找购买产品的那个专卖店。

董明珠认为，格力建立营销专卖店，可以最大限度地把利润空间留给消费者，也留给自己。这是为消费者提供超值价值的思路，从而确保了格力在自建专卖店这条道路上越走越顺畅。

2006年夏天，重庆一度出现了44.5℃的高温天气，并且连续96天大旱。奇高无比的室外温度让大部分空调纷纷趴下，不能正常制冷。但是，格力空调却安然无恙，依然坚持正常工作、正常制冷，为重庆人民带来一丝惬意的清凉。原因是，按照国家和国际标准，一般空调可针对常年最高气温43℃来设计，而格力空调，其设计标准是确保在52℃高温下能够正常使用。按照国家标准，电容表面温度只要达到70℃，能正常运行600小时就可以判定为合格，而格力却将标准提高到能够正常运行1000小时才算合格。这绝对是一种超乎寻常的自加压力。为此，格力不愧是中国名牌、世界品牌。

当业内人士把格力的成功原因归结为独特的“格力营销模式”时，董明珠总是加以纠正说：“格力的产品质量，才是制胜的关键所在。”

在董明珠的营销理念中，产品的质量和全程服务远远比广告宣传重要，因此，格力电器一直没有太多花哨的宣传概念。董明珠说：“要成为一个世界名牌，绝不是一个广告就能决定的，关键的是靠产品的技术领先。我们现在已拥有国内外技术专利9000多项，其中发明专利2500多项。从家用空调到商用空调，所用的技术全部是我们自己的。特别是离心机的核心技术，已经安装在黄山的一个五星级大酒店，这是一个成功的标志。我觉得，格力只有想不到的，没有做不到的。可我们绝不因为做到了而满足，而是对自己提出更多、更苛刻的要求，确保格力在世界的领先地位。”

2009年，格力电器就成为中国世界纪录协会世界家用空调产销量的世界第一，同时创造了多项世界之最和中国之最。格力电器一直致力于打造最优质的空调产品，从行业独一无二的零部件筛选分厂，到每年不设上限的科研投入，从而取得了硕果累累的科研成果，扎实地奠定了格力电器在空调行业的龙头地位。格力家用空调产销量自1995年起连续18年位居中国空调行业第一，自2005年起连续8年位居世界第一。

格力电器始终恪守“工业精神”，以“不拿消费者当试验品”为企业信条，坚持实行“精品战略”，把产品质量当作打造百年企业的基石，作为全球空调行业的领军企业，格力多年来坚持“诚信、务实”的经营理念，“以技术创新抢占制高点”的战略思想，对于提升整个中国空调业的国际竞争力，加强技术革新，保证质量稳定可靠等方面做出了划时代的贡献。

兑现承诺，一诺千金，格力努力地践行着“保证客户零压力”星级服务标准。正因为如此，格力才不断地推陈出新，不断地创立新的格力模式，从而确保了在中国空调行业乃至世界空调行业的领军地位。

## 甘愿吃亏，工业精神得弘扬

董明珠一直倡导在中国的企业中，要大力弘扬工业精神。目前，人类社会正在由工业时代向信息时代迈进，需要强大的工业精神来支撑。工业精神就是重视理性、重视实业、重视科学、重视创新，提倡合理谋利，实现多边共赢双赢，把贪图财富的个人行为转化为合理的社会行动，摒弃一夜暴富、短视浮躁、急功近利的心态。这种工业精神意味着要不怕吃亏、勇于奉献，对消费者、对社会、对公众有高度责任感。只有拥有这种工业精神，才能正确引导行业和产业的健康发展。

董明珠认为，工业与商业是不同的。工业是一座用一块块砖头构建起来的大厦。大厦的高度取决于地基的牢固程度。因此，侥幸与投机在这里都不起作用，只有秉承一种“工业精神”，朝着理想一步一个脚印地前进，才能走向未来。对于格力来说，企业的发展不仅要具备核心竞争力，更需要用一种灵魂性的东西去充实它的文化。董明珠结合个人实践指出，尽快实现企业发展的精神动力从“商业精神”到“工业精神”的转化，是当前中国企业发展的一项灵魂性的支撑工作。改革开放至今，中国大部分企业长期用“商业精神”来指导发展，什么赚钱做什么，完全用一时的利润标尺来衡量。仿冒与跟风、价格战、同质化、产能过剩等，其实都是“商业精神”带给中国企业的后遗症。

董明珠所理解的“工业精神”就是少说空话、多干实事的精神，就是全心全意关注消费者需求的精神，就是主动承担社会责任的精神，就是用企业的力量来推动社会发展的精神，就是所有行为都必须对未来负责任的精神。把这些归纳起来，就是“吃亏精神”。企业有了这种“工业精神”，就可以把人的力量和智慧无限地聚合起来，最大限度地实现自主创新，创立民族品牌，推动中国的制造业和国民经济向前发展，最终实现与世界先进水平接轨。当代中国需要“工业精神”，格力也需要“工业精神”，如果不是这股工业精神在提供支撑，格力不会走到今天。提到这一点，董明珠总有很多感慨。

她说：“做企业，不能把目光盯在追求短期利益上，忽视对长远利益的考量。要想脚踏实地地做好企业，一方面，要在技术研发和自主创新上少说空话，多做实事；另一方面，要切实关注消费者的根本需求，主动承担社会责任，用企业力量推动社会发展。”她还直言，在国内具有劳动力、土地资源成本优势的条件下，众多企业用纯粹的商业精神来决定发展思路，从而导致了只注重追逐短期利益，而忽视对长远利益的审视。

对利益的绝对追逐是商业精神的最大特征。董明珠说：“由于我们的社会缺少商业伦理的监督，加上整个社会精神的缺失、整个社会责任的缺失，这种对金钱的追逐已经放大到了极点，钱似乎成为了企业行为的主宰。这一点，在零售业和制造业表现得尤为突出。而众多的案例表明，凡是以商业精神来指导行为，无论是零售企业，还是制造企业，都无法成为真正的赢家。”

董明珠说：“在我心中，真正的工业者必定是‘工业精神’的实践者，有理想、有抱负、有社会责任感，愿意为长期价值放弃眼前利益。真正的工业者会把推动社会进步作为自己事业的核心，而非简单地获取利润。中国要发展，需要的就是这种真正的工业者和他们的‘工业精神’。他们要获得利润，但并不仅仅为了获得利润。他们的利润是由自主创新而实现的核心技术发展带来的。我自认不是一个聪明的人，只是一味朝着认定的方向前进。对我而言，我所在的格力电器的方向就是我的方向。我希望格力空调能成为世界上叫得响的品牌，能让中国空调业在国外同行面前挺直腰杆。为了这个目标，我们只做空调，不给自己留一点后路；为了这个目标，我们建起中国最大的空调实验中心；为了这个目标，我们一直不愿意多说什么，而是全力服务于我们的顾客……”

多少年来，格力一直不懈地在拥有独立的技术和独立的市场方面搏击着。不喜欢抛头露面的朱江洪，专注于攻克技术难关；而雷厉风行的董明珠，则侧重于打造独有的营销模式。两人优势互补，奠定了格力内外兼修的强大基石。而人们更为关注的还是董明珠。在中国的制冷业，董明珠是一个坚定地把工业精神作为发展信条的人。在众多企业都在走多元化扩张之路的时候，格力却一直坚持专业化道路，一心一意把空调做好，目的只有一个，就是让消费者能用上更好的空调。

董明珠最喜欢阅读《福特自传》这本书。了解福特故事的人，就会发现董明珠与福特之间有很多相似之处。福特放弃自己稳定的工作，专心致志搞研究、搞试验，就是为了能尽早实现发明汽车的梦想。汽车造出后，福特又不辞劳苦，潜心研究，最终发明了汽车生产流水线，创造了具有划时代意义的奇迹。而支撑他行为的动力，就是为了让每一个美国人都能开上福特汽车。一百多年前，福特因为执着的工业精神而成功。

工业精神与商业精神有着本质上的不同。工业精神是一座用思想与汗水构建起来的精神大厦，是与侥幸和投机格格不入的。董明珠阅读《福特自传》后发出了这样的感言：这个工业精神，简单地说，就是吃亏精神。她甚至傲气地吐露：在聪明人居多的美国，却只有一个福特发明了汽车。而同样，在快速发展的中国工业界，也很难再找到能与格力惺惺相惜的同行之音。

董明珠觉得，企业和个人要成就一番大事业，没有一点奉献精神是不行的。她就是从一个小小的业务员做起，一步步做到今天格力电器董事长、总裁的位置，她把自己的青春年华全部都投入到了格力的事业中。而让她一直痛心的是，当今时代随着社会的整体浮躁，中国的大部分企业都在用商业精神来指导企业的发展方向，一切以赚钱为目的，完全抛弃了对社会负责的精神。甚至是一些地方政府也在利益的驱动下忽略了社会的协调发展。

很多人对董明珠倡导工业精神的做法感到有些疑惑。一个人做企业，尽心尽力地把企业做好、让企业赚钱就行了，讲那么多的责任担当干吗？

董明珠认为：从表面上看，商业精神和工业精神都是追求利润，但从获利的方式来看，就会发现商业精神与工业精神有本质上的不同。工业精神与科学技术有着直接而紧密的联系，工业精神实际上就是科学精神的延伸。与商业精神相对照，工业精神更讲求信用，讲求公平竞争，讲求长远利益。这方面，可以从格力的发展轨迹中得以验证。正因为董明珠对工业精神的执着，才让格力发展得更加迅速，也吸引了更多有识之士加入到了跟跑的行列。

董明珠经常用强硬的口气来规范经销商的行为。她说："要先做事，再赚钱。你不能今天卖格力，明天去卖其他品牌，后天又换了一个其他什么牌子。空调不好卖，你就去卖洗衣机；洗衣机不好卖，你就去卖冰箱。这不行。我所要求的，是要你一辈子都卖格力空调。"她要求全国的格力经销商都要理解和认同格力的企业文化。董明珠以一种不容置疑的态度，把她所倡导的工业精神融入到格力的流通渠道里。她完全知道商业精神会给企业带来怎样的后果。商业精神所带来的不是大家的共赢，而是互相残害。

在空调行业习惯于靠价格战来占领市场份额的时候，格力却默默无闻地潜心于工业制造，每年都要拿出巨额资金来搞产品的研发试验，并且在原材料价格上涨的情况下，依旧采用名牌压缩机电机以及优质镀锌钢板和优质螺旋钢管，坚决不在材料上偷工减料。其实，这恰恰是工业精神的具体表现。工业精神不仅仅是吃亏精神，还包含着锲而不舍的创新精神。

董明珠强调："一味地追求商业精神，很容易使企业团队变得懒惰。企业为了赚钱，把各种手段都用到了极致，喜欢抄近道、走捷径，往往忽视了产品的研发，最后养成了懒惰的习惯。企业总想在短时间内捞取暴利，时间久了，产品技术就会跟不上市场的需求。从短期效益看，工业精神确实是一种吃亏精神，因为企业必须要耐得住寂寞，要投入巨资潜心搞研发试验。但从长远来看，这一切都非常值得。"

董明珠所追求的目标，就是把格力打造成世界级的名牌产品，让格力成为中国人的骄傲。事实上，董明珠二十多年一直恪守一个信念：一个有责任的人，要敢立潮头勇担重任；一个有责任的企业，要产业报国造福社会。到 2013 年，她已经把格力打造成年营业总收入超过 1200 亿元的全球知名企业，自 2005 年以来，一直蝉联着世界空调销售的年度冠军，缔造了家电行业的发展奇迹。

在商业精神泛滥的今天，董明珠却一直高举着工业精神的旗帜，不打价格战，不打概念战，老老实实地做产品，老老实实地做品牌，老老实实地做服务。她专注工业精神，专注中国制造，用中国制造，创造了世界纪录，让全球都为格力喝彩：好产品，中国造！

格力的社会责任还体现在股市方面。作为一家上市公司，格力一直都在按照上市公司规范的行为去运作。既不违背上市公司的相关规定，也不像一些上市公司的大股东那样，把上市公司作为摇钱树来圈钱。当初，格力上市时，募集资金不过 7 亿元，而到 2013 年，格力给股民的分红累计超过了 84 亿元，是募集资金的整整 12 倍，企业的资产总额超过 1000 亿元，累计纳税超过 290 亿元，实现了股民、企业和国家的多赢。

董明珠一直考虑着企业的可持续发展。格力电器从 1997 年起，就不再需要银行贷款来经营自己，而完全依靠自有资金来谋求发展。2001 年，格力开始在重庆建设生产基地，当年就给国家和地方创造了 3000 多万元的税收。目前，重庆基地的员工人数超过 8000 人，年生产家用空调 500 万套，成为珠海格力电器股份有限公司在西部最大的生产基地，有力带动了当地经济的发展。到 2013 年，格力电器已在全球建立了九大生产基地，格力专卖店近 2 万家，自主品牌空调远销 200 多个国家和地区。

用工业精神规范企业行为的格力，必将开创更加美好的明天！

## 做好产品，最佳营销在品质

业内都知道，格力已经形成了独特的营销模式，也称“格力模式”。这种模式不是向别人学来的，而是营销中所面临的实际困难倒逼出来的独门绝招。空调界最为出名的、最让人触目惊心的，就是价格大战。空调制造企业之间，一旦形成激烈的竞争局面，往往就会掀起一轮激烈而残酷的价格大战，从而采取直接下调价格或者赠送礼品的方式，来抢占市场份额。惨烈的价格大战，常常把空调市场打得天昏地暗，让空调制造企业心惊肉跳。

而董明珠从来都不理会空调营销的价格大战。不管业内的战事如何，格力空调就是不降价，格力不降价的主要决策者就是董明珠。董明珠历来反对降价倾销，历来都旗帜鲜明地反对价格大战。她说：“空调的价格大战不是一个好的营销策略，价格大战对所有的厂商都没有好处，用心做好产品，提高产品的品质，才是最佳的营销方式。”

在家电行业开始进入微利时代的今天，空调营销的价格大战更加成为企业的一块心病，时而就会让企业主们隐隐作痛。对此，董明珠却显得很是淡定。她说：“微利是社会发展的必然趋势，垄断时代和信息闭塞时代才会出现暴利，而在竞争时代和信息时代，不可能再出现暴利，微利是竞争的必然。但是，产品的微利并不代表企业的微利，企业要做出规模来，才能集小微而成大利。”

董明珠曾直言：“外界给我定位为营销女皇或者营销专家，

这些对我来说，都毫无意义。我不会因为有这些光环的缘故去改变自己。其实，在营销方面，我自身最大的个性就是保持一个诚信共赢的心态，而不是刻意地使用什么技巧和手段。我感觉，只要格力一直秉承诚信共赢的理念，就会赢得市场、赢得消费者。至于别人怎么评价我、怎么评价格力，那是别人的事。”

董明珠回忆说：“格力当年跟国美博弈的时候，有人认为我们跟国美较量是因为格力自身有实力，同行中的很多企业都认为格力给他们出了一口憋闷已久的恶气，说他们不敢跟国美较量，不敢得罪国美。有人干脆跟我说我们之间的较量是国美的错，可我却不这样认为。国美要求必须服从他们的条件才可以进入，而我感觉我们完全有能力可以拒绝国美，可以不进国美。我知道我们的实力。格力电器一直是消费者非常认可的品牌，有这个保证，就足够了。”

董明珠指出：“一个企业，要真正能做长久，就必须对消费者负责，就要生产出好的产品。只要我的产品好，消费者的口碑就好，消费者就对我们有信心，我们也就有了可靠的市场。消费者想购买我们的产品，就会主动到卖格力空调的地方去买，他们不会因为商家是谁而放弃购买格力空调的想法。我们的市场是因为消费者的存在而牢固，不是因为你是什么大卖场的存在而存在。我们不满足你大卖场的条件，你可以不批准我们加入你的大卖场，但是，我们的条件也一样苛刻，你不满足我们的要求，我们就可以终止与你的合作。我们也真诚希望将来能跟国美等大渠道商达成合作共识。我们并不是非要自建销售渠道，也不是非要自建渠道来抗衡大卖场。我们一直在寻找志同道合的合作伙伴，把格力的事业持之以恒地做下去。”

其实，早在格力与国美较量之初，格力销售的自建渠道就已存在。格力自建销售渠道，是因为空调产品销售的特殊性。空调购买后，需要安装和跟踪服务，格力承诺提供六年的包修服务，而且要直接跟踪到消费者。格力所探索的专卖店营销模式，就是为了更好地实现专业制造、专业销售与专业服务的一体化。这样的一体化，是对消费者极其有利的。因此，格力的专卖店越开越多、越开越好。专卖店多了，格力就拥有了占领市场的资本。因此，格力完全能够以自己的条件来拒绝和抗衡国美。

董明珠早就意识到，空调市场的大部分降价都属于恶性价格战的结果。空调行业残酷的价格大战，对于空调行业本身来说没有一点好处。一方面，价格大战使企业的利润明显减少，企业遭受损失。企业遭受损失，就无法再追加投资，企业的发展就面临挑战，国家的税收就必然面临损失。另一方面，由于价格的降低，企业就必然在生产成本和服务成本上大做文章，最终损害了消费者的利益，从而埋下了丧失市场的隐患。

但是，格力空调也并非是一味的不降价。董明珠说："格力主动降低价格，与打价格战完全是两码事。有人说格力的毛利率在30%以上，这是不确切的。在微利经营时代，能有这么高的利润率，是不可能的。原因很简单，原材料成本高，售后服务成本高，利润率不可能有那么高。说句实话，格力的利润率，充其量只有5%。格力赚钱，完全是依靠企业的规模。"

董明珠指出，空调行业成为微利行业，是时代发展的必然结果。格力空调虽然是品牌产品，即使是微利营销，也坚持不涨价。格力有充足的理由和条件能很好地生存下去，更好地为消费者服务。一是格力的产品不断更新换代，用产品的高效能给消费者带来更多的实惠；二是格力坚持规模化生产，将原材料上涨成本消化在规模化生产之中。

更难能可贵的是，即使格力在维持微利经营，也仍不打算进行多元化扩张。董明珠一直在秉承着一个信念，就是格力如果连空调都做不好，做其他产品还能好到哪儿去？早在1997年，格力就曾经遇到过扩张的诱惑，有的非空调生产企业甚至将自身的资产白白送出，让格力兼并。但是，格力权衡利弊，最终加以拒绝，仍然坚持走自己的专业化道路。

董明珠在营销中考虑最多的就是消费者最需要什么。她说，如果企业把这一点紧紧抓住，企业的发展就握有主动权。格力的产品都是智能化的产品，也正是消费者所需要的好产品。走专业化的道路，就是扎扎实实地做好空调，让空调产品更加趋于完美，对消费者更为有利。格力一直不被变幻的外部环境所干扰，静下心来做产品，无论是家用空调，还是商用空调，都做得精益求精。

董明珠强调，在产品的制造上，我们国家有我们国家的标准，国际有国际的标准，但最高的标准就是让消费者满意。让消费者满意，才是产品制造至高无上的标准，格力一直围绕这么一个标准去做。董明珠认为，做企业一定要有宽阔的心胸，要有国家意识，要把企业利益与国家利益紧密联系起来。政府工作的宗旨就是为老百姓服务，企业的利益跟国家的利益结合起来，就会做出更多有利于百姓、有利于社会的事。这也是我们做企业应该坚持的方向。现在，格力的产品已经走向了世界，我们不能把眼界仅仅盯在一个小圈子内，我们所肩负的，是更好地代表国家形象的责任。

一家企业在发展的过程中会受到各种预料不到的不利因素的影响。不利因素的出现，会让企业的发展面临困境，会给企业带来毁灭性的打击。有的企业本来做得很优秀，甚至想做百年老店，可是，他们往往会在困境出现时，不知所措地栽了跟头。对此，董明珠充满信心地说："格力电器不会面临这样的困境。我们每时每刻都有严格的要求，并严格地规范我们每一个人的行为。有了这些严格的要求和规范的行为，尽管会发生一些预料不到的突发事件，企业依然不会受到太大的影响。有人曾别有用心地给我们做了很多负面报道，可对格力来说，没有受到任何的损害和威胁，反而促进了格力电器销售额的增长。"

格力电器只有一句"好空调，格力造"的广告语，广告语虽然只有区区六个字，却足以让格力电器深入人心。董明珠从来不在研究广告语上耗费心思，也不在品牌营销上花更多的心思。就是"好空调，格力造"这一句，当初也不是广告语，而是格力对每一名员工提出的激励口号。"好空调，格力造"喊了十几年后，格力才提出了新的口号——"精品空调，格力制造"。

一直以来，格力电器所取得的营销成果不是来自于广告推销，而是来自于口碑的宣传。格力的消费者购买格力空调，并不是受广告的引导，而是从内心认为格力空调的品质好，或者是看到亲戚朋友们购买了，也跟着购买。这是典型的依靠口碑搞营销的策略。

"精品空调，格力制造"提出后，格力电器将更多的精力和注意力放在了高端产品的研发上。用心做好产品就是最佳的营销手段，是董明珠永远不变的追求。目前，格力在全球已经开设了10000多家格力专卖店，创新的营销模式奠定了格力电器在行业内的领导地位，保证了格力不断跨越巅峰。董明珠说："我希望全世界的每一个角落和每一个房间安装的都是格力空调，通过格力的产品，让全世界感受到中国的形象，感受到中国人的严谨和精到，让'精品空调，格力制造'深入全球消费者的心里。"

继 2013 年格力电器营业总收入实现 1206 亿元后，董明珠再次提出：2014 年，格力电器营业收入力争达到 1400 亿元。董明珠认为，首先，市场的大小并不是由对一个产品的需求量决定的，而是由企业产品的品质和服务来决定的，由此格力产品必将被更多的消费者所选择，格力核心产品仍是格力今后重要的增长点；其次，我国空调市场经过近 20 年的发展，已经开启了以旧换新的时代，所以更新换代也是格力保持增长的动力之一；再次，生活电器也是格力的另一个利润增长点。有了这些增长点，格力才拥有着巨大的发展空间。

董明珠表示：2014 年，格力不仅在营业额上有 200 亿的目标，在渠道建设方面也有新举措。董明珠表示，格力对自身的渠道战略进行了两点重要调整：一是加强自有渠道模式，打造新型的旗舰店样板，赋予其更多的功能和主题；二是主动服务、智慧营销，为客户提供系统化的解决方案。在大数据、互联网时代，格力除了要打造更多的"旗舰店"和规模的的专卖店外，还要让经销商进驻居民社区，把经销商带到消费者身边去。

产品的品质依旧是格力永恒的追求。在技术上，格力在 2014 年有一个磁悬浮直流变频离心机新品发布，这个产品可实现无油运转，是格力直流变频离心机小冷量系列的补充，格力希望用高效节能的技术为节能环保事业做出更大贡献。

## 8

# 铁腕管理品德出众

## 霸道有理，恪守规矩成方圆

董明珠在管理上一直以霸道和铁腕著称，对自己和部下的要求都非常严格，她经常强调：“我能做到的，你们一定也要做到。”她刚刚就任经营部部长的时候，有一天早上在家里关窗户，不小心滑倒在浴缸旁，疼得她站不起来。而这时，正是公司需要她尽快打开工作局面的关键时期，她恨不得一天能干两天的事。这个节骨眼儿上，要是让她躺在家里养伤，她肯定是无法忍受的。她刚刚来到格力做业务员时，曾在天津跑销售业务期间被摔成骨裂，在疼痛难忍的情况下，仍坚持与老业务员一起工作。对于她来说，带伤坚持工作已经不是什么新鲜事了。

董明珠心里明白，她当时正处在一个很微妙的境况之中。她担任经营部部长后，同事们都感到，原来那个温柔随和的董明珠现在一下子变得严厉不讲情面了。董明珠的表现让经营部几乎所有的人都觉得很不舒服，甚至有些人还摆出了要看她笑话的架势。董明珠觉得，如果现在不去上班，说不定经营部又会回到以前的状态，她近期所做出的一切努力都会付之东流。

性格倔强的董明珠还是坚持去上班了。让她没想到的是，那些让她放心不下的同事们看到她带伤来上班，都纷纷帮她端茶倒水，揉捏按摩，并劝她去医院看看。一向坚强的董明珠看到同事们这样关心她，禁不住流下了眼泪。她坚持带伤上班的本意是担心同事们不理解她的硬朗作风而消极怠工，而眼前所发生的却完全是另一番情景。

董明珠本来就是一个要强的人，现在得到了同事们的理解，心里一高兴，就更不把伤病当成一回事了，又不亦乐乎地忙起了工作。可没想到仅过了两天，摔伤处的疼痛感不但没有减退，反而更加强烈了，最后就连自由活动都非常困难了。

朱江洪知道这件事后，马上来到经营部，看到董明珠的样子，指令经营部的同事们就是抬也要把她抬到医院去。到了医院拍完片大家才知道，董明珠这一跤摔得真是不轻，竟然把一根肋骨摔成了骨折。

一听说摔断了肋骨，还要住院，董明珠一下子着急起来。她不是为自己的伤情着急，而是为尽快推进自己的改革方案着急。她觉得，一旦她自己卧床休息了，这刚刚点起来的一把火，就有熄灭的可能。一旦熄灭了，以后再想烧起来，就更难了。想到这儿，董明珠说什么也不同意长时间住在医院里。最终，她在医院里勉勉强强地熬了几天后，就打着绑带上班了。

在董明珠的行事风格中，霸道和铁腕一直伴随她。她认为："员工的大错可恕，可小错必罚。"员工犯了大的错误可以宽恕，是因为员工不会诚心去犯大的错误让自己名声扫地；但是，员工犯小的错误，比如说犯了上班迟到之类的错误，那是挑战管理，有故意之嫌，绝不能容忍。犯小错的人，往往有"我犯的错误小，你不能拿我怎么样"的心理。因此，在董明珠看来，大错可恕，小错难容。

董明珠接任经营部部长时，面临的困难非常巨大。公司管理混乱，员工上班不是看报纸，就是聚在一起聊天，根本就没有敬业的态度。更为严重的是，董明珠一旦要进行大刀阔斧的改革，就必然会触犯一些人的利益，特别是一些高层领导的利益。一旦改革引起众怒，董明珠就会成为众矢之的，那她的日子就肯定不会好过。

从上任的第一天起，董明珠就看不惯经营部上班时一人一杯茶、一人一张报纸、成天懒散聊天的风气。于是，她决定经营部一周开一次会。每一次的会上，她都用小半天的时间来讲纪律，并针对经营部的具体人进行评议，有人甚至当场被她训得直掉眼泪。经营部女性多，董明珠就在她们的着装服饰、头发形状、走路姿势等方面作出了明确要求。她要求大家最好都剪短发，非要留长发，上班时要盘起来。上班时间，她不允许员工佩戴一堆叮叮当当的首饰。

董明珠的霸道由此可见一斑。在一个崇尚个性化办公环境的时代，董明珠如此强硬地规定下属的穿着打扮，就显得有些过于苛刻。可是董明珠也有她的想法：女人如果穿着打扮太随意，就显得没有气质。特别是结了婚生了孩子，不少女人拖拖拉拉，人们往往说她们是“家属工”，语气中包含着轻视，仿佛她们做不了大事。董明珠的目的就是让这些女员工们明白，女人也要自强，不能自轻自贱、自暴自弃，不能自认只有男人才能做大事。

董明珠下决心大力整顿经营部的工作纪律，并不是针对某一个人或者某几个人。整顿只是手段，整顿的背后所展示出来的是她大公无私的情怀。在她看来，无论是国有企业还是股份制企业，都应该是所有员工的生活命脉。现在，格力就是所有格力员工的生活命脉，格力一旦垮了，首先出现的问题就是员工们要重新去找饭吃。如果只考虑个人的地位和权力，她完全没有必要把自己推到众人面前。董明珠的目标不是一些世俗的东西。为了格力的发展，即使得罪一些人，她也要迎难而上。这样的得罪其实是一种维护。

正当董明珠按照自己的想法一步步地推进改革的时候，有些人受不了了，开始琢磨着如何对付她，甚至用写上告信的方式来攻击她。对此，董明珠一概不理。她知道，写再多的上告信，最终还是要用事实说话的，无中生有的事是毫无意义的。她努力要求自己做到一心为公，就不会在别人的手里留下任何把柄。

董明珠常说：“和谐是斗争出来的！”她的严格，对经营部如此，对格力员工也是如此。2001年，格力电器的销售额达到了100亿元，格力上下弥漫在一片欢腾之中。就在这个时候，公司里个别负责采购和财务管理的人员采取非法手段，玩起了企业“潜规则”，大肆侵吞公司财产。这事被董明珠发现后，坚决果断地对相关人员进行了严肃处理，并把其中的一位财务经理按照法律程序送进了牢狱。

有人说，董明珠是在把自己的人生观强加到别人头上，这句话不无道理。每个人的人生观是不同的，各自的追求也不同。在上进心比较强的人眼里，一个整天都碌碌无为的人，肯定是一个不求上进的人。这样的人，肯定不适合在董明珠这种霸道的作风下工作。一个想要发展壮大的企业，需要有董明珠的这种霸道来保驾护航。董明珠的霸道虽然约束了经营部员工的相对自由，但也成就了经营部强大的战斗力。

在人才培养上，董明珠也以严厉甚至苛刻著称。她担任经营部部长时，一位各方面都比较优秀的大学生前来应聘。让董明珠感到失望的是，这个大学生一上来就谈钱。这让董明珠很反感。但最终，这个小伙子还是比较幸运地留了下来，被安排到公司质控部工作。董明珠被提升为公司的副总经理后，还一直记着这个小伙子，经常打听他的表现。

后来，经营部经理职位实行公司内部竞聘，这位小伙子也来参加竞聘。董明珠觉得他还需锻炼，就跟经营部打了招呼，先不给他竞聘成功的机会。过了两年，这个小伙子又来竞聘同一职位，还是被董明珠以打招呼的方式给否决了。实际上，董明珠是在用一种特殊的方式来考察和培养这个小伙子。

从那以后，董明珠经常向这个小伙子的领导打听他的表现，看看他有没有气馁，有没有消极怠工。最终，小伙子赢得了董明珠认可和信赖，得到了提拔重用。

董明珠现在谈得最多的就是人的问题。她说：“以前，格力每个部门的领导都有对员工工资进行二次分配的权力。后来我发现，这种机制其实是一个毒瘤。因为很多部门的领导，都会毫无原则地拖欠员工的工资，毫无原则地拉大员工工资的差别。比如说一名员工是一位领导的老乡，这名员工就很容易被委任为班长，班长与普通员工就有着上千元的收入差距。”

于是，她果断结束了这种不正常的机制，把带班班长的工资缩减到与普通员工的基本工资最多不差四百元，并且尽力回避各种裙带关系。

董明珠常常与同事们提起她去日本考察时的感受。日本某公司的一位高级职员陪了她一天，晚上回到宾馆时，她对这名日本职员：“快回家吧，都十点了，不早了。”可这位职员却说：“不，我要回公司，因为今天陪贵宾参观，该做的工作没有完成，我要回去把工作做完。”这位职员说话的神态非常认真而又自然，丝毫没有不情愿的神态。

这件事总让董明珠念念不忘，她说：“中国虽然与日本有着不可忘却的历史仇恨，但日本人还是有值得我们学习的地方。他们不只是勤劳，还有高度的责任心。日本人向来不同情弱者，只尊重强者。面对日本这样的国民，我们只能要求自己做得更好，做得更完美。”

无私无畏，身体力行，董明珠经常用自己的切身感受对下属进行现身说法：“如果我们对企业不负责任，只是想着上班拿点工资，只顾我们的眼前利益，如果所有的人都这样做，企业亏损了，我们也会没有好日子过。再往大了说，国家弱了，外国人也不会给你好脸色看。”

董明珠的这种攻心战起到了应有的效果。虽然有很多员工认为严明的纪律让他们不太适应，但他们也承认，这么做是必要的，他们应该努力适应这种严格的工作作风。霸道而又讲理的董明珠，以自己的方式，严格要求着自己和下属们，从而打造了纪律严明的格力员工队伍。

## 注重研发，试验过关才上市

针对格力提出的“整机6年免费包修”的口号，董明珠说：“格力之所以提出6年免费包修，而不是5年，也不是7年，一是说明格力对自己的空调产品质量过关有信心，6年之内，我们的产品基本上不需要维修；二是展示格力人做事严谨认真的精神风貌，6年之内，我们的产品一定要做好保修。包修的期限短，是对消费者的不负责任；包修期限长，是对企业本身的不负责任。”

当有人把格力空调的竞争力归结为销售模式或者售后服务时，董明珠却有着截然不同的观点，她说：“格力的竞争力来自于产品自身的‘产品力’，过硬的产品质量才是格力空调赢得市场的撒手锏。”

营销出身的董明珠曾明确提出：“仅仅搞好营销还不够，产品才是第一位的。”其实，从广义上来说，“营销”是包含“产品”这个概念的。董明珠说这番话的目的，就是为了进一步强调“产品”的决定性作用。质量是一个产品销售的前提。任何一个产品，只有具备了良好的质量，才有可能卖个好价钱，才敢跟渠道大户叫板，才敢说花钱的广告促销远远比不上不花钱的消费者口碑促销。

格力电器一直把“不拿消费者当试验品”作为身体力行的营销理念。任何一款新产品在未成熟之前，格力都不会匆忙地把它们推向市场，进而达到抢占市场的目的。相反，对自主研发的新产品，格力的技术人员要经过反复试验，彻底解决所有的质量问题后，才放心推向市场。在新产品的设计过程中，格力会站在消费者的角度，坚持服务于消费者的原则，以翔实、缜密的市场数据为参考资料，最大限度地满足用户的实际需求。新产品设计出来，还要经过严格的试生产、长期运转试验和重新调整设计等流程，在历经长时间的试验调整过程后，验证产品质量真正过关了，才可以正式投入生产，并上市销售。

在中国，空调业的竞争是非常激烈的，价格战、概念战和服务战，无时不在充斥着消费者的视听神经。变频空调推出时，格力“冷静王”分体式空调已经投入研发阶段，该款产品的能效比为3.35，达到国家二级能效标准，噪音也仅为34.2分贝。格力“冷静王”一旦问世，就将成为国内噪音最小、制冷效果最好的空调。当时，一石激起千层浪，得知此消息，其他厂商纷纷开始推出变频空调。为了抓住时机，抢得第一桶金，他们纷纷将自己不成熟的产品投放市场，结果，很多产品都出现“死机”现象。

就在众多厂家抢时机推出变频空调的时候，格力却反其道而行之。董明珠下令把“冷静王”雪藏起来，静下心来一心一意地提高产品质量。针对一片风叶，格力电器在精心研究如何使产品的风量更大，而噪音更低；针对同等的输入功率，格力空调在精心研究产品的制冷量要力争比同行多，哪怕只多出0.1瓦。格力电器就是通过这样的一些细微举措，实实在在地提高产品的能效比。

按照国家的相关标准，电器电容表面温度只要达到70℃，能正常运行600小时，就可以判定为合格。可在格力，电容必须在此条件下能正常运行1000小时，才被认定为合格。在铜管等一些辅助材料的使用上，格力电器一直坚持采用全球最大的铜管制造商所制造的铜管。这样的铜管，质量被公认为是行业内最好的，而其价格自然要比其他铜管的价格高，而且要高出 5% 以上。通过一系列严格的质量检验和质量控制，格力在推出自己的“冷静王”时，完全做到了胸有成竹，产品一上市就一炮打响，赢得了消费者的青睐。

格力在提高产品质量上也曾走过一条艰难而漫长的道路。

1991 年，格力电器刚刚成立的时候，是以“迟来者”的身份加入空调行业的。当时，格力仅有一条破旧的窗机生产线，年生产能力不过 2 万台，而竞争对手的年生产能力却已经达到了几十万台甚至上百万台。格力一入行就陷入困境，甚至连员工的工资都快发不出来了，只好连连到银行救助。屋漏偏逢连夜雨，格力的求助遭到断然拒绝。

但格力人没有气馁。在格力电器成立之初的一次全体员工大会上，朱江洪曾经慷慨激昂地说：“我们既然选择了做空调的这条道路，就要义无反顾地走下去，努力做好空调，还要做出中国最好的空调！”

在这样的信念之下，格力的设计员夜以继日地边设计边出图，然后就投产。这时，国内的空调市场还是卖方市场，产品还没下线，就已经有大批订单等着，无论质量好坏，都能卖出去。创业之初的格力，还处在模仿制造初期，在质量上常常遇到尴尬的场面。

从 1995 年开始，格力空调全面启动了质量整顿工程。格力制定了“总经理 12 条禁令”，后来变成了“总裁 14 条禁令”，对生产过程中最容易发生问题的操作，作了近乎于不近人情的规定。只要员工违反其中的任何一条，一律予以辞退或开除，坚决不手软。一系列“心狠手辣”的措施，对提高格力空调的质量起到了推进作用。

为了严把产品质量关，格力下设的技术部、质检部、企管部和总装分厂，联合向公司实行空调质量承包。时任总经理朱江洪让人在总装分厂厂部放了一把大铁锤。只要空调的产品质量不达标，就由这四个分支部门的负责人，当众用大铁锤把空调砸烂，并对有关责任者进行处罚。

营销出身的董明珠认为：销售和产品必须两手抓，两手都要硬，绝不能轻视哪一手。销售能力再强，也不能卖掉一堆破烂；质量再好，如果不推广也难以在竞争激烈的市场上脱颖而出。从全局看，销售和产品有一个不够硬，就会影响企业的发展。正是基于这样的战略考虑，董明珠才不遗余力重视产品质量。

不拿消费者当试验品，是格力电器赢得市场的关键所在，也得到了消费者和媒体的好评。2005 年 11 月 28 日，中央电视台在《东方时空》栏目播出的《时空调查》中，揭晓了新浪网关于消费者认可度最高的家用电器品牌调查结果，格力空调成为了消费者认可度最高的空调产品。调查中，格力空调在空调类中的得票最多。

格力电器受消费者欢迎的主要原因，就是产品的质量过硬。一个企业是否有自主创新能力，一方面体现在技术、品牌、专利和行业技术标准等硬指标上，另一方面则体现在企业在制度、管理、营销上有没有过人和创新之处。尽管消费者的口碑与企业的创新能力还不能完全画上等号，但如果一个产品连消费者都不认同，那生产它的企业也无所谓有自主开发能力了。

新疆吐鲁番地区一直以天气干燥炎热著称，国内一些厂家的空调运过去，根本无法正常工作，机器烫得可以摊煎饼。而格力电器的销售人员成竹在胸，将专门出口沙特阿拉伯的“沙漠空调”运送过去，很快占领了整个吐鲁番市场。格力空调在这些市场的优异表现，就是源于公司对产品的高标准设计和对产品的严格检验测试。

事实上，董明珠对格力品牌的认识要更高、更远、更让人敬佩。她曾经在面对记者的提问时说：“我的目标很清晰，作为格力品牌，不属于我个人，也不属于珠海市，我认为它是属于中国人，我把它看成是中国人的品牌，我们的奋斗目标离我们所达到的目标还有距离，既要从技术上提高，还要从市场占有率上提高。”

霸气的董明珠从来不隐瞒自己的“野心”。她豪气地说：“我们的企业，已经是一个实力雄厚的企业，资金、技术、管理等方面，都处于领先地位，而且还不是简单的一个产品或者一个方面的领先，而是综合实力的领先。我们已经不像以前那样说自己是中国第一，我们认为这个话已经没有分量，也不再是我们的目标。我们的目标是保持世界领先，格力空调要占到全球市场份额的30%。这才是格力的目标，百年不变。”

“好空调，格力造”的广告词之所以获得了成功，是因为这句话把好空调和格力紧密联系在了一起，让消费者想到好空调就联想起了格力，一听到格力，就想起了好空调。董明珠说：“格力的目标，就是让全世界的人都信赖格力空调，就像人们信赖奔驰和宝马一样。”正是因为有这样一个伟大的目标，格力才会有“不拿消费者当试验品”的企业文化和经营理念。

## 不屈世俗，斗争赢得大和谐

进入商界以来，董明珠始终信奉斗争哲学，信奉“和谐是斗争出来的”。这并非是她天性好斗，而是她觉得斗争是强化企业管理、做好本职工作的需要。她调侃地说：“我与毛主席一样，感觉与天斗其乐无穷，与地斗其乐无穷，与人斗其乐无穷。”在珠海格力电器总部，董明珠一直在与世俗势力作斗争。

2001 年，董明珠出任格力电器总经理一职。这时，格力电器已经是珠海经济特区的第一大企业，企业职工已经超过了 6000 人。作为中国第一大空调企业的总经理，在空调销售即将进入旺季的时期，董明珠理应在全国市场的大舞台中纵横驰骋。可是，万万没有想到，淮地格力销售公司的“哗变”事件却把她卷入其中。

从 2001 年 5 月开始，全国大小媒体以各种耸人听闻的标题，纷纷报道“淮地哗变”事件，如《格力惊爆内讧——淮地格力停业可能蔓延全国》《淮地格力哗变内幕》《格力内讧：“董姐”当家会下什么棋?》等等，并配以“靠渠道优势起家的格力空调这回在渠道上遇上了大麻烦”等副标题来蛊惑人心。甚至有些文章还在结尾处阴阳怪气地问：“‘棋行天下’的董明珠，迫在眉睫的这步棋该怎么下?”

所谓的“格力淮地内讧”，是由董明珠做出的一个任免决定引起的。这个决定的具体内容是：鉴于淮地格力电器销售公司高管梁君在经营过程中出现了损害格力在淮地市场发展的行为，为维护用户的权益，保护经销商的利益，我以淮地格力公司董事长、法人代表的身份，宣布将其免职，并负责对淮地格力具体事务进行一系列处理。

董事长免掉应聘的经理人，纯系企业内部管理的正常事务，缘何会被别人冠以“内讧”？老板炒员工，员工炒老板，天下皆然，怎么能叫“内讧”？

而此刻董明珠深知，对淮地事件处理的过程，不仅会引起舆论的广泛关注，而且会引起全国格力经销商的广泛关注。尤其是淮地的广大经销商，他们为格力做出了很多贡献，面对这一突发况状，他们特别关心谁能保护他们的利益；而同行业竞争对手更为关注，他们站在自己的角度，希望看到不同的结果。

“新官上任三把火”，可对董明珠来说，却变成了媒体三把火烧“新官”，不能不让人啼笑皆非，也让一直关心董明珠的人不免有些担心。

淮地格力销售公司成立于1999年秋天，是格力较早成立的销售公司之一。未成立销售公司之前，淮地有5个空调销售大户在共同经销着格力在淮地的市场。当时“窜货”很严重，淮南的空调可以窜到淮北，淮北的空调也可以窜到淮南。“窜货”是营销界的术语，指的是受利益驱动，经销网络中的各级代理商、分公司为了完成生产企业规定的销售额，以争取企业最优惠的政策，在自己当地市场销售的产品保持相对稳定价格的同时，低价到异地倾销。这种做法使所经销的产品跨区域销售，造成异地价格混乱，从而使其他经销商对产品失去信心，消费者对品牌失去信任。“窜货”带来的更大危害，是对在当地的一大批格力忠诚的经销商的伤害，他们很可能会被这种恶性的“窜货”行为毁掉。

董明珠指出，这绝非耸人听闻。买同样的商品，消费者当然希望花较少的钱。如果市场上突然出现价格特别便宜的格力空调，并且还是消费者很喜欢的优质产品，人们就会立即停止购买“高价格力”，即使“便宜格力”长期缺货，也会耐心等待。这样一来，跨区域从外面进来低价10万元的货，就有可能将当地1000万元的货“锁死”在库房里，最终导致当地经销商亏损，严重的甚至关门倒闭。

由此，有许多知名的家电品牌，在满意地完成产品设计、大胆地投放广告从而完成市场开拓后，最终会在市场管理的一片混乱之中划上句号。对销售渠道的粗放式管理，危害性最大的就是对窜货的忽视或放任自流，最后造成整个营销体系的土崩瓦解。许多企业都懂得创名牌容易、保名牌难的道理，但是面对疯狂窜货就是束手无策。这也一直是营销领域内公认的难题。对此，格力电器成立了区域性的“联合代理”销售公司，统一协调，就是用以防止同一区域大户之间、不同区域大户之间随时可能爆发的窜货“战争”。

此前，淮地销售公司高管梁君在淮地电业公司下属某空调门市部任职。淮地电业公司是格力空调重要的经销商，后来成为淮地格力销售公司的股东。他原来是一个小经销商，没做过大品牌，出任高管主要是缘于电业公司的极力推荐。

梁君出任淮地销售公司高管后，采取隐瞒和欺骗等手段，做出了许多有损格力空调形象和利益的事。为此，董明珠果断决策，罢免了梁君的职务，淮地格力销售公司“哗变”事件随之爆发。

淮地事件一度陷入了极其复杂的局面，董明珠采取机制灵活的态度，应对淮地销售公司高管的种种刁难。从召开新闻发布会散布格力空调和董明珠的假消息，到通过其他途径诋毁董明珠，再到向董明珠发出恐吓信，历时三个多月，所有的非礼，都被董明珠一一化解。最终，董明珠干净利落而又动人心弦地完成了对淮地格力销售公司的清洗，格力的淮地市场又恢复了往常的秩序。

这时的董明珠已经不知道什么是害怕，她在为保护格力经销商的利益而战，在为保护格力的大局利益而战。

自打进入格力总部以来，性格刚烈作风霸道的董明珠，不断通过各种形式的博弈和斗争来保护格力的利益，捍卫格力的尊严。她与出尔反尔的经销商斗，与公司里泼辣刁钻且有背景的同事斗，与假公济私的公司副总斗，甚至还要被迫与自己的亲人斗。正是一系列毫不妥协的斗争，让董明珠赢得了“走过的路都不长草”的评价。当然，这是那些与格力公司有利益冲突的人对董明珠的评价。

董明珠说：“我在格力真诚地为企业服务，赢得了广泛的尊重和关心，只是认真地工作不可避免地要触及某些人的既得利益，自然会招致他们的嫉恨和敌意。爱和恨都是生命对我的赐予，与他们的较量，使我更清楚地懂得了我该如何做人。我自己感觉，我的人缘很好。其实，这世界上99%都是好人，但是也有个别人是非常不负责任的人。像这种不负责任的人，如果你不对他严厉制裁的话，这本身就是一个不负责任的行为。所以，我有时候就讲，团结是斗争出来的，和谐也是斗争出来的。”

喜欢斗争，可以看出一个人对待事物的认真程度。很多人对一些无关自己利益的事情，会选择睁只眼闭只眼的态度，或者干脆视而不见，但是董明珠不这样做。任何事情，只要触犯了格力公司的利益，哪怕是天王老子，或者是自己的亲人，她都不会留丝毫情面。讲求原则，是她有别于其他成功人士的根本之处。也许，正是因为她对工作极端认真的态度和对企业的无私奉献精神，才造就了格力电器对产品质量的严谨态度，也正因为如此，董明珠赢得了人们加倍的爱戴。

不过，董明珠的霸道，更多的是对事，而不是对人。在她霸道的背后，隐藏着女性天生的柔情。有一个女工，因违反制度规定被罚了100元。这个女员工的丈夫跑售后服务常年在外，她一个人带着孩子过日子，夫妻俩收入都不高，100元对她来说是个不小的数目。可是，制度不能破，这是董明珠的原则。第二天晚上，董明珠悄悄找到这位女员工，塞给她100元钱。董明珠说："这是我私人的钱，给你补上。记住，明天一定要把罚款交上去，以后工作不要再马马虎虎了。"她的一番话，语重心长，让这位女员工很受感动，心里也很惭愧。

董明珠通过制定一系列的规章流程，使经营部内部的管理逐步走向规范化、透明化和流程化，这些规章流程，让懒散和放任惯了的员工觉得特别别扭。董明珠绝不是一个瞻前顾后的人，不管员工们怎么看，她只有一个想法，就是竭尽全力为整个格力公司负责，而不是讨取某些人的欢心。

董明珠曾在查账中发现，很多地区，比如说南宁和重庆等，都出现了一些很蹊跷的账目。更为严重的是，业务员所反映的空调库存量怎么也对不上号，公司总部说货发出去了，而经销商却说没收到，董明珠也是做业务员过来的，她知道各地仓库都是由业务员管理着，他们可以自由处理手中产品的库存，甚至可以私设账号，将销售空调的钱直接打到个人账上。

于是，董明珠下了一道命令：清理、关闭全国各地格力电器库房，所有账务对清，业务员手中的所有欠款必须限期追回。

2001 年，多年的管理积弊让格力公司表现出了严重的惰性，销售额连续数月徘徊不前。与此同时，大量的员工再也不能容忍公司部分领导的腐败以及待遇分配不公，准备联合起来罢工抗议。在这个关键时刻，董明珠又是临危受命。这一年，她升任格力电器的总经理。

上任后，董明珠迅速撤换了一批不合格的中高层干部。这一招，自然招致一些人的极度不满和打击报复，于是，一场“大决战”彻底爆发了。一段时间内，上级部门接连不断地收到对朱江洪和董明珠的举报信，反映一系列的“贪污腐败问题”。表情严肃的调查组也开始在格力公司内进进出出，气氛十分紧张。

最终，调查组没查出任何问题，朱江洪与董明珠的“罪名”得以洗脱，而策划匿名举报的一位高层干部却因贪污腐败被依法送进了监狱。

董明珠在斗争中磨炼得更加坚强，她通过刮骨疗毒的方式，使格力公司走出了停滞不前的局面，管理也由此走向了科学化和规范化，在众多空调生产企业纷繁落马的时候，本来缺乏体制优势的格力电器，反而越走越坚定，越走越从容，并最终成为世界一流企业。

## 联手出击，保护商标使用权

格力电器欣欣向荣的事实证明，只要发展策略对头，国有企业一样可以搞得风生水起，创造辉煌。可是，正当格力满怀信心地迎接新的市场竞争时，却爆发了一场争夺“格力”商标使用权的恶战。这场恶战，是格力电器时任董事长朱江洪与时任总经理董明珠联手发起的，斗争的胜利揭开了格力电器健康发展的新篇章。

2003年10月28日，《粤港信息日报》刊登了一篇题为《格力进军厨具市场》的大块头文章，中国财经信息网也在同一时间刊登了《据传格力建成三个小家电基地》的报道，发表诸如“格力进军厨具市场，5年后达15亿生产规模”之类的信息。这些为格力小家电进行宣传造势的文章，引发了格力电器的强烈反应。

一周后的11月4日，由朱江洪和董明珠领导的格力电器向国内部分媒体发布“严正声明”。声明指出：格力电器接连发现南方某报和某网站刊发的《格力进军厨具市场》和《据传格力建成三个小家电基地》等文章，根本没有向格力电器求证，文章内容纯属虚构、捏造，毫无根据，严重误导了广大投资者和消费者。声明说：格力作为上市公司，是国内最大的专业化生产空调系列产品企业，目前只生产空调产品，不生产任何小家电产品；“格力”商标作为驰名商标仅指本公司生产的空调类产品；任何公司借用“格力电器”及“格力空调”的品牌形象来宣传自己的行为都是违法行为。

格力电器声明中所称的部分公司不是别人，正是与格力电器同属于格力集团下属企业的格力小家电，当时叫珠海格力小家电有限公司。朱江洪和董明珠突然发出的声明，让格力集团及下属企业措手不及。由此，格力电器与格力小家电之间关于“格力”品牌之争的“暗斗”，也就演变成了上市公司与控股股东之间的“内讧”，甚至被媒体称为格力集团与格力电器之间的“父子之争”。

事实上，早在三年前，格力电器与控股股东格力集团的商标之争就已经拉开了序幕。

提起格力，外界只会想到格力空调的生产者，也就是上市公司的格力电器。长期以来，在格力集团的全力支持下，格力电器作为格力集团旗下唯一的上市公司，充分利用上市公司的各种优势，迅速发展成为空调领域数一数二的知名企业，并把“格力”发展成为全国知名商标。

也正是因为格力电器对格力集团和格力品牌的特殊贡献，格力电器在集团中的地位一直如日中天，其主导作用在某些方面甚至强于集团。财务、人事、经营上的独立，使格力电器成为格力集团下的一个“独立王国”，格力集团的“家长地位”名存实亡。

同时，格力电器与格力集团在“专业化”和“多元化”发展战略的确定上，在企业文化的定位上，都产生了严重的分歧，从而导致了格力电器与格力集团在发展道路上的渐行渐远，最终发展成为直接和公开的对抗关系。

格力电器在资产上隶属于珠海市国有企业集团的格力集团。格力集团的前身是珠海特区经济发展总公司，成立于1985年，受珠海市政府授权经营，并作为国有资产授权经营主体，肩负着确保国有资产保值增值的使命。2003年，格力集团总产值为151亿元，占珠海全市工业总产值的七分之一。集团形成了以工业为主体、以商贸和房地产为两翼的产业格局，旗下拥有格力空调和罗西尼钟表两个驰名商标。

用格力集团的观点来看，格力电器的诞生和发展，与集团的支持是分不开的。没有集团，就没有格力空调的畅销全国。在20

世纪90年代前期，集团为了支持格力电器的发展，不惜叫停了一些其他项目，集中资金，力保空调项目发展。1996年，又是在集团公司的多方努力下，格力电器股份有限公司正式上市，从此迎来了格力电器的大发展时期。格力电器上市后，格力集团掌握着格力电器的股权，成为格力电器的第一大股东，拥有格力品牌权、重大决策权和人事任免权。

格力电器作为格力集团的支柱和旗舰企业，多年来形成了与集团不同的管理模式和独特的企业文化，而且厚积了人脉和资金实力。格力集团2002年的数据显示：整个集团220亿元的工业总产值有210亿元来自于格力电器，210亿元这个数字，也占据了整个珠海市当年工业总产值的半壁江山。

2003年，格力电器已经成为珠海最大的支柱性工业企业，企业当年的工业总产值，占珠海市工业总产值的1/3，并吸纳就业1万余人。同时，实现了连续9年在中国空调行业保持销售冠军，当年空调的销售量516万台，销售收入超过了100亿元。

对格力电器而言，“格力”商标就是企业的无形资产。格力商标是1991年由格力电器创立的，至今“格力”二字仍为朱江洪的手迹。由于格力电器当年不是上市公司，只是格力集团的子公司，所以只能无偿地把自创的“格力”商标交给集团使用。当时格力的影响力较小，格力集团其他子公司并不愿意使用“格力”商标。但随着格力影响的逐步扩大，各子公司就开始争用格力商标，甚至争用“格力电器”的名称。

格力电器与格力集团历来关系微妙。格力集团曾经连换三任董事长，几乎每位董事长都与格力电器貌合神离。格力电器的创业者只有经营权，格力电器做出任何一个重大决策，都必须层层上报，等待层层批复。而空调行业又恰恰是中国市场化最彻底的一个行业，格力电器的这种管理体制急需改变。

作为上市公司的经营者，格力电器董事长朱江洪与总经理董明珠认为：自己不仅代表大股东格力集团的利益，更代表中小股东的利益，对于集团下达的指令，没必要言听计从地全部买账。

格力电器还没上市的时候，朱江洪就曾经为了企业的一项决策跟当时集团的董事长进行了激烈的争吵，甚是还拍了桌子，最终，那位董事长还是勉强同意了朱江洪的请求。朱江洪的每一个请求，都会在集团董事长那里遇到阻力。

格力电器的员工，从上到下都不愿意谈及格力电器与格力集团的关系，对格力集团旗下的其他产业，都一致宣称“与格力电器无关”。

早期，由于格力电器的如日中天，格力集团似乎还能忍受格力电器的“不敬”，两者处于相安无事的状态。然而，随着集团内部一系列管理问题的出现，格力集团与格力电器之间的矛盾开始渐渐激化。

2003 年 5 月，格力集团重组成立了格力集团财务有限责任公司，要求旗下子公司出资。当时，格力电器拥有近 20 亿元的现金，格力集团希望这些现金能通过财务公司来保管。即使不拿出全部的 20 亿元，但至少也要拿出 5 亿元。而格力电器认为：由于集团经营状况存在隐患，财务公司就必然存在着相应的风险。同时，按照证监会 2001 年第 72 号文件要求，上市公司要保证财务独立，不允许与控制人共用银行账户。因此，朱江洪与董明珠拒绝了集团向财务公司注入资金的要求，集团的愿望没有实现。

格力集团随即翻脸，抓住格力电器两年前被查出的用于支付经销商奖励的账户问题大做文章，指责格力电器涉嫌侵吞国有资产。然而，这件事却以没查出个人问题而告终，这也让集团的老总很是下不来台。

紧接着，格力集团将“格力”品牌租借给中山的两家小家电企业。于是，格力小家电诞生，市场上也就出现了两个“格力”。集团的这一做法遭到了朱江洪和董明珠的强烈反对，一致炮轰集团决策失误。

多年来，格力集团奉行“集团多元化、子公司专业化”的战略思想，逐渐控股或者全资拥有了六十多家子公司，其中，珠海格力小家电有限公司、顺德格力小家电公司和中山格力小家电有限公司，使用的都是“格力”品牌。这三家小家电公司主要生产格力牌电风扇、电暖器、电火锅、电饭煲、电磁炉、饮水机和电水壶等系列产品。

这三家小家电公司生产设备简陋，也没有核心技术，几乎所有的零部件都是外购的，质量很难保证。而格力集团除了每年收取一笔品牌使用费外，在生产、经营、财务等方面均不参与，也缺乏管理。格力电器曾打算收购珠海格力小家电有限公司，派出专人到该公司进行前期审计调查，结果是这家声称赢利的公司，实际上已经亏损了几千万元，格力电器不得不取消收购计划。

三家小家电公司都或明或暗地借用格力空调在消费者心目中的良好形象为其推销产品。在他们的宣传材料上，经常使用“以生产家电而闻名的格力电器，宣布进军厨具市场”和“格力电器进军小家电、厨具市场”等词句，这种“打擦边球”的做法，严重影响了格力空调的专业化形象。

由于格力小家电都使用“格力”品牌，很容易使消费者产生误解。很多消费者都有只认商标、不看生产厂家的习惯，往往会认为这些小家电产品就是格力电器生产的，坏了就找格力电器总部要求解决，或者找在各地的空调销售服务网点要求解决，给格力电器带来了不应有的麻烦和负面影响，严重干扰了格力电器正常的经营秩序，也损害了格力空调的品牌形象和良好声誉。

2003年11月4日这一篇公告以及随后发生的事情，将格力电器与格力集团的矛盾毫无掩饰地暴露在公众与媒体面前。

在格力电器发布声明的第二天，格力小家电拉上了格力集团，一起对格力电器进行反击。格力小家电以格力集团署名的方式，向全国20多家媒体及各地经销商发出了一份《“格力”商标授权使用说明》，指出格力电器以及格力小家电，均为集团授权经营的家电产品专业子公司，授权合法使用“格力”字号和商标。

11月8日，格力电器再次发布公告，称珠海格力集团公司持有本公司股份中的5000万股、近30%的股权，已经被格力集团办理了质押登记，冻结期限直至2010年9月。格力集团一口气质押这么多股份就是为了钱，可它需要钱做什么呢？有一个可能性就是格力集团通过将部分股权质押出去的方式加强对格力电器的控制，因为股权冻结期间不可能进行转手，意味着股权所有人仍为格力集团。格力集团如果将钱做其他用途，肯定会给上市公司的发展造成重大的影响。为此，格力电器声明，虽然格力集团是格力电器的大股东，但格力电器在运作、经营、财务等各领域都是独立的，格力电器要对所有投资者负责。

于是，朱江洪与董明珠联起手来，与格力集团展开了一场旷日持久又惊心动魄的恶战。

这场恶战一步步朝着朱江洪与董明珠所期望的方向发展。2004 年 9 月，格力电器出资 1.48 亿元，收购了格力集团持有的凌达压缩机、格力小家电、格力电工和新元电子等 4 家子公司的企业股权。2005 年 12 月 21 日，格力电器与格力集团签署了商标转让合同书，格力集团做出了无偿将“格力”商标转让给格力电器的承诺。

2006 年 3 月 27 日，对于朱江洪和董明珠来说，绝对是个值得庆贺的日子。这一天，“格力”商标转让手续全部完成，国家商标总局确认格力集团将“格力”商标转让给上市公司的申请，并正式生效。至此，长达 3 年的格力电器与格力集团的商标之争，以朱江洪和董明珠的胜利而告终。

## 清理乱麻，云开日出见彩虹

对于董明珠来说，在为格力征战的历程中，她所担心的主要是外部的市场问题。但是，从 2003 年到 2005 年，格力电器的改制风波可能是董明珠进入格力以来所经历的最大的一场风波。这场风波，使得格力的前途一度出现迷惘。同时，也将珠海市政府、外部媒体、外部投资者等诸多方面牵涉其中。

在与格力集团多年的矛盾冲突中，董明珠一直如履薄冰，但她强硬的个性始终都没有改变。她毫不犹豫地说：“我是在不断地斗争。当然，我也不是跟所有的人斗，而是跟我认为不正确的人斗。斗争之中，我总有一种能赢的感觉，因为我是正确的。每次斗争的胜利，都会让我感到兴奋。这些年，我好像一直都在斗争，而且越斗越勇，越斗越能把压力变成动力。”

朱江洪和董明珠都是很有责任感的人，总感觉企业没有道理做不好。在格力电器的改制风波中，朱江洪和董明珠力排万难，理清乱麻，格力因他们而得到了重生。虽然这个企业不是他们自己的，他们也同样是打工的，但他们完全把发展格力作为自己毕生的事业，像对自己的孩子一样地来爱护格力，来培育格力，使格力不断成长。以他们的性格，要么就不做，要做就做好。因为他们清楚国企的复杂性，越是面临复杂的局面，就越不能违规。

2004年以来，格力集团不仅高层人事变动频繁，而且一名副总裁、集团旗下房产公司的总经理、集团旗下凌达压缩机厂的总经理等多人被拘留审查。格力集团多年来从银行贷款十几亿元，又从格力电器得到分红8亿元，完全可以踏踏实实地干出一番事业，可结果恰恰相反。集团陷入窘境不说，高达数亿元的到期贷款压得集团喘不过气来。格力集团最初大举借债进入的房地产、燃料油和压缩机等行业都是利润较高的行业，这些产业布局都没有问题，而且起点很高。但是，为什么这三项主业都会出现亏损呢？

随着格力集团越来越多的高管被抓，集团的黑洞也越曝越大，格力集团已经露出无法阻拦的败象。这时，与格力集团积怨颇深的董明珠强硬地说：“数亿国有资产流失的背后是不是放纵？放纵的背后是不是有什么见不得人的事？”

董明珠一直认为：国企的体制问题实际上还是用人的问题。有人就有一切。优秀的人就会做出优秀的企业，就这么简单。有什么样的思想，就能打造什么样的企业。只要选对了人，体制就不是问题。只要有不影响企业发展的环境，体制就不是问题。有些人认为国企不是自己的企业就不认真做。格力电器如果这样，并任人唯亲，也会搞不好。做国企要顶住压力，还要牺牲和放弃很多东西。

2003年，格力电器开始酝酿改制事宜。

董明珠对企业改制的看法是：改制既要保证国有资产不流失，还要保持企业的持续性发展。只要国有资产不流失，怎么改制都是可行的。以格力电器为例，格力电器当初亏损5000万元，现在资产有20多亿元，这就是资产的升值。如果再将企业卖到好的经营者手里，就是给国家创造了财富。国家既得到了资金，同时又使这个企业保持了可持续发展，这才是国有资产最好的转制。

面对改制，朱江洪认为：保证企业的持续发展才是最重要的。从企业的激励机制来说，如果员工能够持股，肯定会对一些不符合自己利益的决策进行抵制。如果企业的战略投资者较多，对形成科学的企业决策就会更加有力。改制的关键是要引进人才战略投资者，分散股权，规范决策程序，防止错误决策。格力电器需要的战略投资者，必须是对企业的重大决策有见解、能进行科学决策的机构或企业。

这次改制风波给格力电器以及董事长朱江洪引来了一个不小的麻烦。

2003年11月11日，《经济日报》整版刊登了题为《奋进中的珠海格力集团》一文，《粤港信息日报》也于同日进行了刊登，文中明显带有以格力小家电打压格力电器的痕迹。

格力电器授权律师事务所发给《粤港信息日报》的律师函中

指出：格力小家电的产品质量水平、技术水平，与“好空调，格力造”在消费者心中的良好形象，有很大的反差。而《奋进中的珠海格力集团》一文，却对格力集团的格力小家电持肯定态度，文中极力宣扬格力小家电的市场地位和其产品质量、技术水平，称“生产的电暖器连续3年在国内市场销量名列前茅”，称“电风扇、电饭煲、电磁炉、饮水机也进入了行业前三名”，均与事实不符。

这时候，全国的媒体和网站也纷纷出现针对此事的评论文章，最多的一天，有三十几篇攻击格力电器的文章出现，其步调一致很是让人意外。董明珠和格力电器的领导层起初很是意外，但后来他们就习以为常了，因为几个月后与国美交恶时，媒体的表现也是如此。这也是国内财经媒体的一个“潜规则”。

2003年12月，《粤港信息日报》头版头条刊发评论性文章《格力再现褚时健式人物》，把朱江洪评析为另一个褚时健。褚时健就是云南红塔集团的原任董事长。文章称朱江洪“想通过股权置换，拟用MBO方式实现企业改制，把集团公司所拥有的58%的股份中的30%归他个人所有”，把朱江洪描绘成一个侵吞国有资产的“59岁现象”人物。

朱江洪认为此文是对他的严重诽谤。2003年格力集团亏损逾亿，管理一团糟，格力电器赢利逾3亿蒸蒸日上，而文中却把集团董事长描绘成是国有资产忠实的看门人，朱江洪则成了国有资产侵吞者。这种笔法使人感到寒心。他心力交瘁，叹息这是“创办格力以来最艰难的日子”。朱江洪于2004年初起诉作者仲大军侵犯其人格、名誉权。法院判决朱江洪胜诉，对方被要求除刊登文章向朱江洪道歉外，还向朱江洪赔偿10万元的精神损害抚慰金。

同时，关于格力电器建账外账、设立小金库、烧账本的传言到处流传。珠海的纪检、工商等部门也进驻格力电器进行调查。格力集团有些人的目的很明确，就是把朱江洪和董明珠赶出格力。

董明珠毫不示弱，她直指集团一些做法是想掏空上市公司、利用上市公司滋养腐败。董明珠疾呼："无论是企业还是个人都要敢于揭短，敢于正视自己的问题，敢于把自己的丑陋、错误暴露给别人，让别人来帮助自己。在总结经验的过程当中，不要互相指责，而是应该帮助。"她在媒体面前毫不避讳地说："格力集团长期运作不规范，出事是迟早的事儿。"

传言和诋毁袭来的时候，正是格力电器第四期工程竣工准备剪彩典礼的时候，也是格力电器为其未来的增长布局谋篇的关键节点。就是这样，朱江洪和董明珠往往是每天早上看完一厚叠媒体的"报道"，下午还要面带笑容出席公司扩建工程的奠基仪式。即使是去外地出差，也得匆忙赶回珠海，配合有关方面搞反复的"谈话""调查"。董明珠心里明白：在国有企业，墨守成规把企业搞跨了可能还没有责任，异地做官就是了。反之，不管你把企业搞得多红火，但只要有一点违规，责任你都逃不了。在国企做领导，必须十分谨慎，不能犯错误。

在格力集团和格力电器的斗法中，董明珠是被集团拉拢的重点对象。集团派人来见朱江洪，开出的条件是：自动退休，退休以后拿 5 年的年薪，每年 200 万元共计 1000 万元。如果不退的话，就召开股东大会罢免他。对董明珠的条件是，朱江洪走后，董事长、总经理两个职位任她选。

得知了最后通牒的内容，董明珠对朱江洪说：“虽然这个人不懂企业，也不懂管理，但是我觉得他还是认可你的。”朱江洪一笑说：“他给我钱我也不敢拿，也不能拿，这不合法。”此时，朱江洪的心态是：无所谓，不让做就不做。不做不是我个人的损失，是企业的损失，是政府的损失。在承受如此巨大压力的情况下，朱江洪也想过走，但走了之后格力怎么办？股民的投资怎么办？员工的出路又怎么办？最后他还是决定留下来“坐以待毙”。这是一种完全凭良心干的想法。

关键时候，董明珠的斗志和能力爆发了出来。当时她就对朱江洪表示：这不是你做不做的问题，而是你对与错的问题。集团被那些人搞得亏了几十个亿，要是他们来做格力电器，企业很快就会被断送掉，这也势必损害了国家利益。这个时候，你一定要坚持，就算不做也得有一个说法。

在股权分置改革期间，珠海市政府组织一个班子专门到深圳、北京和上海等地考察，并拜访持股的证券公司，每到一处，让参与考察的官员们感到意外的是，基金经理们提出的第一个问题都是：“朱江洪还能留任吗？”有的人甚至还直言：“格力股改的具体条件我们不太感兴趣，我们最感兴趣的是朱江洪能不能不走。”

时任格力集团董事长徐荣本想在格力电器换届股东大会上，完成对朱江洪格力电器董事长职务的罢免事宜。而就在会议召开的前一天，由于获悉了内情，董明珠亲自去找了分管工业的市委书记，力陈利害关系。珠海市政府当天深夜做出决定：不准徐荣参加第二天的股东大会，让他写下委托书委托他人参加。这对集格力集团党委书记、法人代表、董事长、总经理于一身的徐荣来说，无疑是一个沉重的打击。这场斗法，以徐荣于2004年1月去职暂时告一段落。

最终，朱江洪与董明珠这对默契的“朱董配”，仍然带领着格力电器人嘹亮地唱着那曲“众人划桨开大船”。云开日出之时，格力电器依旧是珠海的一道鲜艳的彩虹。

改制后的格力电器结束了控股集团“一股独大”的局面，实现了股权的多元化，这不仅为格力的快速发展奠定了基础，也为国有企业改制提供了经验。

# 9

# 自主创新勇立潮头

## 建言政府，本土品牌应支持

董明珠一直建言政府要对本土企业的支持提供一个平台，在实施政府采购时，不能只重视采购进口品牌，而将本土品牌拒之门外。

2007 年召开的全国“两会”上，作为全国人大代表的董明珠，提出了两项议案，其中的一项就是建议政府采购向自主创新的本土企业倾斜。董明珠说：“其实，本土企业的很多技术已经超过了国际水平的专业技术，完全达到了政府提出的采购要求。但是，我们的政府却在政府采购的招标过程中，往往会发出这样的告知‘只采购进口的品牌’。这一条件就把本土企业无情地拒之门外。我觉得，只要我们本土企业的品牌在质量上达到或者已经超过了进口品牌，政府采购就应该无条件地选择本土品牌，以此来支持本土企业的自主创新。"

随着对技术研发的不断投入，格力空调已经发展为中国乃至全球销量居首的空调企业，每年的增长幅度高达30%左右。虽然中国政府越来越强调企业的自主创新，企业也在积极地实施政府所倡导的自主创新策略，有力地推进了一大批技术达到和超过国际先进水平，可让董明珠感到遗憾的是，政府在实施政府采购时，会毫无情面地发出"政府只采购进口品牌"的告知。

2006年的11月25日，安徽省合肥市政府采购中心发布了《合肥市国土资源局综合楼中央空调系统设备招标公告》，由合肥市政务文化开发投资有限公司通过公开招标方式，对国土资源局综合楼中央空调系统设备进行国内公开招标。招标公告称：合肥市国土资源局综合楼项目公开招标的中央空调系统设备，包括螺杆式冷水机组两台、冷却塔两台、空调离心泵和空调末端若干。其中，螺杆式冷水机组和空调离心泵的整机，明确要求必须是"欧美原装进口"。

这样的一份公告，意味着占据了国内市场绝对份额以及在国际市场拥有一席之地的格力电器，将不具备参与公开招标的资格。不管格力空调的质量多么好、技术多么过硬，可"出身"不合乎要求，就没有资格参与投标。这是严重的"唯出身论"思维，更是崇洋媚外的表现。作为政府部门，非但没有在扶持本土企业发展上有所作为，却偏偏反其道而行之，不能不令人困惑和遗憾。

对此，董明珠非常不满，也非常气愤。格力电器是中国唯一一个没有外资背景的空调企业，这样的招标，显然是对格力的一种歧视，是对民族工业的一种歧视，在格力没有参与竞争之前，就被树起的壁垒所隔离。这对国内的民族企业来说，绝对有失公允。于是，格力电器毅然对安徽省合肥市政府采购中心进行了投诉，并得到了中央电视台的密切关注。经过一番有理有据的斗争，最终，合肥市政府宣布废除了这份招标公告。但是，这并非只是一个特例，之前还有不少地方的相关部门出现过类似的问题，这就需要政府采购必须做出相应的调整。

近些年来，虽然中国政府越来越重视支持企业的自主创新，但其发展状况还不容乐观。董明珠觉得，中国企业的自主创新能力还有很大的缺失，原因主要来自于三个方面：首先，内外资企业享受不同的政策待遇，使得部分企业家急功近利追逐优惠政策，而不愿潜心钻研经营和技术进步；其次，国家的相关出口政策没有对自主品牌和贴牌出口产品形成差异扶持，导致市场竞争力下降；第三，一部分企业家耐不住制造业的艰辛，经受不住其他行业的诱惑，从而半途而废。这三条原因，只有第三条来自于企业家本身，而前两条都来自于政府。

应该说，格力是本土的知名品牌，在努力学习国际先进经验的同时，也在不断进行自主创新，许多技术达到甚至超过了国际先进水平。格力空调在2006年就获得了世界名牌的荣誉，并获得了全国质量奖。这些奖项，都具有非常严格的管理和评选标准。格力空调尽管获得了出口免检，畅通无阻地走向全球市场，但在国内，却被某些政府的采购部门拒之门外。其实，被某些政府部门列入采购计划的外资品牌大部分也是在中国生产的。这些生产企业所采购的是中国的材料，技术和管理也与国内其他企业处于同等水平，唯一不同的是，他们贴的是国外商标。

董明珠强力呼吁政府要敏感地意识到这个问题，这是她在全国“两会”提交议案的初衷所在。她说：“美国政府在与国际化接轨的同时，还规定政府采购使用本土产品的比例不得低于90%。美国虽然签署了 WTO《政府采购协议》，但美国政府采购也只有 10% 是给外商的。而格力空调无论在技术上还是在质量上，都在行业内达到了一个相当高的水准，应该列入政府部门的采购范围，而不应该舍近求远地非用外国品牌。既然我们的国内已经有了拥有卓越品质的产品，我们就没有道理不去使用。

董明珠强调：我们希望政府的支持是一个平台，是公平的，是公正的。中国的空调企业，要么是合资企业，要么是以引进技术为主的合作企业，而没有一个纯粹的本土品牌。这种合资品牌的发展，对自主创新品牌的发展没有太多好处。能让我们本土的品牌既有技术，又有竞争力，就需要我们切实加大研发投入，加快产品的更新换代。她认为，政府采购招标应该以技术标准来定门槛，而不是以一个什么品牌来定门槛。

现在，格力电器拥有技术专利 9000 多项，其中发明专利 2500 多项，自主研发的超低温数码多联机组、永磁同步变频离心式冷水机组、多功能地暖户式中央空调、1 赫兹变频空调、R290 环保冷媒空调、无稀土变频压缩机、双级变频压缩机、光伏直驱变频离心机系统等一系列“国际领先”产品，填补了行业空白，改写了空调业百年历史。像这样的一家企业，在政府的采购过程中，不应该把精力耗费在疏通关系上，而应该在一个公平的平台上去竞争。政府应该对这样一家投入巨资搞自主创新的企业给以倾斜，不能在政府采购的过程中将其拒之门外。

2013 年，格力电器全面进入了“董明珠时代”。目前，格力空调的自主品牌产品已经出口 100 多个国家和地区，在多个国家和地区，格力已经成为当地市场占有率第一的空调品牌。

像格力这样在国际市场有着超强竞争力的产品，反而在国内得不到政府的认可，那才是董明珠最为痛心的事。董明珠呼吁，政府不应该拿大部分采购资金去购买外资品牌，而应该多购买本土品牌，哪怕是多向本土的自主创新品牌倾斜一点，也会收到很大的成效。

谈到推动国内企业自主创新，董明珠认为，政府采购应向自主创新产品倾斜。“我们迫切希望国家尽早出台相关政策，支持具有自主知识产权的民族企业。”董明珠强调，作为企业，需要的是支持，而不是保护，希望政府采购提供一个公平、公正、公开的平台和环境，支持民族企业参与市场竞争，而不是人为地设置障碍，将民族企业拒之门外。

联系到中央空调产业，董明珠指出，目前，在国家政府机关、国家重大工程、大型垄断国企、地方政府及相关部门中央空调集中采购招投标过程中，即便中央空调的民族品牌价格比国外品牌低三分之一，这些单位的集中采购仍然倾向于国外品牌，明显排斥国产品牌。这实际上有违政府采购的初衷，对一些具有自主知识产权、产品质量和服务都过硬的民族企业来说，也是不公平的。

董明珠表示，政府采购与普通商业消费采购不同，必须强调执行公共政策的职能，而不是完全的经济效益的职能。她认为，应加快和完善立法，尽快出台有关政策，扶持自主创新的民族品牌。应制定具体的、可执行并可监督的措施，防止政策在执行过程中走样。政策的倾斜要针对自主创新品牌，严格规范自主创新产品目录。

董明珠的建言，引起了各级政府的高度重视。2008 年，广东省珠海市率先在全省范围内创造性地制定了《珠海市自主创新产品政府采购评审办法》，从制度上落实政府采购对自主创新的本地企业的扶持功能，确立了珠海市自主创新企业在珠海市政府采购市场的竞争优势。

格力空调作为珠海市同时具有自主创新、节能、环保标志的民族品牌代表企业，在珠海市近年来空调机政府采购中亦给予充分政策倾斜，确定了格力空调为珠海市政府采购协议供应商，为空调产品的首购、优先采购、强制采购品牌，使格力空调基本垄断了珠海市政府采购市场。在 2008 年和 2009 年的政府采购活动中，珠海格力空调成交金额分别占当年政府采购空调设备总金额的 97% 和 98% 。

2009 年 6 月，广东省也制定了《广东省自主创新产品政府采购的若干意见》，标志着广东省的政府采购为自主创新产品开启了一条绿色通道。董明珠说，这一举措相当于为自主创新型企业提供了四两拨千斤的助力。她还认为，由于自主创新企业处于创业的初期，往往规模较小却面临巨大的市场竞争压力，应该采取切实措施，为中小企业参与政府采购预留一定的空间，适当降低中小企业的政府采购参与的门槛，搭建大企业与中小企业优势互补的平台。

2011 年，国家财政部、工业和信息化部制定了《政府采购促进中小企业发展暂行办法》，共记 18 条，自 2012 年 1 月1 日起施行。《办法》要求任何单位和个人不得阻挠和限制中小企业自由进入本地区和本行业的政府采购市场，政府采购活动不得以注册资本金、资产总额、营业收入、从业人员、利润、纳税额等供应商的规模条件对中小企业实行差别待遇或者歧视待遇。

所有这些，都为本土品牌参与政府采购搭建了很好的平台，对此，董明珠深感欣慰。

## 做大品牌，建立巩固专卖店

经过十多年的市场实际运作，董明珠觉得，格力电器的销售渠道是合理健康的。格力电器已在全球建立了数以万计的专卖店，这对提高格力空调的市场份额功不可没。如今，格力专卖店已经形成了自己独特的服务理念，就是："以统一的形象出现在终端；用最专业的服务面对每一个消费者；出现在消费者最近的地方；给消费者便捷的服务。"格力专卖店的服务理念，让格力品牌形象早已深入到广大消费者的心中。

2006 年的 3 月，国美和苏宁两大家电连锁巨头制定了新一年高达几十亿元采购额的空调采购计划。国美电器发布采购预告声称，将拿出 50 亿元巨额资金，签约采购空调主流品牌，这个采购量，将达到 2006 年空调整体市场份额的 40% 以上。在国美电器的采购订货会上，众多空调厂家的一把手都悉数到场，几乎涵盖了本土和进口的所有空调品牌。对于即将开始的空调采购年度盛宴，谁都不肯错过这个时机。如果能在这笔庞大的订单分得一杯羹，企业完成年度销售任务就可以确保无忧了。

实际上，很多空调生产企业的年度生产计划，都是围绕这两大销售巨头的订单来制定的。无疑，中国空调整体市场份额的

40%，对于任何一家空调企业来说，都是一个具有超强诱惑力的数目，必须精心准备，以上佳的表现来赢取博弈的胜利。

可是，格力电器的老总董明珠却出人意料地没有参加国美电器的订货会，让国美再一次在董明珠面前吃了一个闭门羹。其实，国美电器在年度采购订货会召开之前，已经向格力电器发去了邀请函，显然，国美电器还是希望格力空调能在自己的年度采购大盘中占得一席之地。

董明珠拒绝了国美的邀请，她依旧保持着她原有的行事风格。她所追求的，就是格力自己制定一个合理的价位，并按照这个价位在自己的专卖店里销售格力空调，进而赢得市场份额，而不是依靠国美去争取市场份额。

董明珠的拒绝，大大超出了国美董事局主席黄光裕的意料。按理说，在厂家和商家之间，厂家离不开商家，商家也离不开厂家，厂家与商家水乳交融的关系，是一个客观现实。尽管黄光裕敬佩董明珠脱离连锁卖场自建渠道的精神勇气以及她取得的营销业绩，但他还是认为，制造企业应该把更多的注意力倾注在产品生产环节和技术研发环节，而不是倾注在销售环节。他觉得，国美这样的专营店才是企业产品销售的理想途径之一，而且是一个众望所归的主销售渠道，代表着大渠道发展的一个必然趋势。而对于一些企业自建渠道的做法，黄光裕认为这只是销售渠道的一个临时补充，不会成为长久之计。自建渠道的做法，既抬高营销成本，又浪费营销资源，不应该成为发展战略。

而董明珠坚决不同意黄光裕的观点。她认为，格力电器追求的目标并不是单单的售后服务好。对于一个企业来说，售后服务好是必须承担的责任和义务。而格力所追求的是生产的产品不需要维修，是产品质量好。董明珠指出，格力空调提出“整机6年免费包修”的口号，背后支撑它的经济力量是很大的。格力虽然提出了这一口号，不过格力人心里明白，格力空调在6年内是不需要维修的。有这么一个高质量的好产品，必然会产生强大的品牌效应，这就是建立格力专卖店的强大基础。格力完全有能力以建立专卖店的形式进行销售，而不是简单地依靠大渠道连锁企业进行销售。

格力与国美交恶以后，有人一度怀疑格力电器的市场份额将受到极大的冲击，自建渠道必将出现收窄的趋势，进而转向与大渠道商谋求合作。可是，当格力专卖店一家接一家地红红火火开张的时候，人们终于明白了，格力与国美的交恶，并非是一时的冲动而为，而是对自建专卖店营销模式有着十足把握。

董明珠认为，关于建立专卖店的问题，应该提倡“因企制宜”。高档商品完全可以建立自己的专卖店；而被称为“大路货”和“廉价货”的商品，就应该在大卖场里销售。这一点，在国际上也是通行的。而格力卖的是品位，卖的是品质。格力要想把自己打造成世界级的品牌，打造成一个国际精品品牌，就必须走一条属于自己的道路，建立经营好自己的专卖店。

董明珠之所以一直秉承着这样的心态，是因为她早就看清了大连锁渠道销售模式存在的弊端。自从格力空调因价格问题退出国美后，董明珠更加积极地尝试自建销售渠道。通过试点实践，让她坚定了信心，确认自建专卖店是一种可以自我操控的连锁销售模式，必将在格力未来的经营中发挥巨大的作用。她下定决心建立专营店的另外一个原因，就是想推进整个空调行业的健康发展。她说：“大连锁渠道销售模式常常会引发价格大战之类的不正常竞争，许多行业都是因为这种不正常的恶性竞争而使整个行业衰退。”她不希望在空调行业看到这种现象。

对于大渠道卖场，中国的广大制造商可谓是又爱又恨。爱的是，离开大渠道卖场不行。大渠道卖场必定是销售的主渠道，每年可以产生很大的走货量。而恨的原因在于，来自大渠道卖场的压力实在太大，有时甚至大到了让制造商无利可图的地步。更多的企业都是选择直接进入大卖场，在销售价格上无法进行自主操控，只能依靠薄利多销来赚取一些微薄的利润。与其相反，一些有实力的企业则是自建渠道，依靠自建的渠道来销售产品，自主操控销售价格，从而实现利润的最大化。

当初，有人担心格力空调会因为退出国美而遭受挫折并不是没有道理。对于企业来说，怎么利用渠道是一门学问。企业可以很好地去管理自己，但却很难去管理和规范营销环境。大的连锁渠道是一个非常大的门户平台，企业在这个平台上，主要目的就是抓住主流的消费者。在抓住主流消费者的过程当中，大的连锁渠道吸引了大量的消费群体，进而演变成为一个媒体，一个展示企业形象的媒体平台。也就是说，不在这个门户平台上出现的时候，企业受到的关注就会较少。关注度少了，企业的品牌就自然而然地受到损害。品牌的知名度、影响力、美誉度，都有可能因为企业不在这个门户平台上而受到相应的影响。

而对于这样的忧虑，董明珠作出的解释是：一种模式如果不能随着市场的变化而变化，它就应该被认定是传统的、落后的，就应该被淘汰。而如果它能够根据市场的变化情况而随时改变自己，它就是先进的，就可以大力践行和推行。格力所需要的，是一个持续的、长久的、永远的发展，必须建立一个科学可控的专营渠道。我们希望通过这样的努力，改变渠道的经营思想，使渠道商真正认识到企业是真心地为消费者服务的。如果把为消费者服务这个核心抓住了，无论大卖场还是小卖场，都会做得很好。

从2005年起，中国的家电行业刮起了强劲的自建渠道风。除格力外，奥克斯毅然发动渠道变革，大力推进渠道扁平化进程；美的则全面启动“乡镇空调普及革命”，宣称将投资1亿元在全国数万个乡镇，建立起至少1万家经销商网络，全力攻占三四级市场；而TCL电器，也在紧锣密鼓地建设“幸福树”电器连锁卖场网络，希望这样可以达到“农村包围城市”的目的，在三四级市场取得自主销售的权力。所有这些都说明，伴随企业的发展，企业在营销模式上应当拥有自主选择的权利，市场竞争，应该建立在公平原则的基础上，只有那些最符合企业发展实际的营销模式，才是最合理的营销模式。

董明珠创立的格力区域销售模式，经过多次调整与改进，已经成为格力制胜市场的一大法宝。董明珠说：“格力之所以取得了快速发展，区域销售公司和专卖店是原动力，格力电器对经销商的向心力和凝聚力的不断增强，有效地避免了无序的市场竞争对格力造成的冲击，格力可以静下心来搞科技研发。”董明珠表示：格力电器还会在今后的营销当中，坚持和完善自建渠道的策略，但不排斥任何以平等、真诚、互惠互利为经营原则的销售渠道。连锁渠道也是格力经销商的一部分，还可以有更多的合作伙伴供格力选择。但是，专卖店和专营店仍是格力销售渠道的主流，这一点，格力要毫不动摇地发扬光大。

在董明珠看来，格力专卖的模式与国美等家电连锁大卖场有相似之处，又有明显区别。如果把格力的专卖店看成一个连锁店，所有的连锁店连接起来，就成为了类似国美那样的家电连锁店。而的区别在于，格力专卖店只卖格力品牌的空调，是小而精；而国美电器什么都卖，是大而全。但是，从体量上看，格力专卖的形式还不足以吸引足够的消费群体，相对于大的家电连锁大卖场来说，还处于相对弱势。为此，格力专卖店做了许多规避的动作，以展开差异化和区域化的竞争。董明珠说："有时，打一打迂回战是一种智慧的展示。"

董明珠骄傲地说："在格力电器的营销产业链上，下游聚集着上万家经销商，上游则聚集着上千家供应商。格力通过 20 多年的经营，在全国建立了 3 万多个销售网点，专卖店发展到近 2 万家，形成以城市为重心、以地县为基础、以乡镇为依托的营销网络。凭借渠道及产品优势，格力在农村市场占据 44% 左右的份额。在格力电器全年的销额中，来自专卖店的销售额高达 90% 以上。"

## 正视投资，埋头做事不投机

2014 年 3 月 26 日，格力电器全球第十大基地在湖南省的国家级宁乡经开区隆重开工，不久的将来，一座全新的格力"空调城"将在宁乡拔地而起，这里将成为全国电器生产行业尤其是空调行业自动化程度最高、智能化技术最新的一座新工厂标杆。而随着格力全球最领先的科技、管理和人才等优势的全面引进，将撬动湖南省打造中国家电新的增长极，湖南省将有望继珠三角、长三角、胶东半岛等传统家电产区之后，成为中国家电行业的第四极。

从2010年开始，格力电器就与宁乡开启了战略合作，投资3亿元建设绿色再生再制造基地与中部区域销售中心。格力绿色再制造基地已建成投产，年处理废旧家电达120万台，是湖南省乃至全国再生资源行业标杆项目。中部区域销售中心涵盖格力电器在中部地区的家电产品物流、仓储、销售和售后服务等业务，集商贸交易、会议展览、物流集散、展示推广、信息交流、产业培育等多功能于一体，将成为中部地区最大的家用电器销售物流中心。

位于宁乡经开区的格力电器综合生产基地项目计划总投资50亿元，用地约2000亩，将成为湖南省最大的集研发、生产、销售于一体的家电生产基地，它将承担商用空调、家用空调、空气能热水器、净水器等产品的研发和生产，项目达产后年产值可达350亿元，实现税收15亿元以上，用工可达10000人以上。该项目产品将服务于湖南及周边几个省市的消费市场，为消费者提供最快捷、最超值、最贴心的产品服务。公司也将会将最先进的现代化生产线和最领先的生产技术应用到宁乡基地，为宁乡经济带来高产值、高附加值、高回报的工业实业，为宁乡工业带来高科技、高标准的生产工艺，为宁乡培育一大批高素质、高水平的职业技术工人。这是湖南省经济社会发展的一件大喜事，也是格力电器实现产业扩容的一件大喜事，更是中国民族工业进一步壮大实力的一件大喜事。

格力电器宁乡生产基地的建设，将撬动湖南省打造中国家电新的增长极。格力电器宁乡基地建成后，所生产的格力空调能辐射江西、贵州、重庆等地区，格力电器综合生产基地的建设和投产，将使湖南省快速成为全球制冷产业链和电器产业链上举足轻重的一环，并进一步做强长沙轻工业，有利于助推长沙工业“调结构”和产业“轻型化”，有效调整长沙工业较为依赖工程机械等重工业的产业格局，并将带动湖南家电配套企业重组和国内、国际先进家电产业配套厂商的进驻，预计带动的家电产业原材料生产和设计、组装、包装、物流等次生年产值将至少超过200亿元，将极大拉动湖南经济社会发展。格力电器董事长、总裁董明珠表示，投资宁乡是格力电器“棋行天下”的慎重考虑，也是关键一招，格力电器这一招绝对是像董明珠那本书的书名一样叫做“行棋无悔”。

作为一家专注于空调产品的大型电器制造商，格力电器致力于为全球消费者提供技术领先、品质卓越的空调产品。在宁乡生产基地开工之前，格力电器已经在全球拥有珠海、重庆、合肥、郑州、武汉、芜湖、巴西、巴基斯坦、越南等9大生产基地，员工达8万多名，至今已开发出包括家用空调、商用空调在内的20大类、400个系列、7000多个品种规格的产品，能充分满足不同消费群体的各种需求。

格力电器充分利用品牌、资金、技术和人才上的优势，不断开展资本经营和对外投资，不断增强自身的科技实力和经济实力。1996年，格力电器股票在深圳证券交易所成功上市，迎来了企业的一个大发展、快发展时期。

2003年9月，作为全球著名投资银行的瑞士信贷第一波斯顿银行，对当时中国的120多家上市公司进行分析，格力电器被评为“中国最具投资价值的12家上市公司”之一，也是家电行业唯一入选的企业。2004年6月，格力电器连续第6年入选“中国最具发展潜力上市公司50强”，成为中国家电上市公司中唯一连续6年入选的企业。2005年，格力取代LG，成为世界空调业的霸主。这一霸主地位，是中国民族工业至高无上的荣光。试想，中华民族泱泱十几亿人口的一个多民族的大国，竟然让一个叫“LG”的韩国品牌多年挡在前行的道路上，还有何脸面谈及促进民族工业的振兴呢？

1996年格力电器上市时，从资本市场募集了7亿元人民币的资金，这是格力电器大发展的源点。没有这个源点，就没有格力今天的不竭动力。而仅到2006年这十年间，格力就向股东累计分红十七八亿元，股东的投资回报翻了一番多。在全国所有的上市公司中，唯独格力电器和伊利股份曾经实现了连续九年经营业绩的持续增长。

1995年以来，格力还创造了没有银行贷款的发展奇迹。无论遇到什么逆境，格力的经营始终都在持续增长的状态。每年的淡季时节里，格力往往会一下子收到经销商打过来的数十亿元的订购货款，把格力的“钱袋子”装得鼓鼓的。每年，格力都会有几亿、十几亿甚至几十亿的资金存在银行里闲置着，派不上用场。虽然有人说这是一种严重的资金浪费，但董明珠宁可担当浪费资金的罪名，也不轻易地把公司挣来的利润投资出去。

对于一些上市公司投机作假的行为，董明珠总是给予严厉的谴责。她认为，上市企业一定要兼顾社会责任，一定要有大局思想，进而以一种无私无畏的担当精神，老老实实地把企业做好，给国家缴税，给股民分红。上市公司必须对股民高度负责。很多企业上市的目的是为了圈钱给自己花，而董明珠却不这样认为。董明珠说：“格力上市不仅仅是为了圈钱，而是为了更好地发展企业，让投资者得到稳定回报，让资产得到保值增值。”为此，董明珠建议股民：格力不炒作自己的股票，只想把自己的事情做好，在市场上稳步前进。董明珠说：“大家买格力股票，一定要实现绝对的保值增值，懂得格力股票很值得长期持有。”

自从格力电器上市以来，董明珠从来不去关心格力股票的价格是多少。她认为，格力股票的价格是多少、股票市场有多大的波动，对她没有太大的意义，她只追求按照自己认定的理念坚实地做下去。格力能不能每年都实现效益的增长，才是她最为关注的。现在，格力电器的原始股已经增值了上千倍，可董明珠手上的原始股一直握着不动。她说：“我对金融投资没有丝毫的感觉，我会一直握着格力不动。”董明珠说：“格力升值，就是我人生最好的晴雨表。”

董明珠一直强调，如果格力电器没有管理能力和技术能力，就不能随意拿自己的钱去投资。企业必须在技术创新和科技研发上、必须在内部管理上、必须在消费者的需求上去多动脑筋。企业虽然一辈子都在赚辛苦钱，但赚得踏实，赚得心安理得。她认为，投资领域那种浮躁、投机和一夜暴富的心理，使人不能够静下心来兢兢业业地做产品研发，不能静下心来脚踏实地地抓内部管理，这样一来往往会得到入不敷出的结果。因此，她一直采取非常稳健的态度，警惕和拒绝着投资市场的诱惑。她自认自己不是一个聪明人，不会衡量所谓的得失，但却会一个心眼儿地朝着自己认定的目标一直行进。

格力的发展，一直在践行着稳中求进。董明珠认为，一个企业的成长，一定要遵循经济规律，不能一蹴而就，更不能急功近利、投机取巧。格力建立之初，就注重构建顺畅的市场网络、掌握核心的制造技术、建立科学的管理体制，然后再发力出击。实践证明，在中国竞争最为激烈的行业，格力电器以稳健的步伐，走出了一条别具特色的发展道路，创造了中国空调行业独一无二的格力模式，真是一件了不起的事情。

2008年，在经受金融风暴的非常时期，这种模式更是显示出了稳妥的优势。其实，很多企业在金融风暴之中倒下，其原因不是因为企业不想做好，而是企业的决策和思路决定企业无法做好。董明珠一直强调格力所追求的是未来，是创造财富为更多的人带来实惠。这样的思维，就决定格力的决策不会急功近利，而是为了长久的发展。

董明珠表示，格力电器只做空调。即使格力品牌想要扩张，也只做与空调有关的扩张。一个品牌的积累，首先要靠高质量，然后才靠大数量，有了质和量的积累，才会有品牌的树立。企业有多少产品销往国际市场并不代表国际化，而品牌走出去才是真正意义上的国际化。董明珠说："格力国际化的目标，就是要在全世界的每一个国家，都能看到'格力'这两个字，用格力这个品牌的产品质量和服务，赢得全世界消费者的认可，让全世界都能感受到中国人的形象和中国人的素质。"

1999年，格力选择巴西建立格力生产基地，迈出了向海外开拓的第一步。这绝对是一个超乎寻常的战略决策。格力空调1998年才进入巴西市场，凭着产品质量的优异和品种规格的齐全，很快赢得了巴西消费者的欢迎。在巴西建立生产基地，有利于降低进口税、降低生产成本，也有利于利用已有的销售网络开展售后服务，增强格力空调竞争优势。

从1990年成为格力的一名业务员到如今独挑大梁，身兼格力集团董事长、集团旗下上市公司格力电器的董事长及总裁三职，董明珠已经为格力效力了二十多个年头。在很长的一段时间内，董明珠基本与格力电器被视为同一概念，几乎成了格力的形象代言人，格力电器已经进入了一个全新的“董明珠时代”。

董明珠强调，格力未来还将继续走专业化道路。她认为，行业没有天花板，格力也不会仅仅留在空调行业，而是要进入一个与冷气相关的纵深领域，包括已小有成绩的中央空调、冷藏系统等。她说：“行业是没有倒闭的，只有企业才有倒闭一说。越是艰难的环境越是要苦练内功，在逆境中取得成绩才是真本事。”

## 咬定目标，发展定位国际化

格力空调，是中国空调业唯一的“世界名牌”产品，业务遍及全球 100 多个国家和地区。家用空调年产能超过 6000 万台（套），商用空调年产能 550 万台（套）。2005 年至今（2014 年），格力空调产销量连续 9 年领跑全球，用户超过 3 亿。

早在 1993 年，格力电器就开始探索实施国际化战略。当年，格力就充分利用质量好、制造成本低的竞争优势，获得了松下、大金等众多国际知名品牌的代工订单，产品出口量迅速飙升，甚至出口到家电强国日本，产品打入国际主流市场。

1994 年底，格力拿到国内第一张欧盟 CE 认证证书，从此打开了通往欧洲市场的大门。1995 年起，格力连续 18 年产销量、销售额、市场占有率稳居国内行业前列。1997 年起，格力实现银行贷款为零，也在这一年格力创造性地建立了以资产为纽带、以品牌为旗帜的区域性销售公司模式，打破了传统的家电企业依靠国美、苏宁等大卖场销售的渠道模式。

1998年格力领导通过出国考察，经过深思熟虑之后，决定走出去，向国际化企业迈进。1998年10月，格力空调产品顺利打入巴西市场，以“格力”品牌在巴西的各大超市设立专柜进行销售，并凭借其技术含量高、品质优良渐渐被广大巴西消费者接受。1999年3月，格力就专门成立筹备小组，负责在巴西建厂的可行性研究。2001年6月6日，格力在巴西玛瑙斯自由区投资3000万美元，年产20万台空调的“格力电器（巴西）有限公司”生产基地正式投产。目前，格力在巴西的销售网点遍布24个州，拥有200多家代理商、近1000家经销商。

2006年，格力电器在南亚巴基斯坦建立了第二个海外生产基地，年产量规模达10万台（套）。与巴西基地不同的是，该生产线由当地经销商投资，格力只是提供技术支持，但其生产销售的全是格力牌空调。这是在格力分析出他们对巴基斯坦市场还不是很了解的基础上做出的策略安排，可见格力在走进国际市场时是慎之又慎。

2007年，格力电器又在越南胡志明市著名的新加坡工业园区内投资建厂，并于2008年4月正式投产，成为格力在海外的第三个空调生产基地。从建厂初期到现在，格力的产能以几何倍数急剧增加，并成为目前全球最大的专业空调生产基地，其产品已远销欧洲、亚洲、非洲、南美洲及北美洲等200多个国家和地区，产品质量、品牌已经跻身世界一流水平。

格力的目标就是世界第一。万事开头难。在开拓海外市场上，格力电器迈出的步伐谨慎而坚定。格力电器先把产品出口到海外，进行市场的试探性销售，看看这个国家对格力产品的接受程度，市场容量的情况怎么样，然后看看这个市场能不能消化格力产品，能够消化多少，做什么样的规模才能盈利。

1997 年，格力电器尝试性地进入巴西市场。最初的一年，格力大概销售了两千到三千台。但是，随着市场的发展，格力每年的销量都有大幅度的增长。在经过充分的市场调研之后，格力空调于 1999 年在巴西建立了自己的生产基地。目前，格力在巴西一年的销售量已经超过 50 万台。

董明珠一直强调，参与国际化竞争，是格力发展的必由之路。全球化不是寻找成本低的生产国，而是要达到资源的优化配置。董明珠认为，在新的经济形势下，优势的资源配置愈发显现出巨大作用，利用现代信息技术、网络技术和现代物流，再加上全球经济一体化的重大变革，资源配置已经从一个工厂、一个地区，一个国家扩展到全球。

在与外国企业进行合作洽谈的过程中，董明珠始终采取稳扎稳打的策略，坚决走自己建而不去并购国外企业的路子。土耳其、美国等地的空调企业，都看中了格力的技术和实力，极力邀请格力去收购他们，但都被董明珠委婉地拒绝了。

董明珠清楚地意识到，国外的企业之所以愿意被并购，就是因为这些企业已经严重亏损，没有任何效益，他们已经把这视作一个负担，所以希望有企业去并购他们，另外中国的企业也就十几、二十几年的历史，没有什么海外并购经验，而且并购涉及文化的融合、法律冲突、劳工法规等方面的问题，国外企业自己都无法管理好，中国的企业就更加难管。

董明珠总是不失时机地在国外建立格力的生产基地，以推进格力的国际化进程。2006 年 3 月，格力巴基斯坦生产基地投产。2008 年 4 月，格力越南生产基地投产。这两个生产基地从严格意义上来说，并不是格力投资兴建的，而是由当地的经销商投资兴建的，格力电器只是提供技术方面的支持。但是，这两个生产基地所生产的都是格力牌空调，各自年产量大约在 10 万台左右。

董明珠说："走国际化道路，就要懂得国际竞争的规则。"国际竞争讲求以产品为先导。格力空调自打进入巴基斯坦和越南市场以来，一直坚持稳扎稳打的发展战略和中高端产品定位，凭借过硬的产品质量、精美多样的产品样式，很快就在当地经销商及消费者中建立了良好的口碑。走出去必须掌握核心技术，没有过硬的技术就会遭受失败。目前，格力电器拥有科研人员 5000 多人，300 多个实验室，仅最近 3 年，格力就拥有技术专利 1431 项，平均每周就有 9 项新技术问世。格力电器是国内空调行业中取得专利最多的企业，也是科研投入最高的企业，更是少有的完全不受制于外国技术的企业。

董明珠表示，格力电器在创新和研发上的投入是永不封顶的。正是基于这种理念，格力品牌也在世界范围内越来越响。印度电信基站、南非世界杯主场馆、俄罗斯索契冬奥会索契购物中心等国际大项目以及北京奥运媒体村，都签约了格力空调，一份份大单接踵而至。在家用空调上，格力电器更是实现了连续多年居世界销量的第一位。

"我们的创新研发，不是简单地按照国家的标准，而是按照国际的标准，甚至是超越标准创造没有的技术，从而保证我们一直拥有核心科技。"董明珠如是说。技术的重要性已深入到格力电器的骨髓。正是基于对空调产业未来需求的把握，基于对每一项核心技术细节的突破，格力的产品标准超越了欧洲、美国等发达国家在碳排放、节能环保方面严苛的技术要求，也使格力成为当地经销商心目中售后服务最少、性能最高的空调产品。

技术上的国际优势帮助格力扫清了出口市场的障碍。2013年，尽管海外债务危机此起彼伏，全球经济形势仍然不乐观，但格力电器依然实现出口收入157.90亿元，同比增长8.55%，是仅有的几家海外业绩增长的空调企业。据了解，目前格力在全球已经拥有2亿用户，格力自主品牌空调远销100多个国家和地区，在海外的专卖店达1000余家。

对此，董明珠表示："如今的格力，已经是一个令全球瞩目的中国创造的杰出代表，如果把格力的发展比作登山，此时的格力已经攀到了一个较高的高度，这个时候每再攀登一步都很艰难，所以我们必须集中全部精力，使出全身力气，绝不能松半口气，更不能打软腿。可以说，我是站在格力一个全新的历史方位来谋划格力的未来，这需要更大的智慧和勇气，以全球视野谋划和实施创新驱动发展，加快国际化步伐。我坚信，3年后的格力会走到一个更高的高度，为我们的百年梦想打下坚实的基础。"

多年来，坚持自主品牌建设使格力走上了出口内销双赢的道路。2009年2月，日本大金空调与格力在精密模具和变频压缩机等方面展开全面合作。2011年6月，格力电器美国分公司在美国加利福尼亚正式成立，这对格力全球品牌建设、业务拓展及产品国际化起到至关重要的作用，并必将为当地经济发展注入更多的活力。2010年，格力一举荣获“福布斯中国品牌价值排行榜”家电类的冠军，并连续5年上榜美国《财富》杂志评选的“最受赞赏的中国公司”。格力空调在国际化的征途中，一直坚持走自主品牌的道路，自行研发核心技术、严控质量，为“中国制造”向“中国创造”的转变做出了榜样。

美国当地时间2012年3月16日，格力形象片亮相素有“世界的十字路口”之称的美国纽约时代广场。一直以来，纽约时代广场的户外液晶广告牌都广受如可口可乐、三星等全球知名企业的追捧，是全球500强企业选择品牌投放的首选地。此次，格力电器以全球知名家电企业的身份亮相纽约时代广场，极大地显示了格力全球化战略的强大决心及远景规划。

董明珠说：“格力的国际化，我认为不是简单的数字，不是赚了多少钱，或者销售额有多少。我觉得更有价值的是自己品牌的走出去，为全球消费者提供最好的产品。”而品牌走出去，最重要的支撑因素就是技术，因为没有好的技术，单纯的广告宣传提高的只是产品的知名度，相对于企业可持续发展最重要的美誉度来说，技术实力落后于品牌定位，给品牌带来的往往是一种破坏力。为此，董明珠一再强调：“一个品牌走出去更多的是要有一个很好的技术支撑，只有技术才能改变品牌形象。”

所以，格力电器国际化的每一个足迹和脚印，除了强大的决心之外，又是一份强大实力的彰显。格力成立20多年来，企业通过不断地自主创新、科技创新，已将自身打造成为全球最大的空调生产企业。同时，其核心技术水平也已全面赶超美、日等外资企业，并在诸多重要技术领域中，实现了重大突破与创新，实现了“国际领先”。

格力“全能王”系列空调采用全球首创的双级变频压缩技术和国际领先的1赫兹变频技术，实现了－30℃超低温的强劲制热和54℃高温的强劲制冷，冬季制热量提升40%以上，夏季制冷量提升35%以上，可以分别满足于寒冷地区和热带地区的需求。格力双级变频压缩技术，改写了空调行业百年来单级压缩的历史，引领行业进入双级变频的新纪元。

董明珠表示：“格力电器要实实在在地让格力品牌在当地生根。扩张不是目标，基础做扎实才是目标，按照这样的思路，公司的每一步部署、每一次谈判，海外市场的布局，整个网络的建立，都要保证格力最终实现可持续的良性增长。”

实干赢取未来，创新成就梦想。展望未来，格力电器将坚持专业化的发展战略，求真务实，开拓创新，以“缔造全球领先的空调企业，成就格力百年的世界品牌”为目标，为“中国梦”贡献更多的力量。

## 注重创新，企业发展增后劲

2005年11月7日这一天，对格力人而言，是一个引以为荣的好日子，必将载入格力企业发展的史册，也将载入中国空调行业发展甚至世界空调行业发展的史册。这一天，在由国家建设部、国家发改委等有关部门和中国制冷学会、中国制冷工业学会等权威机构专家联合组织的科技成果评估会上，格力最新研制成功的超低温数码多联中央空调，一致通过了专家们的鉴定，被认为达到国际领先水平。

回顾空调发展的百年历史，一直都是由美国和日本垄断着大部分核心技术。世界第一台空调是美国发明的。“二战”以后，日本企业在空调分体机上进行了创新，并一举超过了美国。但是，美国始终在中央空调领域拥有绝对的领先优势。朱江洪认为，中国要赶美超日，必须依靠自己的努力，而不是指望美国和日本的技术施舍。多年的实践证明，美国和日本的空调巨头所表现出来的，是在核心技术上对中国企业的封锁，以此来控制中国企业的发展。

对此，朱江洪有着切身体会。2001年底，朱江洪带领格力技术团队到日本考察。看到日本企业先进的生产设备和技术后，朱江洪恳请与日本企业合作。他提出，只要日方愿意提供变频多联空调技术，格力愿意在合作方式、市场资源分配等方面尽力满足日方的要求。尽管日本企业口头表示以后再谈，但最终等来的是“连散件也不卖”的回绝。

如果说变频空调是空调行业技术的“皇冠”，那么多联式中央空调就是“皇冠上的明珠”。日本企业开发这一技术，整整用了16年的时间。所以，日本企业拒绝格力的合作请求也是情理之中的事。

而5年过后，戏剧性的场面出现在珠海格力电器有限公司。竟然有3家日本企业先后来到格力考察，并恳请与格力合作，此时更非彼时的是，格力回绝了日本企业的合作请求。

当年从日本考察回国后，朱江洪立即组织技术攻关小组，开始向变频多联技术艰难攻关。一年之后，格力就研制出了中国第一台具有自主知识产权的变频一拖多空调机组。日本企业震惊了。之前，中国多联式中央空调市场一直被日本品牌所垄断，很快，格力就在华东、华北和华南等重点市场实现了“三分天下，格力有其一”。不仅如此，在国际市场，日本企业也感受到了来自格力的强大竞争力。

而后，美国企业也震惊了。就在格力超低温多联中央空调问世的前两个多月，离心式冷水式机组在格力电器也正式下线。这是中国家电行业第一台拥有自主知识产权的大型中央空调，一举打破了美国“四大家族”此前对离心机技术的垄断，并从美国企业的手中先后夺下了安徽黄山徽州大酒店、珠海华润万家商场、山东曲阜国贸中心等近百家大工程。

为了不断提高自主技术和创新能力，格力每年投入技术研发的资金，都超过公司当年销售收入的3%。这一指标成为中国空调业界技术投入费用最高的企业。到2012年，格力电器已经拥有了自己的科研班子，其中制冷技术研究院、机电技术研究院和家电技术研究院3个基础性研究机构，从事专门跟踪研究空调业的中长期发展技术和尖端技术，另外还有300多个专门的实验室，对研发的新产品进行各种情况下的实验。

格力电器共有包括国外专家在内的研发人员5000多人，其中，本科以上的研发人员高达90%以上。格力电器还营造了尊重人才、尊重知识的科研环境，设立了科技进步奖，重奖科技功臣，单项奖奖金最高达100万元。

董明珠说：“一个没有创新的企业，是一个没有灵魂的企业；一个没有精品的企业，是一个丑陋的企业。”为了跟踪世界空调业的尖端技术，格力电器建成了全球规模最大的专业空调研发中心，拥有热平衡、噪音、可靠性等220多个专业实验室，无论数量、规模还是技术水平，都处于世界领先地位。此外，格力电器还建立了规模庞大的制冷技术研究院，专门负责申请国内外专利技术，使格力空调的品种规模之多、种类之全，都居于全球之首。

朱江洪曾经骄傲地说："一个没有脊梁的人，永远挺不起腰杆，一个没有核心技术的企业，永远没有脊梁。格力要做的，绝不是复制品，而是格力创造的中国品牌、世界品牌。"

董明珠早就意识到，中国的制造业被誉为"世界加工厂"，从事贴牌生产，为外国企业加工产品，进而给中国经济带来了发展的活力。但面对越来越多的市场竞争以及劳动力成本的不断上升，中国的众多企业越来越感受到缺乏核心技术的不便。

其实，不仅是中国的制造业，世界上任何一家缺乏核心技术的企业，都将在自身的发展过程中遇到难以克服的困难。比如说日本的三洋公司。三洋的核心产品是零部件的生产能力，一些整机的生产则通过合资公司来完成。可以说，三洋在零部件的生产上拥有技术领先的优势，也正是因为这一点，当年缺乏研发能力的企业都不得不向三洋购买机芯。而如今，这些企业都在自主研发的道路上越做越坚实，甚至把产业链向前延伸到了零部件的研发与制造。最终，他们用自己研发的产品代替了三洋的产品，并且对外提供了自己新研发的产品。于是，三洋不仅失去了原来的大客户，而且这些大客户摇身一变，成为了三洋的竞争对手。

就是这个三洋，和格力有过难忘的一面之缘。2006年，当时陷入财务危机的三洋，在新管理层的变革下，适时向格力抛出了橄榄枝，希望格力能够收购三洋名下的小家电业务。对此，格力却没有反应。而留有余念的是，董明珠表示，对三洋的芯片技术格力将考虑是否作为产品延伸。

其实，格力考虑引进三洋的芯片技术，也肯定是短期行为。从长期看，格力最终也要走上三星的路子，自己研发芯片的核心技术。董明珠说："没有自己的核心技术，就像被别人套住枷锁一样，控制权掌握在别人的手里。"这对于习惯掌握主动权的董明珠来说，绝对是难以忍受的。

董明珠认为，自主创新就是能够立足自身实际，在分析组织内外部环境的基础上，能够不断地开发自我潜能，创造出新的成果来。

朱江洪说："格力要做的，绝不是复制品。"自主创新，既不是一种简单的复制模式，也不是一种诡秘的尾随战略。自主创新，实际上是一种超越前人的做法，也就是说，自主创新形成的是一种"持续改进、迎头赶上"的运行机制。

从格力的发展轨迹可以看出，自主创新不仅仅是技术创新，还是格力营销模式、淡季返利、年终返利的全方位创新。这种全方位的创新，才是格力成功的关键所在。

在自主创新方面，格力实施了"三步走"的"务实赶超"策略。

先是实施了"市场攻击"策略。就是集中力量研发市场急需、适销对路的空调产品，并在制冷量大、节能、安静、使用寿命长等方面建立起自身的竞争优势。

其次是实施"国内补缺型"战略。就是在关键领域，逐步打破国外垄断，实现自主研发。

第三是实施"国际赶超"战略。就是在一些关键领域，研发出世界领先的成果，以此来引导世界潮流。

2006年，在人民大会堂举办的中国企业国际竞争力第三届年会上，格力成为唯一入选“2006自主创新竞争力十大品牌”的家电企业，与此同时，董明珠也成为家电行业唯一入选“2006自主创新竞争力十大人物”的企业家。这一荣誉的确来之不易。因为按照本年度宁缺毋滥的评选规则，无论是人物评选还是品牌评选，都出现了前所未有的空缺。

对此，董明珠认为，企业在自主创新中责任重大。在技术研发方面，必须脚踏实地，多干实事，少说空话，能耐得住寂寞。在关注消费者方面，要注重现实的消费需求，主动承担社会责任，用企业力量推动社会发展，用企业行为对社会未来负责。

美国《财富》杂志揭晓2013年度全球最具影响力的50位商界女性，董明珠第九次上榜。《北京晨报》介绍说：作为格力电器的掌舵者，董明珠凭借过人的素质和独到的眼光，在以男性占绝对优势的企业界中脱颖而出，将格力电器这艘年营业收入超过千亿的巨型航母领进了国际市场，产品几乎出口到世界上所有国家和地区。

格力电器发布的2013年业绩报告显示，公司2013年实现营业总收入1200.30亿元，同比增长19.90%；归属于上市公司股东的净利润为108.13亿元，同比增长46.53%，达到历史最高水平。据目前公开的财务数据，格力电器是中国首家年净利润超过100亿元的家电企业。

有数据显示，到2013年，格力拥有5000多名科技研发人员、2个国家级技术中心、4个研究院、28个研究所、500多个实验室。2012年和2013年连续两年实现在研发方面的年投入超过了40亿元，远远超越国际同行水平。格力电器已经拥有国内外专利

9000 多项，其中发明专利 2500 多项。仅在 2013 年，格力就申请专利 2700 多项。

格力自主品牌空调已经出口到全球多个国家和地区，格力品牌更是打入了美国市场。格力已在这些国家和地区进入了主流销售渠道，得到了主流消费人群的认可。格力在自主创新的过程中，赢得了应有的认可与尊重。格力的明天，一定会更美好！

# 附录一：董明珠创业史及荣誉年谱

董明珠创业史：

1954 年，出生于江苏南京一个普通人家。

1975 年至 1990 年，在南京一家化工研究所做行政管理工作。

1990 年至 1994 年，珠海格力电器股份有限公司江苏安徽片区业务经理。

1994 年至 1995 年，珠海格力电器股份有限公司经营部部长。

1996 年至 1997 年，珠海格力电器股份有限公司销售公司经理。

1997 年至 2001 年，珠海格力电器股份有限公司副总经理。

2001 年至 2006 年，珠海格力电器股份有限公司总裁。

2006 年至 2012 年，珠海格力电器股份有限公司副董事长、总裁。

2012 年 5 月至今，珠海格力集团董事长；珠海格力电器股份有限公司董事长、总裁。

董明珠荣誉年谱：

1996 年，带领格力电器的 23 名营销业务员夺得全国销量第一。

1999 年，获得全国五一劳动奖章。

2003 年，当选十届全国人大代表，同年入选“2003 年度十大最具影响力华商女企业家”。

2004 年，美国《财富》杂志“全球 50 名最具影响力的商界女强人”，被广州中山大学管理学院聘为兼职教授。

2005 年，美国《财富》杂志“全球 50 名最具影响力的商界女强人”。

2006 年，荣获“2005 年度中国女性创业经济大奖”。

2007 年，美国《福布斯》杂志“2007 年度全球最具影响力的100 位女性”，“2006CCTV 中国经济年度人物”。

2008 年，当选第十一届全国人大代表，美国《财富》杂志“全球 50 名最具影响力的商界女强人”，先后被西北大学和中山大学管理学院、中南财经政法大学聘为兼职教授，被南京工业大学管理学院聘为“MBA 校外导师”，被中国科技大学管理学院聘为“课程教授”。

2009 年，当选“全国三八红旗手”，广东首届“自主创新十大女杰”。

2010 年，《金融时报》“全球最具影响力的 50 名商界女强人”，荣获“首届华德奖最受尊敬企业家”称号，“十个‘第一’广东杰出女性人物”。

2011 年，“2010CCTV 中国经济年度人物”创新奖，荣获“中国最佳商业领袖奖”，《中国企业家》杂志“2011 年 30 位年度商界木兰”。

2012 年，美国《财富》杂志“全球 50 名最具影响力的商界女强人”，亚洲质量网“石川馨—狩野奖”。

2013 年，荣获“中国最佳 CEO”称号，同年入选“第 14 届中国经济年度人物”，位列“2013 福布斯亚洲商界权势女性榜”第 11 名。

2014 年，美国《财富》杂志“全球 50 名最具影响力的商界女强人”。

## 附录二：参考资料

［1］董明珠．棋行天下［M］．1．广州：花城出版社，2000.

［2］董明珠．行棋无悔［M］．1．珠海：珠海出版社，2006.

［3］张廷伟．营销女皇董明珠［M］．1．北京：中华工商联合出版社，2007.

［4］李静．董明珠营销局［M］．1．武汉：华中科技大学出版社，2010.